U0620780

From Tradition
To Modern

Culture And Credit Risk
Management in China

中外经济比较研究

从传统到现代

中国信贷风控的制度与文化

徐 华 ◎ 著

社会科学文献出版社
SOCIAL SCIENCES ACADEMIC PRESS (CHINA)

"中外经济比较研究"丛书总序

　　"文革"后，中央财经大学的经济史研究一直在进行，仅因专职人员调离学校受到过一定的影响。进入 21 世纪以来，随着经济系，特别是经济学院的建立，经济史学科受到校、院各级领导的高度重视，学校开始有意识地加强经济史学科人员的培养。随着中央财经大学理论经济学被确立为国家一级学科，经济史博士点很快成立。为此，经济学院专门设立了经济史研究中心和中外经济比较研究中心。在此基础上，经济学院在 2014 年专门设立了经济史学系，目前有 8 人专职从事经济史的研究；若加上分布在金融学院、财政学院、财经研究院、马克思主义学院等从事经济史研究的同仁，已达 20 人，初步形成了一个知识结构完整、老中青结合的经济史学科团队。

　　自 2014 年以来，以经济学院经济史学系为主体的研究团队，立足学科前沿，以全球化的视野，初步建立了三个学术研究与交流平台：一是设立"经济史与制度经济学"论坛，邀请国内外著名经济史学者来校做讲座，如陈争平、武力、萧国亮、贺耀敏、魏明孔等；二是举办以经济史为主题的学术研讨会，如 2015 年举办了"清朝以来中外金融制度变迁学术研讨会"；三是开办双周论坛，邀请国内外中青年经济史学者来校开展以论文交流为主的学术活动，促进了经济史学科的发展。

为了促进经济史学科的发展和研究水平的提升，中央财经大学科研处在经过多方论证后，确定了以中外经济比较研究为主题的史学研究系列丛书的写作。本套丛书由我负责，计划出九本：兰日旭的《中外金融组织变迁：基于市场–技术–组织视角》，路乾的《美国银行业开放史：从权利限制到权利开放》，徐华的《从传统到现代：中国信贷风控的制度与文化》，伏霖的《经济转型与金融组织变迁：日本经验的中国镜鉴》，孙菁蔚的《欧洲金融组织变迁：兼论中欧金融组织比较》，孙建华的《近代日本在华之交易所》，肖翔的《中苏（俄）银行体制的历史演变：从大一统到市场化》，马金华的《英国金融组织变迁》，徐华、徐学慎的《中国企业的资本结构、公司治理和文化基因》。

在这些研究的基础上，我们致力于打造具有中央财经大学特色的经济史学术研究平台，将经济史学科建设得更好。

兰日旭

2016 年 6 月

鸣　谢

这本书的写作周期比较长，又进行了很多田野调查，有很多朋友需要感谢。

首先需要感谢的是引荐和接受我进行深度访谈的银行金融界、企业界、政府、中介机构的朋友们，他们包括：

章彰、郇朝东、赵建国、柯飞勇、阚天一、杜萌、魏鹏、王溢建、徐港、曹伟、刘梦佳、李婕、易文琪、吕华宁、曹哲伟、易静、段然、秀然、罗文龙、温剑、余智广、武广韬、马飞荣、陈飞、高光利、刘兆龙、危惊涛、周玲玲、刘松培、李煜、武伟、郑二明、陈彩、尹煜、刘崇第、李光、李壮、徐东升、陈云参、叶兵、吴独成、张增华、周安平、陈江、张博文、文湛、王睦恺、王萌、乔鹤、龚环、黄子月、蔡益健、田京海、甄珠。

名单是我根据访谈的时间和对当时场景的联想罗列出来的，由于访谈的话题相对敏感，出于大多数受访人的意愿，一律隐去了受访人所在的区域、单位、职务。但这个名单仍然不全，还有至少三分之一的受访人不愿披露自己的姓名，或者由于其他的原因，没有录入。

本书当代分析部分的写作素材，主要来自对上述朋友的深度访谈。我总是坚持，鲜花和假花的最主要区别就在于，鲜花能打动人，假花不能。受访朋友们给我带来的不仅仅是各种正式出版物上所没有的实践操作细节，更把我带入活生生的现实，激发了我的的创作灵感，赋予我创作动力，这是躲在书斋里所得不到的，也是我这个做理论的人，总是坚持要做些田野调查的原因。

感谢各位在百忙之中，抽出宝贵时间与我促膝长谈，对我报以充分的信任，热心地将自己的业内经验倾囊相授；并耐心忍受我这个大外行加书呆子穷追猛问的折磨；每逢饭点，或者到了外地，访谈结束，不但不收取我的"咨询费"，还以银行人"有钱"为借口，"设酒杀鸡以为食"招待我。对各位的深情厚谊，谢谢了！

其次，要感谢我的几位重要的同事、学生，他们也是我的朋友和学术上的伙伴。

感谢中央财经大学科研处李桂君处长，将我的书纳入学校经济史研究丛书计划，为我提供了重要的资金支持，并多次关怀我研究中遇到的困难，并安排我的出书事宜；

感谢兰日旭教授，我的"顶头上司"和酒友，多次拉我入伙，使不混学术圈的我也能够获得些"润笔"，并多次安排专门的研讨会，让我在写作艰涩的时候，有机会通过宣讲来整理思路；

感谢顾炜宇老师的豪爽性格，对我几乎是有求必应，总是热心地调动他所掌握的各种银行人脉和资料线索来周济我的困顿；

感谢路乾博士，这位有着赤子之心的年轻学者兼同事，对我的学术观点舞弄"胡萝卜加大棒"，直言不讳，该捧就捧，该骂就骂；

另外还要感谢杨如冰、张琥、徐学慎、伏霖、孙菁蔚等同事，他们大都积极参加了我的书稿研讨会，提出了各种有益的意见和建议，特别是徐学慎博士，认真地阅读了我的全部初稿，提供了很多修改意见；

感谢零壹财经研究中心的柏亮主任，他所领导的研究中心对本书的部分章节提供了很重要的研究参考资料；

感谢孙睿博士，一位经济史学的"潜力股"，有敏锐的洞察力和沉潜的学术耐心，阅读了我的全部初稿，并提出了很多重要的修改建议；

感谢《第一财经日报》资深记者杜卿卿，她用娴熟的采访技巧帮我化解与陌生采访对象相处的尴尬，用她敏锐的写作嗅觉帮我挑毛病……

再次，要感谢很多帮助我进行访谈资料整理和文稿校对工作的同学们：

汤楠、高倩、王婷、白璞、贾振飞、李进展、周莹、杨晓。尤其是高倩，负责主要的访谈资料整理工作，白璞和贾振飞不厌其烦地帮我做了大量注释校对工作。

感谢家人对我的支持和包容，能够理解我这几年来经常外出调研访谈、生活不规律的状况，特别是后期成稿过程中，连续数月不得分心，丢下一大堆家事，也没时间去看望我的老父亲。

最后，特别感谢本书的责任编辑，社会科学文献出版社的陈凤玲博士，她性格温和，让我感到与她合作十分开心愉快，使本书后期的成稿和修改工作在紧张有序的节奏中顺利完成，在此，让我为她在其中所付出的辛勤努力道一声辛苦，为她认真而又坦诚的态度，以及对我的种种鼓励和包容，道一声感谢！

前　言

　　本书写作的直接目的，是要为当前银行对民营中小企业信贷的风险控制难题，提供一个理论上的反思，并为问题的解决在理论上提供一种启示。

　　民营企业是中国经济的主体，占中国企业总数的 95%，实现了 50% 的 GDP 和 80% 的就业，是中国经济的效率板块，并承载着中国产业升级和经济增长的希望。

　　但民营企业（主要是中小微企业）长期得不到银行贷款的有力扶持，所得信贷只占银行业信贷总额的不到 40%，考虑到民营中小微企业不能像国企那样从证券市场上直接融资，民企的融资难问题显然更为严重。

　　尤其是 2008 年以来，国家为了提振经济，放出了海量货币。仅从 2009 年至 2014 年的六年间，货币供应量就达到了新中国成立 60 年货币供应量的两倍。但这海量资金却没有滋润到民营企业，而是主要注入了中国经济的非效率板块——国有企业和地方政府融资平台，进而促发了国进民退，冲高了楼市泡沫和股市泡沫，不仅没有起到应有的宏观政策效应，反而恶化了民营企业的生存环境，严重迟滞了中国实体经济的发展。

对此，一种流行的看法是银行对民营企业存在政策性歧视。但从笔者的调研情况来看，目前的银行已经有相当大的自主性，作为市场经济的行为主体，其贷款决策所考虑的主要是收益、成本和风险因素。不愿对民企放贷，主要是因为银行对其信贷风险难以掌控，没有好的解决办法。

据笔者的调研，银行对民营企业的信贷风控难题，存在理论上指导的误区和现实操作的困境。

从理论指导上来说，自 2000 年中国加入 WTO 以来，通过引入巴塞尔协议的契机，银监会把美国量化风控技术作为银行改进信贷风控的主导思想，表现为以四大国有银行为代表，迅速推广用量化风控模型对企业信用进行评级，作为重要的信贷决策参考。中小型股份制银行也有很多推广所谓的信贷工厂模式。

但是，量化风控技术在中国，不论是与银行管理体制，还是与民企经营运作的惯习，都不相容；也缺乏征信业的支撑，导致银行耗费大量人力物力引入的量化风控技术，仅得到"聋子的耳朵——摆设"的效果。

但是相关金融部门和金融理论界面对量化风控技术引进的失败，不明就里，还在一味地指责中国人的素质差，指责银行没有理性主义精神，指责民营企业家没有诚信，指责中国社会缺乏契约精神，寄希望于中国法制环境的逐步完善和征信体系的逐步发展。总之，美国的量化风控模型不适应中国的现实，不是美国量化风控模型的错，而是中国现实的错。

这是理论指导方向上的误区。

　　从现实操作层面来说，银行业，尤其是中小型股份制银行，并非一味盲从银监会的瞎指挥，而是本着实用主义的态度，做了大量土洋结合的创造性发明，包括在风控调研上采用了"查三表三品"的非规范手段，并发明了一系列所谓的"硬"风控手段，如房地产抵押、货物抵押、供应链保理、商业担保、联保联贷，以及各种电子化监控，甚至引入大数据风控技术，等等。总之，哪个有效就用哪个。

　　但所有这些，不论是传自西洋的还是来自本土的发明创造，却大抵难逃"各领风骚三两年"的命运，要么在数年后被戳得千疮百孔，默默搁浅；要么在引发几个金融大案后土崩瓦解，无法成为民企信贷风控的稳定模式。

　　这是现实的困境。

　　银行业作为高收入、高利润的行业已有多年，引无数中国最聪明的"脑袋"汇聚其中，生出了无数精明的信贷手段。但这么多年下来，仍攻不克民企信贷风控这个难题。问题究竟出在哪里？出路又在哪里？

　　笔者从《道德经》上得来的一个感悟是，当人们对一件事情绞尽脑汁，却如一头扎进螺蛳壳里，路子越走越窄的时候，问题可能不在于用功不勤，而是大方向就错了，需要在大思路上来一场反思。

　　从这个角度讲，银行业最缺的不是现实的功利算计，而是历史的回顾和理论反思；不是在制度技术层面的精雕细琢，而是在文化层面的反省。

本书试图引导银行业者进行这样一场反思。本书分为三个板块：传统篇、比较篇、当代篇。传统篇是历史回顾，比较篇是文化反省，当代篇则基于前两篇的分析，对当代中国银行业风险控制的理论误区和现实困境进行分析，并最终找出解决中国银行业对民营企业所存在的信贷风控难题的突破口。

传统篇，主要是信贷风控的历史回顾，包括中国传统金融机构的风控手段和风控机理，以及美国银行业百年信贷风控史两个部分。

先说传统篇的中国部分，传统金融机构风控的介绍，是希望给从事金融业的读者一个基于历史参照的反思，看看当前难以搞定的各种风控难题，中国历史上的各种机构曾经是怎样解决的。

合会——群众自发的准金融合作组织（第一章）、印子钱——最小微的民间借贷（第二章）、典当行——中国传统消费信贷（第三章），这些都是民间金融机构真实鲜活的实例，对它们的风险控制是分析的核心。但本篇重点推出的是传统钱庄的信贷风控，钱庄的授信对象是中小商户，而且实行的是信用贷款，没有房地产抵押、货物抵押一类的硬风控手段，信贷审批手段也极其简便，几乎是打一声招呼就可以放贷，放贷效率却比现代的所谓信贷工厂还高。不考虑钱庄不可控的宏观因素，仅就授信商户的微观信贷风险来说，钱庄控制得相当好。那么，钱庄是怎么做到的？其背后的风控机理是什么？本书第四章对此进行了详细考察。

但钱庄信贷风控模式既然如此有效，为什么在近代逐渐消亡了？在本书的附录里，对这个问题进行了详细考证，钱庄在近代金融界的逐渐消亡，实际上是国民政府金融垄断排挤的结果，而不是由于钱庄不适应近代社会经济发展的需要，失去了制度性竞争优势造成的。

在传统篇的美国部分（第五章），分三个阶段讲述了美国银行业信贷风控的百年演化史，并总结了其各个阶段风控手段的变化以及其所沉积下来的不变因素。当前的中国银行业，实际上是在以美国银行风控制度技术作为模仿的标杆，笔者希望通过这段历史回顾，帮助读者注意到美国当代银行风控技术嵌入于其中的社会历史背景，从而能够更好地理解这些技术背后的"所以然"来。

我们总是讲知其然不知其所以然，而老子说："执古之道以御今之有，能知古史，是谓道纪。"回顾历史的演化，才便于我们更好地把握这个所以然。

在比较篇，笔者试图探寻中美两种信贷风控模式背后所隐含的人的文化观念。本篇只有一章（第六章），却是全书理论大反思的关键点。基于传统篇的感性介绍，笔者将中国的钱庄风控模式与美国银行的风控模式进行了比较和抽象，将钱庄的风控模式提升为关系主义的，将美国的风控模式提升为契约主义的。进而，笔者阐述了关系主义在中国的文化内涵和契约主义在西方的文化历史内涵。读者将看到，两种不同的风控模式，并非仅仅是两种功利的风控制度和技术创造，而是和两种不同的社会历史文化观念紧密相关的。

这里所谓的文化，并不仅仅指一些纸面上的东西，而是基于历史的传承积淀和实践，深嵌于人们大脑里的思维方式和行为方式。制度和技术的操作者是人，而人视之为理所当然的思维和行为方式，才是保证制度技术得以有效运作的源头活水。

因此，所有制度技术层面的发展构建，都需要以文化这个源头活水为本。这是后面当代篇对中国信贷风控问题进行分析反省的立论基础。

在当代篇中，对当代银行业信贷风控种种问题的分析，分为三个部分。

第一部分，包括第七章和第八章，主要分析美国量化风控模型引入中国的现状，和落实不下去的原因。

在第七章中，笔者阐述中国金融监管当局引入美国量化风控模式的背景和过程，以及在实际操作层面的落实现状。可以看到，纸面上的落实已经大打折扣，等到再考察实际运作层面，发现它就是个"聋子的耳朵"。

在第八章中，主要基于笔者的田野调查，从银行管理体制和授信企业行为惯习两个方面分析了美国量化风控模式实施困难的原因。

美国量化风控模式为什么在中国无效？根本上在于，美式的风控技术所隐藏的理性主义规范分析，与银行"人治"的管理体制不兼容，与企业的"人治"运营模式更不兼容。表面上看来，问题都在于"中国人的素质差"，包括银行管理体制上的"人治"和"不职业"作风，以及企业家数据造假成风、没有契约精神的问题。但是基于上一篇文化比较分析的视角，我们就可以很清楚地看到，这实质上是一场制度与文化的错位。

美国量化风控模式并非一种孤立的模型、一种孤立的技术，而是有相应的操作平台——银行管理体制及其体制中的人的全面理性主义精神相配合；需要企业在一个法律契约轨道上运作，量化风控模型才能发挥相应的效力。而所有这些，本质上是充斥于美国社会各个领域和层面的理性主义精神的文化体现。

而与此相对应，中国特有的"体悟主义"思维方式，则导致每个社会角色中的人，都处于各自的"信息孤岛"上，相应的治理逻辑在于尊重个人权威，纵容其在各自的领域上进行"人治"，并通过长期化的激励相容达成合作。

因此，当拿着西方量化风控模型的规范时，强行让授信企业主"就范"时，就出现了制度与文化的错位。在此情况下，企业家的造假，本质上是一种"无奈的选择"。

第二部分是第九章，主要分析美国量化风控模式在中国落实不下去的另一个层面：征信系统的贫乏。这也是对国人总是以"中国发展阶段还不到位"来解释西方制度无法在中国落地生根论调的回应。本章以美国征信业的发展为参照，分析中国征信业发展所面临的困难，笔者试图阐明，中国征信业不发达的原因不是什么发展阶段还不到位的问题，而是在文化上根本就缺乏支撑美式征信业发展的源头活水。因此，寄望于中国物质技术上的发展（本书具体指征信业的发展）来为成功引进西方制度创造条件，已经让一百年前的近代中国人失望，也一定会让一百年后的当代中国人失望。

第三部分是第十章，主要分析的问题是，当代银行业本着实用主义的态度所发明的各种土洋结合的风控手段，为什么总是"各领风骚三两年"。

文化是一种渗透于人们血脉中的思维方式和行为方式，但这并不等于说，随着时代的发展，一个民族会自动生发出既符合时代要求又合乎本民族文化的制度技术来，而是还需要有一种文化的自觉意识和理论上的信念，而这正是当代银行业各种实用主义创新总是失败的原因：不知道什么是"权"（权宜之计），不知道什么是"经"（必须坚守的大原则）。对于正确的大方向，不能排除困难落实到位；对于长远来看是此路不通的东西，却因为一时有效而蜂拥而上。

在笔者看来，传统钱庄的风控，是真正有本土生命力的风控模式，完全可以在当代银行业大行其道，但是它的效力的发挥，需要银企之间构建一种长期化的合作伙伴关系。这是当代银行对民企信贷风控取得突破的大思路和关键点。

最后，围绕如何重建长期化银企关系，需要进行制度上的和观念上的变革，本书提出了若干建议。

目　录

传统篇：中国

传统篇：美国

比较篇

当代篇

传统篇：中国

第一章

传统合会及其风险控制

传统合会是中国民间自生自发的互助互利性金融组织，是中国源远流长的"信义相孚，守望相助"精神之滥觞，起于清代，盛行于民国，具有极高的民间普及性。本书首先介绍合会的风险控制，正是为了便于我们从最根源上理解中国民间信用风险控制（以下简称风控）的根基之所在。

一 合会的历史起源和群众基础

1. 合会的名称

合会这个词，现在人很陌生，但大家可能听说过标会，并且把标会和近年来江苏、浙江、福建等地的民间非法集资大案联系在一起。其实，标会就是合会的一种。

在晚清民国时期，合会相当普及，全国各地，有五花八门、不胜记载的名称：

按照举办的角度命名，有请会、集会、邀会（山东），打会（安徽），纠会（浙江），约会（湖北），做会（广东），赊会（云南）……

按照合会的时间长短命名，有年会、半年会、季会、月月会、周会、天天会……

按照参会的人数命名，还有五龙会、十人会、百人会……

按照办会的组织形式命名，有徽式会、轮会、摇会、标会、堆金会、缩金会……

还有的按照办会的目的或者其他特征给会起一些有点莫名其妙的名字，如老人会、独龙会……

所有这些，都被20世纪30年代的民国学者，汇集为一个统一的名称：合会。

2. 合会的历史起源：民间守望相助的精神

合会在中国，有着源远流长的历史，是中国民间互助传统精神的滥觞。民国时期的学者王宗培曾经采集各地关于合会起源的民间传说，录得以下几种。

"庞德公起源"说，在广东流传，说合会是汉代的庞德公发明的。但庞德公到底是谁？是三国时候被关云长水淹七军的庞德吗？语焉不详。

"竹林七贤起源"说，在安徽江苏一带流传。

起源于北宋王安石变法之"青苗法"的启示。

还有一种说法是起源于宋代徽州的新安会，并由徽州商人流传到各地，并被尊称为"徽州古式"。①

------

① 参见王宗培《中国之合会》，中国合作学社，1931，第3~4页。此外还有王莽时代起源说、南宋朱熹创制说和明代相约运动创制说，不一而足。

但是，据当代学者考证，直到清代以前，典型意义上的合会并未见文献记载。真正有文献记载的合会直到清代才有，并且越往后越多。[①]

也许是由于合会是下层群众的金融自助性组织，身份卑微，而被文人士大夫所忽略，但合会确实有着长远的渊源。这个渊源的根本精神，就是"信义相孚，守望相助"。

守望相助的精神，最早滥觞于西周的井田制，并为儒家先贤孟子所倡导，[②] 在中国两千年的传统农业社会中，确实有其社会基础。

在中国传统社会，政府对社会的行政干预，几乎很少渗透到县以下，而民间的很多公共需求，就只能由民间百姓自己组织解决。因此，旨在满足社会或者宗族公共需求的义仓、义社，早有流传，且不绝如缕。[③]

特别是在一些宗族凝聚力强大，或者移民文化浓重的地区，我们常常看到各种大型民间公共组织，打着祭祀先祖或者各种民间信仰的旗号，发动相关人员捐款，然后再把这些捐款用于同宗同族，或者同一籍贯的移民群众的各种公共需求。如在广东，各地常常以宗族祭祀的名义，在宗族内部由族人捐款，形成基金或地产山林，满足宗族内部的公共需求。又如在明末清初的"湖广填四川"移民运动中，四川很多地区都组织以移民籍贯为核心的

---

① 陈宝良：《中国的社与会》，浙江人民出版社，1996，第170～173页。
② 孟子原话是："乡田同井，出入相友，守望相助，疾病相扶持，则百姓亲睦。"见（清）焦循撰《孟子正义》，中华书局，1987，第359页。
③ 陈宝良：《中国的社与会》，浙江人民出版社，1996，第163页。

大型会馆，集资捐款，用于移民内部互相扶助。

这都是民间守望相助精神的具体体现。但是这些义仓、义社，或者打着宗教、宗族祭祀名义的公共基金（或者公共不动产），一般是纯公益性的，还不是真正的合会，典型的合会带有互助互利性，虽然是隐含的但是又清晰地呈现着私人借贷关系。

但是，我们又可以说，合会衍生于这种纯公益性的公共基金，并传承着其守望相助的精神。证据有二。

其一，在有些地方的回忆录中，民国时期的老人明确指出合会是衍生于这些大型公共基金。如四川璧山县民国老人回忆说，移民的公共基金活动就是当地合会的起源。[①]

又如，作为合会的徽州古式——"新安会"——的发源地徽州，本身就是个移民区，宗族实力非常强大，徽州商人东下江浙地区经商，互助精神非常发达。因此，将徽州古式推测为徽州宗族合作精神的衍生品，显然不算唐突。

其二，直到民国时期，各地民间仍然流行着不少只有互助性而没有互利性（无利息请求）的金融形式，民间也习惯将之看作合会。

如各地常见的"老人会"，是由一群乡里乡亲的老人组成，为了不给子女造成丧葬负担，老人们事先约定，谁先去世了，还没去世的老人们就给去世的家属凑定额的份子，供丧葬之用。不用偿还，更没有利息。

---

① 高相儒：《民国时期璧山的民间借贷、合会、典当》，载《璧山县文史资料选辑》第2辑，1989，第35～36页。

又如"独龙会"（有的地方叫"单刀会"，或者其他名目），也是纯救济性的，一家有难，同村多家凑定额的份子钱（也有以粮食等食物凑份子的）。有难的家庭，事后可以在一定时间内，按照先后顺序，分别偿还各家所出钱物，但是不需要支付利息，有的地方甚至连本金也不要求偿还。[①]

就"老人会"和"独龙会"的纯互助性来说，类似于上述大型公共基金组织，但区别是规模小、期限短，更加富有个人性，更接近于典型的合会，很容易让人想象，典型的合会就衍生于此。而地方群众实际上也直接将之算作合会的一种。

考察这些民间公益基金运动和纯互助性合会，目的在于使我们能够看到，民间"守望相助"的互助精神在合会中的历史传承，这对我们理解合会如何实现内部的风险控制十分关键。下面我们重点介绍的是近代兼有互助互利性的合会。

3. 合会的群众基础

下面，我们再来看看合会在传统社会的普及程度。

首先，从地域上说，在民国时期，可以说，凡是有汉人的地方就有合会。长江流域的江浙和华南的广东，是合会最发达繁荣

[①] 参见宋季安对浙江海盐"老人会"和"独龙会"的介绍（宋季安：《旧时我县农民互助借贷组织——合会与合作事业》，载《海盐文史资料》第16辑，浙江人民出版社，2003，第22~24页）；另参见高相儒对四川璧山的"龙头会"的介绍（高相儒：《民国时期璧山的民间借贷、合会、典当》，载《璧山县文史资料选辑》第2辑，1989，第35~36页）；唐自生对湖南会同县"抬人会"（又称"谷子会"）的介绍（唐自生：《典当、高利贷和合会》，《会同文史资料》第5辑，1990，第63页）；四川苍溪的"干会"，也属于此类，参见舒羽丰《苍溪钱会简述》，载《苍溪文史资料》第6辑，1992，第93~94页。

的两个地区，从资料线索来看，似乎也是合会的渊源地区。以此为核心，长江中游的湖广移民将合会扩展到四川，从广东向西扩展到广西、云南，向北扩展到福建、湖南。黄河流域的合会起源不得而知，但由黄河流域向东北扩展到黑吉辽，向西北扩展到甘青，脉络是清晰的。笔者看到的资料，涉及的最远距离是新疆焉耆汉人中的合会。①

其次，从民间的普及程度上来说，合会遍布广大乡村和小城镇。合会最流行于各地农村，还有就是金融机构不甚发达的小城镇、县城。参加的人群，则不论阶层。基层群众对合会的参与频度极高，在比较粗略的回忆录中，往往用"全民参与"一类的话来对合会的普及程度进行定性。而民国时期的学者在20世纪30年代的访谈调查中给出的数字，比如一个村子，一个社区，参与的家庭占总户数的比例，也几乎都在80%以上。而且一个家庭往往同时参加不止一个合会，最多的有十几个甚至几十个的，也并不鲜见。②

民国的城乡居民，似乎只要生活上有了任何经济困难，或者为了发展生产融通资金的需要，大都会以举办合会的形式来解决。在一些学者的调查报告中发现，合会占乡村居民融资来源的第二位，仅次于地主借款。

合会在民间的流行，还表现为流传的爆发性。从各地回忆录中可以看到，一些地方是从清末民初才从外地传入并开始流行

---

① 参见齐尚明《民间信贷——"请会"》，载《焉耆文史资料》第4辑，1990，第77页。
② 参见吴志铎《北通县第一区平民借贷状况之研究》，燕京大学经济学系，1935，第127页；李景汉《定县社会概况调查》，上海人民出版社，2005，第693~694页。

的，而一旦流行，就如雨后春笋，又如鱼得水。[①]

合会之所以在基层群众中有如此广泛深厚的"市场"，首先是它的可亲近性、可获得性。谁家有经济困难了，就可以在亲友中发帖子组建一个合会为自己集资，如果自己的人缘关系不够，还可以找有声望的亲友代为组建合会。整个过程中，依赖的是民间既有的乡土社会关系网络，没有复杂的机构，不需要繁复的手续，也不需要外来资金，更不劳官方帮忙。

合会受到群众广泛喜爱的另一个原因是低息，充分体现了其中的互助性精神。即使一些地区的合会转化为更富有互利性的标会，但利息仍然是很低的。

如王宗培的调查：合会的利率低的只有三四厘，高者也只有一分左右（年化利率在 4%~12%），较诸市场借贷利息，不啻有天壤之别。[②]

吴志铎对北京通县合会的调查：年化利率，摇会最高只有 6%，轮会最高不过 10%，标会平均利率不过 15%。而当地的乡村借贷市场一般为年息 36% 以上。[③]

费孝通 20 世纪 30 年代在江苏吴县农村调查发现，当地实行摇会，年化利率小于 8%，而当地的私人债年息高达 30% 以上，

---

① 参见河北栾城的情况（林荫椿：《"拔会"——一时兴起的借贷形式》，载《栾城县文史资料》第三辑，1999，第 223~226 页）。

② 王宗培：《中国之合会》，中国合作学社，1931，第 367 页。

③ 根据吴志铎所提供的合会利率明细表推算，参见吴志铎《北通县第一区平民借贷状况之研究》，燕京大学经济学系，1935，第 149 页。

典当行年息也高于24%。[1]

而李金铮转引杨西孟对全国57个钱会的利率调查测算中，绝大多数钱会（占调查总数的91%）的年息不超过20%，大部分钱会（近70%）年息在15%以下。[2]

我们看到，在民国初年才开始引进合会的一些地区，合会对于高利率的私人债和高利贷具有一种"挤出效应"。[3]如果不是由于其他原因的干扰，至少在基层城乡地区，合会或许会完全挤出私人债和高利贷，也未可知。

最后，合会获得群众喜爱的第三个好处是资金的安全性。群众有个私房钱，放在家里怕偷怕抢，还不能生息，借给私人又怕赖账，送到合会就好了，有大家一起监督着，不怕赖账，还有利息可得。[4]

所以，在各地《文史资料》中，我们可以看到，他们对曾经的合会的无限向往。就好像一个被禁止吃糖的小孩子想起糖的甜味儿的时候，不禁要咂巴咂巴嘴，舔舔手指头的样子，那种思念

---

① 费孝通：《江村经济》，江苏人民出版社，1986，第195、第198页。
② 参见杨西孟的调查，转引自李金铮《民国乡村借贷关系研究：以长江中下游地区为例》，人民出版社，2003，第302页。
③ 如崔晓立对浙江鄞县农村合会的调查中，就明确提到了合会挤出高利贷的功能。参见崔晓立《浙江鄞县农村中"会"的组织》，《东方杂志》1936年第6号。又如赵瑞志报道江苏扬州邗江县杨庙乡一带流行的一种合会——"七心会"，说没有"七心会"之前，人们缺钱只能找高利贷，有了"七心会"，就不用找高利贷了。参见赵瑞志《杨庙七心会》，载《扬州文史资料》第10辑，1991，第242~246页。另参见林荫椿《"拔会"——时兴起的借贷形式》，载《栾城县文史资料》第三辑，1999，第223~226页。
④ 林荫椿：《"拔会"——时兴起的借贷形式》，载《栾城县文史资料》第三辑，1999，第223~226页。

之情，在民国老人的回忆录中跃然纸上。[①]

合会在民国时代达到高潮，但在 20 世纪 30 年代经济大萧条中出了问题，特别是在 1948～1949 年国民党发行金圆券，制造超级通货膨胀（以下简称通胀），对全国各地的合会造成了毁灭性打击。超级通胀抽掉了民间金融活动的基本生存条件。但是，合会作为一种草根性的民间组织，本来是可以"野火烧不尽，春风吹又生"的。但新中国成立以后，实行严厉的金融垄断政策，开展合作社运动，合会失去了生存的空间。之后组建的农信社和城信社，却难以起到为群众（尤其是农村群众）服务的效果，还留下了一大堆财政亏空。三农信贷需求，后来成了中国金融领域的一个老大难问题。[②] 近年又有热心的学者从国外引进孟加拉穷人银行模式，仍是雷声大雨点小。[③] 想想当年大量外国教会人士和学者对中国合会的啧啧称叹，[④] 抚今追昔，真是别有一番滋味在心头。

二 合会的组织和基本构造：互助性和互利性

今天人们提到标会（合会的一种），就想到民间非法集资，

① "追忆当地办合会的好处之普遍，之低利率，使大家免遭高利贷盘剥，上年纪的都津津乐道之。"参见柯愈银《忆"邀会"点滴》，载《华蓥文史资料》第 2 辑，1991，第 154～155 页。
② 参见张鹏《歧路彷徨的农村信用社》，《记者观察月刊》2008 年第一期，第 42～44 页。
③ 闫军：《诺贝尔果实——"穷人银行"为啥在中国就水土不服　22 年仅 1 项目存活》，《投资者报》2015 年 10 月 26 日。
④ 参见朱轶士《从合会之优点说到信用合作》，《农行月刊》1936 年第三卷第六期，第 38～39 页。

而非法集资一般给人的印象是多人的资金汇集到一个人手里。如果对合会做一个最简单的介绍，可以说：每一个合会都不是一次性的民间集资，而是由若干轮次组织的一个系列集资，有多少人参加，就有多少轮次，当所有参会人员都得到了一次集资，则一个合会才宣告结束。所以说，合会是一种典型的民间互助金融。

下面我们以轮会为例，[①] 对合会的基本组织构造进行介绍。合会的基本组织构造，在兼有互助性和互利性的三种形式——轮会、摇会、标会——中，是共同的。

1. 合会的组建

在中国的乡土社会中，当一个人急需用钱时，就遍告亲朋好友，邀请大家按照约定的日子，上自己家来聚会集资。愿意参加的人，按照约定的日子，携资上门参加聚会，于是一个合会便告成立。邀集发起的人，就被称为会首，参加的人，被称为会脚。

合会的组建，一般都有民间约定俗成的套式，发起人（会首）可以按照自己的需要选择不同的套式，并稍加调整（包括每人须缴纳的会费、利息、集资轮次的周期，等等），向亲友发出办会邀请，很多地方的邀请函是从集市上直接采购的固定格式。

收到邀请函的亲友，如果接受了邀请，就要接受一个套式的约束，参加人员也固定好了，一般不能反悔，否则就失掉了在亲友中的信用。

---

① 下文关于轮会组织基本构造的介绍，笔者具体参照的是浙江海盐地区流行的徽式会的模式，参见宋季安《旧时我县农民互助借贷组织——合会与合作事业》，载《海盐文史资料》第16辑，2003，第22~24页。

2. 轮次周期与合会的互助性

合会聚会的第一次集资，每个会脚会把约定的会费一齐缴纳给会首使用。这就完成了一个合会的第一个轮次。下一次聚会的时间，就涉及合会的周期问题。

前面说过，轮次周期的约定，最长的有年会、半年会，还有季会、月月会，甚至周会、天天会。

如果约定的是月月会，则第二轮集资在下个月的同一日子，大家（包括会首）会拿着同样金额的会费，交给另一位会脚使用；如此以往，直到每一位成员都得到一次等额的集资款，是一个合会才宣告结束。

所以，一个合会，有多少了人参加，便有多少个轮次，如果连同会首共有 11 个人参加，便有 11 个轮次，在月月会的情况下，如果今年 4 月发起，则要到明年 3 月才得结束。

所以说，合会是一个系列集资。

如果中间有人不能及时缴纳会金，那么按照合会的游戏规则，会首必须前去催缴，数日之内交不上，会首必须代为垫付。所以，会首实际上承担着合会系列集资活动有始有终的重大责任。

3. 利息与会员中的存贷款关系：合会的互利性

合会的互助性，在系列集资中的相互集资中已经得到体现。那么合会的互利性，则在利息支付中体现。

合会的本金利息支付，不是显性的，而是隐性的。

为此，我们先要介绍另一对关键词：重会和轻会。在合会的系列集资中，已经获得过集资的会脚（会脚得到集资款简称"得会"），被称为重会，还没有获得过集资机会的人，被称为轻会。

对于一个会脚来说，这两个身份，在他身上是动态的。好比在一个 11 人参加的合会中，会脚张三在第七轮集资中得会，那么前面的六期，他都被叫作轻会；而从第 8 轮开始往后，张三就成重会了。

那么，会脚的重会和轻会的身份有何差异呢？差异就在于缴纳会费上。

一个合会中，按照缴纳会费数额的多少来说，一共有三种身份。

（1）会首。如果合会的基础会金是 10 块大洋的话，那么会首自始至终，每次总是缴纳 10 块大洋，也就是说，会首有优先得会的机会，而且以后的逐次"偿还借款"中，不用支付利息。这样的优惠待遇，也是与会首必须承担所有会员足额缴纳会金的重大责任相对称的。

（2）重会。每一期中，如果一个会脚的身份是重会，那么他缴纳的会金必须在 10 块大洋的基础上加 1 块大洋。

（3）轻会。如果会脚的身份是轻会，那他缴纳的会金就可以在 10 块大洋的基础上减掉 1 块大洋。虽然没人考证过，但"重会"和"轻会"的名称，很形象地标示了会脚缴纳会金负担的轻重。

基于以上分析，我们就可以讨论一个合会中的利息收付和存贷关系。

　　在 11 人的合会情况下，一共 11 次集资，如果每人都按照 10 块大洋缴纳会金的话，那么每次都有一个人得到 100 块大洋。如果是一年轮一次会的话，那么，放过会首不说，先得会的会脚就占大便宜了。他可以一次得到 100 块大洋，然后在十年的时间里，分次，慢慢偿还。

　　反之，最后的末会则吃了大亏，自己在 10 年间的集资活动中陆续缴纳了 100 块大洋，直到第 11 年才收回，还是 100 块大洋。如果 100 块大洋等于一百头猪的话，那这么长时间得多下多少猪仔啊?! 这样的话，这种合会就不是一个互利性的金融组织了，而是纯公益性的合会了，纯粹是后面的会脚给前面的会脚便宜占，救济嘛!

　　而现在考虑到重会和轻会的不同会金负担，情况就不同了。在整个的集资系列中，得会越是在前的人，当重会的次数越多，当轻会的次数越少。比如第二次得会的会脚（被称作"二会"），除了第一次给会首缴纳的会金是基础会金 10 块大洋以外，一共要做 9 次重会，为此则需要多出 9 块大洋。反之，最后的末会，除了第一次给会首缴纳 10 块大洋基本会费以外，连做 9 次轻会，少交 9 块大洋。其他排序的会脚情况依次类推。

　　那么我们就知道，会员人数如果是单数的话，以得会轮次最中间的人为界，之前的人是利息的支付者，之后的人则是利息的受益者。越是排名靠前的会脚，越先得会，但是付出的利息越多。反之，后面的会脚是利息的受益者，越往后收到的利息越多。而整体上，会员之间的利息收支正好平衡。这就是这种合会的互利性之所在了。

4. 从轮会、摇会到标会：互助性与互利性的此消彼长

由于合会的草根性和广泛性，在各地创造出五花八门的游戏规则，但是从后面风控的角度来看，有一种分类方法特别值得注意，就是按照会脚如何获得先后得会的顺序，而可以把合会划分为三种基本类型：轮会、摇会、标会。

所有兼有互助互利性的合会中，除了会首是理所当然第一次得会以外，其他的会脚，谁应该先得会，谁又该后得会呢？顺序如何排定呢？大致有三种排序方法。

第一种是轮会，由会首在充分征求大家意见以后，按照民主集中制原则，决定轮流顺序。

第二种是摇会，会首以下的轮次，如果有两个以上的人希望得会，就靠掷骰子，凭手气决定谁先得会。

第三种是标会，按照得会者愿出利息的多少，价高者胜出，竞争决定。

在各地民间，有的是三种合会形式同时存在，有的是只流行一两种，但是，如果将从晚清到民国的经济日益活跃作为一个维度的话，可以合理地推测，三种合会形式的演化顺序是，从轮会到摇会，再到标会。三种形式中，互助性因素和互利性因素也随之此消彼长，而利率也逐渐增高，风险也逐渐加大。而各地的调查报告和回忆性资料也可以部分地证明上述推测的合理性。

例如，标会的流行程度，与地方的市场经济发达程度有明显的关系。比如，市场经济比较发达的广东省和江浙地区，标会最

为盛行。① 而以接近这两个地区的相对落后省份来说，则是越靠近发达省份的地方越流行标会，比如湖南的标会，就是在接近广东的湘南比较流行；再比如福建闽西地区的民国老人回忆，当地标会又称"广东会"，是从广东传入，在永定和武胜两县最为流行，一是因为这两个县离广东最近，二是因为这里的"条丝烟"生意红火，商业发达。②

另一个迹象是，就三种合会并行的地区而论，一般都是在城镇的工商业者、小业主，以及农村富户或者做小买卖的阶层中，标会比较流行。③

而在全国各地《文史资料》中这些七零八落而又弥足珍贵的民国老人回忆录中，有两例还专门提到了三种合会形式在当地此消彼长的情况，一例在四川苍溪，④ 一例在江苏启东。⑤

下面我们主要以江苏启海地区为主线，参之以其他地区的材料，介绍这种更替过程。在其中，我们需要注意的重点是，合会的互助性逐渐消退，而互利性日益加强。

首先说轮会向摇会的过渡。在江浙地区，民间流传一种说

---

① 陈翰笙调查称，标会在广东最多。参见陈翰笙《合会在中国近日农村金融中的地位》，载《解放前的中国农村》第 1 辑，中国展望出版社，1987。
② 俞如先：《清至民国闽西乡村民间借贷研究》，天津古籍出版社，2010，第 348 页。又如李金铮的研究发现，湖南越是接近广东的地区，标会越多，参见李金铮《民国乡村借贷关系研究：以长江中下游地区为例》，人民出版社，2003，第 273 页。
③ 如四川尤溪县，标会在城镇中比较流行，在农村则不甚普遍。参见傅家麟《尤溪县合会情况》，载《尤溪文史资料》第六辑，1987，第 47～51 页。
④ 参见舒羽丰《苍溪钱会简述》，载《苍溪文史资料》第 6 辑，1992，第 93～94 页。
⑤ 参见黄纪才《启海地区的"合会"》，载《启东文史选辑》第 7 辑，1987，第 107～113 页。

法，带有借贷关系的合会，最早的起源来自安徽的新安会，又称徽式会，江浙地区将之尊为徽州古式。而所谓的徽州古式，就是轮会。

轮会的游戏规则，在上一节已经做过介绍，其关键点就是会首以下得会的顺序，是由会首与会脚在充分协商的基础上，最后再由会首民主集中决定。轮会这种游戏规则，有一个优点，就是对会脚们得会谁先谁后，会首可以根据各自的情况，分轻重缓急，做出相对人性化的安排，体现互谅互让、守望相助的传统精神。

我们前面说过，合会是一个系列集资，以中间为界，先得会者实际上是借款人，得到的是先用钱的机会，付出的是利息；而后得会者，牺牲的是先用钱的机会，收获的则是利息。那么，在经济不活跃的情况下，参加轮会的乡民们只是被动地被急用钱的会首拉进来集资，自己却一时没有什么急事，就都不愿意先用钱，都乐意躲在后面多得些利息。所以，有种说法，就是较早得会的二会、三会最吃亏。那怎么办呢？会首会找几个关系好又有钱，肯吃亏又吃得起亏的亲友协商，请他们来做二会三会，或者请几个做小买卖的比较靠谱的亲友先得会，把这个先用钱的机会给利用起来。

反之，也有的时间，由于生产生活的季节性，好几个会脚都希望先用钱，那么，会首也可以在充分协商的基础上，根据各家会脚的困难情况，分出轻重缓急，让最困难最需要用钱的会脚先得会。这就显得很有人情味儿，很有古风。

但是，轮会的缺点也正在于此，就是这样确定轮会顺序的办法，需要会首有很高的威望，有很好的组织协调能力。但是，会首一般是因为自家有事急用钱，才出头邀会做了会首，并非专职的，哪里可能有那么多具有很强组织能力的会首呢？实际上，会首费心费力不讨好的事情就时有发生。因此，在很多地方就流行着一个顺口溜：要想累，请个会。①

这样就出现了摇会。前面说过，摇会与轮会的差异就是一点：得会先后的顺序，不再是民主集中制式地决定，而是大家聚在一起掷骰子，凭运气决定。那我们想想，这样一来，会首的精神负担可就大大减轻了。大家赌运气，老天爷决定，谁也怨不得谁，最公平。所以，摇会的优点，用现代经济学的话语来说，就是组织的"交易成本"大大下降。

但是凡事有一利必有一弊。摇会的方法看似公平，却相对不那么有人情味儿。试想，设若某期聚会，有两个会脚都想得会，其中张三是急着用钱缴地租，否则就有被退佃、全家被扫地出门之虞；而李四也想用钱，不过是看好了一个机会，想倒腾粮食做一笔投机买卖。结果通过掷骰子，李四得了会，张三没得上。这是不是有点不近人情，甚至惨无人道呢?！所以，也有好多有古道侠肠的老者摇头叹息，觉得摇会相当于赌博。这中间，我们可以看到，摇会相比于轮会，与守望相助的精神有所偏离。

其次说摇会向标会的更替。标会就是几个想用钱的会脚，用

---

① 参见乐永庆《拔会——一种盛行冀南的旧式信用合作制度》，（天津）《大公报》1933 年 9 月 13 日。

愿承担利息的高低来决定谁先得会，而既然是竞标，标会的利率肯定要比轮会和摇会高出一头。

从经济学的观点看，标会的做法，最符合经济学定律：把稀缺的资源，配置给出价最高者。谁会出最高的价钱？取决于两个因素的合成：意愿和能力。如果都是穷人，用钱救急，那么谁最着急，谁出高利息得会。如果都是做生意的，那么谁投资机会好，"预期利润率"高，谁就愿意出高利息得会。当然了，对于不急着用钱、躲在后面收利息的会脚来说，不论如何，他们都可以使自己历轮投入的会金，收获更大的市场价值。[①]

但是这样一来，又有两个缺陷。

一者从穷人救急来说，他入合会本来就是因为有急难，希望得到大家的帮助，结果在标会的情况下，依靠高利率竞标得了会，是花大价钱抢来的机会，而不是来自大家对他处境的同情体恤。且越是穷急者，越是可能出大价钱竞标，从而也就越有可能深陷债务泥潭，不能自拔。[②] 这与守望相助的精神，更加偏离了。

二者来说，对于依据自己"预期利润率"竞标的会脚来说，只要自己对自己有信心，敢出大价钱，就能得会，谁也拦不住，

---

① 实际上，很多地方显示，从摇会到标会的转变，一方面是因为经济发达，个人的算计心自然更强一些；另一方面是因为参与的人多，彼此之间亲友关系不那么紧密了，有的人互相不大认识，加上参会的人多，想要得会的人多，于是就能够抹开面子竞标了。如江苏启东的情况就是这样，参见黄纪才《启海地区的"合会"》，载《启东文史选辑》第7辑，1987，第107~113页。

② "在过去，抢先议用的总是穷人，吃苦苦头，走上卖屋卖地成为赤贫者，不在少数。"参见黄纪才《启海地区的"合会"》，载《启东文史选辑》第7辑，1987，第107~113页。

谁也管不着。完全失去了轮会的民主协商限制，也失去了轮会、摇会对利率的限制。会脚们不仅不限制，而且因为竞标者出高利息，自己能得更多的收益而窃喜。那么，整个合会就有一种鼓励高利率、高风险的趋向。这种趋向，就有可能提高标会倒会的风险。

当然，如果在经济发达地区，在小商人中间，救急救穷的比较少，更多涉及的是商业机会，竞标则意味着"比较"各自商机的"预期利润率"，以及各家对自己商机的信心。那就显得比较合情合理了。

三　合会的风险控制

合会的风险是指倒会风险。参会的任何一个人，有获得一轮集资款的权利，同时就有在后续的各轮次集资活动中不断缴纳会金的义务，设若得会的人，后来不再缴纳会金，则会首必须负责催讨，催讨不得，会首自己掏钱垫付，会首兜不了这个底，合会无法维持下去了，便发生倒会。

那么，从微观风险而论，会脚为什么不能如期缴纳会金呢？从理论上来讲，无非是两个原因：一个是主观上想赖账，有钱，却故意不缴纳；另一个是客观的，会脚确实没钱缴纳。

在现实中，不缴纳会金的原因常常处于两者之间。除非农民或者工商户彻底破产了，否则的话，挤压一下自己的生活开支，甚至变卖资产田宅，总有办法缴纳。当然，这样会使自己的生活变得更加窘迫，所以主观上自然容易生出苟且之心，赖账。所以，不缴纳会金的会脚，主观故意和客观能力往往是纠结在一起的。

但是，合会的组织，会把会脚主客观拖欠会金的可能性，缩小到尽可能小的程度。这就要说到合会的风险控制机制。

1. 合会的风控基础是守望相助的精神

本章一开始，就对合会的发展演化史进行溯源，强调它是对中国古老的守望相助精神的传承。相比于纯粹公益性的公共基金、纯粹互助性的老人会、独龙会来说，轮会、摇会、标会这些典型的合会的互利性逐渐增强，互助性逐渐减弱，但合会毕竟不是纯粹的经济性组织，仍然保存着守望相助的精神。而正是这种守望相助的精神，对合会中成员的信用起到根本的制衡作用。

合会体现守望相助精神之处，在于一个富有争议的仪式化安排，就是摆酒席。除了会金额度太小的以外，一般合会都会要求举办酒会，会金越多，酒会的规模越大、档次越高。具体出钱摆酒会的规定，一般的地方习俗，是谁得会，谁负责摆酒会。还有的地方是会员分摊。[1] 也有的地方规定，始终由会首出钱操办酒席，因为会首不缴纳利息。[2]

一些学者对摆酒会持批判态度，认为纠集合会本身就是穷人之间互相周济，现在又来摆酒会，大吃大喝，徒然浪费钱财，增

---

[1] 参见林荫椿《"拔会"——一时兴起的借贷形式》，载《栾城县文史资料》第三辑，1999，第223~226页。

[2] 如张尊元《解放前江津的民间借贷形式——请会》，载《江津文史资料选辑》第8辑，第146~147页；又见赵瑞志《杨庙七心会》，载《扬州文史资料》第10辑，1991，第242~246页。

加负担。①

的确，酒会是需要付出一些额外钱财，有的还有点高，甚至个别地方还反映酒会搞到最后，变成了徒然地吃吃喝喝。②

但是，我们反过来想一想，为什么纯经济性的借贷关系不摆酒会？甚至很少请客送礼呢？这中间的差，就差在前者有感情因素，后者没有感情因素。合会摆酒会，恰恰是因为获得集资款的人，认为这是得到了朋友们的帮助，而不是一种赤裸裸的金钱交易关系。

在社会学分析中，强调很多经济关系都是被嵌入在某种道德理念之中的，而这种道德理念，恰恰对人的行为，在主观动机上形成一种限制、一种自我制约。虽然外在的制衡必不可少，但是行为人主观的自我节制，必然是最重要的制衡，这也是合会风险控制最重要的基础。

实际上，即使是从经济负担的角度来说，从各地民国老人回忆录中，我们看到的是陶醉于酒会中的浓浓乡情。加以非议的只是作为外部人的学者，他们的视角是一种纯经济学的视角，但问

---

① 如杨西孟《中国合会之研究》，商务印书馆，1935，第3页；另参见李金铮记载河南方城县一案例，一个合会集资款不过105元，会期12个月结束，酒食会费要40~50元。（参见李金铮《借贷关系与乡村变动：民国时期华北乡村借贷之研究》，河北大学出版社，2000，第155页。）李金铮又揭示，扬州扬庙地区的七心会，八年的会期，会首整个的利息收入是144元（会首不用缴纳利息，此利息收入应该相当于免息收入），耗费的酒席费要80元，占利息的56%。参见李金铮《民国乡村借贷关系研究：以长江中下游地区为例》，人民出版社，2003。但有意思的是，李金铮所引第二个案例的原讲述者赵瑞志本人的表述口气，和李金铮完全不一样，原讲述者不认为这是浪费。

② 合会："打网义：甲赴乙席而赤手，曰上欠；至乙赴甲席而白嚼，曰准账，究竟一往一来，出此纳彼，只换一醉饱，斯亦至赤贫之一端也。"参见《古今图书集成方舆汇编职方典》第七十二，《保定府部》，转引自陈宝良《中国的社与会》，浙江人民出版社，1996，第182页。

题在于一旦把酒会的社会学内涵省掉了，合会就变成赤裸裸的金钱交易了。既然是赤裸裸的金钱交易，又如何保证人们在纯功利的算计中，不产生苟且之心呢?![1]

另外，除了酒会体现了这种仪式化、情感化的因素以外，低息的合会集资，本身还起到强化乡民凝聚力的作用。[2]

如山东宁津县小公务员之间的请会，有一定势力的人的请会对象包括：同僚、老实人、求他办过事的人、与他关系不睦的人。特别是最后一种人，如果随会，则会尽释前嫌，关系转好；如果不随会，则恨上加恨。[3]

再如陕甘宁边区，某村民张玉福，经商失败回家，生活潦倒，用请会的钱还了欠款，用剩下的钱做小生意，生计好转，赎回了典卖出去的土地。因此而积极随会，即使因此而负债、吃高利贷也不反悔，他说：自己从前请过人，如今人家请自己，不去情面上过不去……[4]

2. 乡村关系网的集体放逐机制

民国时期的学者，就有一些人对合会的风险控制机制颇有微词。其所列举的理由，就是说合会的借贷关系纯属口头约定，没

---

[1] 法国学者布迪厄曾经讲过一个类似的故事说明同样的道理：法国农村流行一种习俗，一家盖房子，乡邻中有技术的人要来帮忙，盖完房子以后，主人不仅要支付工钱，而且要摆上一桌酒席表示答谢。有一个匠人觉得摆酒席浪费钱，要求主人把酒席折算成钱，一起付给他。结果成为乡间丑闻。参见 Pierre Burdieu, *Outline of a Theory of Practice*, translated By Richard Nice（Cambridge：Cambridge University Press，1977）.

[2] 李柳溪说：钱会可以联络乡里感情，化除许多猜忌。养成互助的精神……参见李柳溪《定县摇会的研究》，《民间》（半月刊）1933 年第 4 卷第 5 期。

[3] 孙万岭：《请会》，载《宁津文史资料》第 6 辑，1986，第 99 页。

[4] 叶潘：《请会——农村中流行的一种贷款方式》，载《陕甘宁边区金融报道史料选》，陕西人民出版社，1992，第 280～285 页。

有抵押物，又没有契约，很容易发生倒会风险。这种说法，显然是因为近代以来一些学者总是以西方来和中国进行对比，瞧不起中国传统的东西。

实际上，尽管合会的存贷关系，一般确实没有什么正式的契约。但对于违约的会脚，背后隐含着一个强大的制衡机制。这个机制，就是乡土人情社会的集体监控和集体放逐机制。①

相比于一对一地给私人放贷有可能遭受的赖账风险；合会是集体监控和集体放逐，此所谓众怒难犯。合会的风控强于私人债，所以，合会风行对私人债存在一种挤出效应。

如在河北翼城，人们乐于参加标会是因为，好多人手头有二三十块大洋，虽说不多，但也是命根子。小户人家有几十块大洋，成天提心吊胆，手里拿着是累赘，放在家里又不放心，有的就埋在地下。流行拔会（当地对"标会"的称呼）以后，这些人就把钱送到拔会，因为入会的人，互相都是见证，绝不怕谁从中捣鬼或者赖账，因而有安全感。②

又如扬州邗江举办"七心会"，喜欢充任末会——最后收取合会集资款的几名会脚，获取的利息最多，承担的风险也最大——的人，一般都是妇女，拿出来的是私房钱（或者陪嫁），这些人轻易不敢露富，给私人放债又怕收不回来，自己又不会做

---

① 如李金铮对华北地区合会资料的汇集整理发现，合会的参与者基本上是亲戚朋友，远亲近邻。参见李金铮《借贷关系与乡村变动：民国时期华北乡村借贷之研究》，河北大学出版社，2000，第131~132页。

② 林荫椿：《"拔会"——一时兴起的借贷形式》，载《栾城县文史资料》第三辑，1999，第223~226页。

生意，钱藏着不用又可惜，所以参加"七心会"最积极。[①]

传统社会，历来安土重迁，即使是一般的小城镇地区，工商业者也是牢牢地附着在本地固定的商圈，生产生活、日常交往，都离不开本乡本土的关系网络。所以，除非万不得已，是不可能丧失信誉，背叛乡土关系网的众乡亲邻里的。《大学》中说："有德此有人，有人此有土，有土此有财，有财此有用。"中国的社会生活，总是人脉在先，维系好人脉关系，有信用，才有生财的机会。所以，人脉关系网本身，就是合会最好的抵押物。

3. 会首和会脚的选择与风控

合会是会首邀集会脚而成的，但这个过程，也是一个会脚"选择"会首的过程，在这个过程中，就存在风险甄别机制。

在一个合会中，因倒会而吃亏的是尚未得会的轻会。显然，排序越在后的会脚风险越大。为此，他们必须仔细地选择是否参加一个会首组织的合会。会首是第一个得会者，又是保证整个合会系列集资顺利进行的责任人。所以，会脚是否接受会首的邀请，一般视会首的个人情况而定。"选择"的条件主要是以下两个。

第一个，会首的人品（信用、人缘）。会首无论贫富，都有一个共同的特点就是人缘好、品行端正、有一定的社会威望。此为请会成功的决定因素。[②]

---

① 赵瑞志：《杨庙七心会》，载《扬州文史资料》第10辑，1991，第242～246页。
② 刘瀛：《平顺农村生活习俗：弄会小议》，载《平顺文史资料》第3辑，1989，第58～65页。

第二个，就是会首的家底是否殷实。

正如毛泽东在《寻乌调查》中所说的：富户和穷人是难得请到会的。富人有钱，自然用不着请会。而穷人，一般来说信用不好，没有足够的财产，万一有会脚不能缴纳会金，会首就没有能力垫付，倒会风险自然也就大了。所以穷人不容易邀集到合会。当然也有个变通办法，就是急需用钱又没有能力请会的人，可以请亲友中有威望、有实力的人代做会首。[①]

在一些地方，会首还被要求用自己的房地产或者田地作抵押。[②]

另外，在有些地方，还要看会首举办合会的集资目的是否纯正。[③]

在轮会的情况下，集资排序在前的二会、三会人选，也必须慎重，因为他们承担的利息负担最重。既然会首要承担整个合会的最终风险责任，因此，会首就有动机仔细选择二会、三会的人选。当然，这种事先的选择，只能是就顺序预先确定的轮会（徽式会）而言，如扬州邗江的"七心会"（轮会的一种

---

① 另参见寿勉成关于合会优缺点的议论（寿勉成：《中国合作运动史》，正中书局，1937，第14～18页）。另外，徐鸣介绍湖北罗田情况说，太穷的人、信用不好的人，不容易邀请到会（徐鸣：《罗田旧社会钱会简介》，载《罗田文史资料》第2辑，1988，第123～125页）。

② 高相儒提供的是城镇工商业者的情况，涉及金额比较大，要求会首用自己的房地产作抵押（高相儒：《民国时期璧山的民间借贷、合会、典当》，载《璧山县文史资料选辑》第2辑，1989，第35～36页）。孙绪栋提供的是穷人办合会的情况，要求会首用自己的田地作抵押（孙绪栋：《民国时期盐亭民间流行的钱会和粮会》，载《盐亭文史资料》第3辑，1986，第66～67页）。

③ 有些地方还要看办会的理由是否正当合理，方能为亲友所接受，并慷慨解囊。如果是动机不纯，语言支吾，则很难办成事。【按：这相当于审查贷款资金的流向。】参见王宗培《中国之合会》，中国合作社，1931，第10页。

地方称呼），会首对于二会、三会的人选，要么是选择家底殷实肯吃亏的亲友充当，要么是选择善于把握商业机会，有投资经营能力的工商业者担当。否则一旦倒会，自己首当其冲，自然苦不堪言。[1]

4. 合会的人数、会期、其他因素与风控

合会虽然简单，但是也还有几个协约要件，可以用来调节合会的风险。

（1）其一是人数。各地合会的人数规定，有不同的套式，但在套式中也可以根据会首的需要，以及会首人脉的广狭等因素做出调整。最少的 5 人，最多的，有 100～300 人的。但一般是 10～20 人的合会。

合会人数多的好处是在不增加单个人会金负担的前提下，可以增加集资款，起到集腋成裘的效果。[2]

但是人数多往往也导致倒会风险的增加。人数多不好组织，会首和会脚、会脚和会脚之间的亲情关系，难免逐渐淡泊。但是，民间自有克服的办法，就是人数多的合会，往往采取复式合会的组织形式。合会首先是一个总会，总会的会脚又分别拉人组成一个个的小分会，形成金字塔结构。

但是，人数多了毕竟要增加组织成本，而且合会的轮次必然

---

[1] 赵瑞志：《杨庙七心会》，载《扬州文史资料》第 10 辑，1991，第 242～246 页。

[2] 如江苏启东民间合会演化出容许更多人参加的"总会"，就是出于这种考虑。参见黄纪才《启海地区的"合会"》，载《启东文史选辑》第 7 辑，1987，第 107～113 页。

相应增加，合会的总周期必然拉长，夜长梦多。① 所以在民国时期，几十人、上百人的合会比较少见。

（2）其二是会期。会期也是调控风险的重要手段。从各地民国老人回忆录中汇集起来的印象是，在清末民初，合会的会期很多都是年会。从风险控制的角度来说，这么长的会期，可以容许得会的会脚慢慢缴纳会金，自然容易凑集。但是反过来又有一个风险，就是时间长了，易生变故。民国以后，社会不稳定，遭遇家庭变故的概率加大，所以各地合会纷纷把会期调短，以至于年会越来越少，几近绝迹。②

当然，会期太短了，风险也会加大，因为不容会脚有喘息的余地，刚缴一笔会金，又要缴一笔。所以，月会的情况，往往限于城乡工商业者之间，而在农村农户之间较不流行。③

（3）其三是集资会金总额、会费大小的调整机制

总的集资会款金额如果太大，使得会的人易生苟且之心，拿

① 四川江津有所谓"三椿桃源会"，有三个会首，各自约集 4~5 个会脚。又有所谓"一象九猴十八猪"，即一个会首（"一象"），下面控制九个会脚（"九猴"），九个会脚再各自分别约集两个会脚（"18 猪"），形成28人的金字塔形合会。参见张尊元《解放前江津的民间借贷形式——请会》，载《江津文史资料选辑》第 8 辑，第146~147 页。又如西川苍溪，会首邀请七八个甚至二三十个亲友做"连头"（第一层会脚），"连头"再分别约集 10~20 人做会脚（第二层会脚），形成 100~300 人的大型复式合会。这种合会会员人数多，集资款金额大，还款时间长，有这些好处，人们把得会当生儿子一样的喜事看待。但是同样是由于时间长，也容易受到各种变故的影响。参见舒羽丰《苍溪钱会简述》，载《苍溪文史资料》第 6 辑，1992，第 93~94 页。
② 如广西宜山县，在 1952 年前后，由于通货膨胀的影响，会期从月会缩短至半月会、旬会、星期会、五日会，甚至日日会。参见白浪《宜山的钱会》，载《宜山文史》第 7 辑，1992。
③ 比如四川璧山县，农村乡民组织的合会都是年会，而城镇里的商人则大多组织月月会。参见高相儒《民国时期璧山的民间借贷、合会、典当》，载《璧山县文史资料选辑》第 2 辑，1989，第 35~36 页。

着众人凑集的一笔巨大会款，一走了之，奈何？对此，各地的办法就是抵押。得会的人，要首先以田地房屋作抵押，然后才能收取会款。

另外，分摊到每个会脚身上的会费如果金额过大，会脚无力筹集，也容易产生风险。除了用增加人数的办法摊小会费以外，还有一个变通的做法，就是本来是一个会脚该缴纳的会金，可以分割成几股，由几个人合理缴纳，相应的得会会金，自然也是分享，这就使得相对贫困的会脚也有机会参加合会集资，但又不至于因无力承担大额会金而导致倒会。①

总之，在笔者汇集的大约二十位各地民国老人关于合会的回忆录中，基本上都涉及倒会的问题，但一般都说，因会脚拖欠会金而倒会的情况比较罕见，极少发生。可见，上述合会的风险制衡机制，在民国时期，还是很有效力的。

5. 宏观因素对合会风险的影响

在民国时期，合会的大面积倒会，主要是由社会经济的大环境造成的，我们可称之为宏观因素。

第一，通胀。

在各地民国老人的回忆录中，差不多都要提到 1948 年的通胀。也就是国民党政权在大陆倒台之前，发行金圆券导致的超级通胀。这种超级通胀，在某种意义上彻底消灭了合会的生存空

---

① 如四川苍溪，由于会费的金额比较大，就把一笔会金算作一股，一个人经济实力有限，可以两三家认一股，经济实力好的，当然也可以一家认两三股。参见舒羽丰《苍溪钱会简述》，《苍溪文史资料》第 6 辑，1992，第 93～94 页。

间。因为后得会的会脚实际上承担了负利息，不仅不能获得利息收入，反而要蚀本，合会自然搞不下去了。在此情况下，各地合会纷纷偃旗息鼓。也有的地方农村只能以粮食等实物作为会金继续举办合会。

第二，农村大面积破产，工商业衰退。

在民国学者的研究和报告中，有对合会的风险控制机制持否定态度者，他们往往提到合会面临的会脚信用不良、骗逃会款的情况。但另有学者指出，这并非合会本身的问题，而是宏观大环境出了问题。主要表现为 1930～1935 年中国经济遭遇的极度衰退。一是因为东北被日本占领，关内的农产品失去了巨大的销售市场，粮价大跌；二是因为西方 1929 年大萧条导致国际市场严重衰退，中国工商业受到牵连；三是因为美国的货币政策造成中国白银巨量外流，不论城乡，银根紧缩，这几个原因加起来，造成大量农民和城乡工商业者破产，人民流离失所。正所谓"皮之不附，毛将存焉？"[1]

因此，当我们评论一个制度的好坏的时候，一定要注意到，任何制度，都需要考虑其所借以存在的大环境。如讨论合会的风险控制机制，如果不看大环境，单单指责合会的风险大，是不恰当的。整个经济都腐坏了，超级通胀了，却把板子打在小小的合会上，未免太迂腐了。

---

[1] 参见吴承禧《合会在中国今日农村金融中的地位》，（天津）《益世报》1934 年 10 月 9 日。

第二章

印子钱的风险控制

在中国传统金融体系里，印子钱可算是最低级的一种，是最小微的放贷机构。它的放贷对象，差不多可以简略地称为无产者，所以笔者说它是无产者的银行。

在当代，一般都说，小微贷款，尤其是向穷人贷款，是个世界性难题。印度裔美国人阿玛蒂亚·森因为注意到这个问题，获得了诺贝尔经济学奖；孟加拉国学者尤努斯，因为在孟加拉国创办了一系列小微贷款银行，向穷人放贷，因此获得了诺贝尔和平奖，并且把它作为一种国际经验，向全世界推广。中国学者茅于轼也做了推广，但效果不佳。而他们似乎都不知道，中国早就有印子钱作为穷人的银行了。那么，印子钱到底是怎么回事？为什么是无产者的银行？对无产者放贷，又是怎样解决风控问题的呢？

一　印子钱：无产者的银行

在中国，印子钱是非常古老的民间借贷品种，在明代即有明确记载，山西介休人曾以四处放印子钱而著称。[1]

（1）印子钱的放贷额度极小

在中国传统社会的民间金融体系中，印子钱可算是最低级别的微型贷款。在印子钱最为流行的晚清民国时期，放贷规模有个差不多全国通行的行规，就是一次贷款一般不超过 50 元钱。

印子钱贷款额度为啥这么小？这和印子钱的贷款对象有关。印子钱的贷款对象，主要是城镇中下层贫困人口，或者从四处流入城镇的流民。民国期间，战乱灾荒频仍，民不聊生，不仅城市人口失业严重，而且大量农村人口涌入城市，印子钱也就获得了最发达的市场。[2]

（2）印子钱的放贷期限短，一般是一个月或者两个月，而且是逐日清偿，并因此得名

与一般的借贷不同，印子钱还贷的特点是，一次借款，逐日清偿。好比一个人借 50 元，以 60 日为期。那么他并不是到了第 60 天才一次性还本付息，而是在这 60 天当中每日还 1 元，到第 60 日正好还清（本钱 50 元，加上利息 10 元）。每天还 1 元钱的时候，就要到债主给他专门设立的折子上打一个印子，[3] 所以这种贷款就被称为印子钱。

（3）印子钱利率极高，是典型的高利贷

印子钱的利率很高，属于典型的高利贷。

---

① 参见黄鉴晖《晋商经营之道》，山西经济出版社，2001，第 82 页。
② 黄鉴晖：《晋商经营之道》，山西经济出版社，2001，第 83 页。
③ 这个"印子"可以是债务人的人名章，但一般穷苦人，都是按手印的。参见由国庆《津沽旧市相》，天津古籍出版社，2004，第 244 页。

如在旧北京，对印子钱有个俗称，叫作"加一钱"，意思是，借 100 元，如果一个月还清，利息就是 10 元；两个月（60 天）还清，则利息是 20 元。印子钱的利率是月息 10%，那么年息就高达 120% 了。

但前面已经说过，印子钱与其他贷款品种的最大区别是，它不是到期还本付息，而是逐日还本付息，所以它的利率，就还要大大高于这个利率。此外，借印子钱的当日，借款人所借款项中还要被扣除相当于本金 2% ~ 3% 的中介费，俗称"鞋袜钱"之类。[1]

（4）印子钱的放贷对象一般都是下层无产者

印子钱的借贷对象，不是高风险、高收益的投资家、大老板，而是生活在社会最底层、日日挣扎在生死线上的下层贫民和无产者。

如吴志铎先生在对北京通县进行的调查中，我们看到借印子钱的对象有：叫卖、摊贩、人力车夫、小铺、工人、住户、娼妓、闲等、其他。[2]

这种情况在全国各地的城镇都一样。借印子钱度日者的共同点是：没有储蓄，极度缺乏资本，唯一的资本基本上就是自身的劳动力，干一天活，就有一天的饭吃；不幸生意不好，或者生病

---

[1] 参见吴志铎《北通县第一区平民借贷状况之研究》，燕京大学经济学系，1935，第 44 页。

[2] 其中的"闲等"，不是指"闲得没事干的人"，而是指没有任何固定职业、只能等待打短工机会的人；"其他"项，包括赌博缺本钱者，或者赌博输了钱，没有饭吃，没有力气干活的苦力，等等。参见吴志铎《北通县第一区平民借贷状况之研究》，燕京大学经济学系，1935，第 49 ~ 50 页。

了不能干活，立即就有生死之虞。所以他们借钱就是为了买几个口粮，维持生存和体力，或者每到春秋换季，置办夏冬衣裳，或者借点微末本钱批发一筐山楂，做成糖葫芦沿街叫卖之类。①

（5）印子钱利率高，又是以无产者为借贷对象，自然就容易博得一个坏名声

尽管印子钱是一种古老而又非常普遍的小微贷款品种，但对于下层城镇人口的生计来说，可以说是不可或缺的，但是，它一直有个很坏的名声。在清朝康熙年间，就有大臣向皇上反映民间疾苦，将印子钱列为民间十大邪恶之一。②

新中国成立后，在很多声讨万恶的旧社会的种种"人吃人"邪恶现象的出版物中，印子钱都赫然在列。看看这些出版物或者文章的名字就知道了：《罪恶的旧社会：旧中国经济杂谈》之"印子钱"，《旧上海黑幕》之"印子钱的罪恶"、"暴利的印子钱"，等等。③

但是笔者也想在此为印子钱稍稍做一番辩解。凡是存在者，必有一定的合理性。在任何社会，总会游离出一些贫困无产者，他们是社会竞争的失败者，却没有稳定的社会保障体制来对之提供救助。特别是在兵荒战乱的年代，或者社会经济萧条时期，这

---

① 王隐菊：《旧都三百六十行》，中国旅游出版社，1986，第208页。
② 原文："性疏言：……百姓十室九空，无藉乘急取利，逐月合券，俗谓'印子钱'，利至十之七八，折没妻孥，为放债之害……"，赵尔巽、柯劭忞等：《清史稿·列传三十一》，中华书局，1977，第9613～9614页。
③ 《罪恶的旧社会：旧中国经济杂谈》第一辑，上海人民出版社，1964，第20～21页；远博：《旧上海黑幕》，远方出版社，1998，第284页；《锦州文史资料》第10辑，1992，第269～270页。

种贫困无产者的人数必然增加，贫困程度必然加剧。

俗话说，穷人没有朋友。在社会保障和救助体系缺乏的情况下，如果没有印子钱这种借贷形式，很多个人家庭甚至可能立即濒于毙命，而印子钱，多少能够为之提供一个展闪腾挪的余地。设若没有印子钱，那么又有什么来为这些穷人提供下一顿饭呢？所以，从大时代背景来讲，如果说印子钱是一种罪恶，那这种罪恶首先来自经济萧条、兵荒马乱，来自社会保障体制的缺乏。没有有效的社会保障体系，却空喊印子钱之罪恶，难免虚伪。

当然，我们这里的重点，还不是去讨论印子钱的道德伦理问题和社会保障意义，而首先关心的问题是：从印子钱业者的角度考虑，既然印子钱的利率那么高，授信对象又是无产者，那它的风险控制是怎么实现的？

二　印子钱的风险控制方式

对于印子钱的风控，笔者首先是基于以下两个想当然的预设展开的。

其一，印子钱的利率极高，而授信对象又是最为贫苦、朝不保夕的城市中下层阶级，那么，他们的还款能力必定极成问题，坏账率一定极高吧？

其二，在人们的印象中，放印子钱者，大多是凶神恶煞的人物，形同黑社会，那么他们控制风险的根本保证，一定是暴力吧？

搞清楚了这两个问题，放印子钱的风险控制就差不多搞清楚了。

1. 关于印子钱授信对象的还款能力问题

任何一笔信贷的风险问题，实际上都可以分解为两个层面，简单来说：第一，授信人真的没钱，真的还不起钱；第二，授信人有还款能力，但是主观上不愿意还。第一个层面是一个客观因素，第二个层面是一个主观因素。前者应该是后者的前提，设若授信人真的没有偿还能力，那么，不论他主观上再怎么愿意努力还钱，或者债权人再怎么催逼压榨，也是没用的。

那么，借印子钱度日的中下层无产者，就整体而论，到底有没有还款能力呢？就印象来说，穷人借印子钱，都是走投无路、迫不得已的结果。但是既然走投无路，还要借利率极高的印子钱，受到放贷者的重利盘剥，岂不是"饮鸩止渴"？反过来说，放印子钱的，除非把穷人逼死，从骨头里榨出油来，否则必然无法收回贷款，其坏账必然居高不下？

但我们看吴志铎先生在 1935 年对北京通县城区印子钱的调查，发现整个 11 家放印子钱者，借印子钱者有 852 户，其中不能还者仅有 43 户，只占 5.05%。[1] 坏账率很低。

那么，穷人到底是如何还得起高利贷的印子钱呢？
答案就在穷人的消费开支上。

---

[1] 参见吴志铎《北通县第一区平民借贷状况之研究》，燕京大学经济学系，1935，第 55 页。

无产者的最大资产，是身体；最主要的成本，是消费。

借印子钱者，身无长物，最大的本钱，就是自己的体力（或者加上一点简单的技艺），那么，把人的身体当成一个机器，甚至当成一个企业来看，他的收益是出卖劳动的收益，而他的成本，则是他的衣食住行的消费开支。作为城市赤贫，其消费开支的恩格尔系数必定极高，也就是说，吃饭，是最大的成本开支。

但是消费支出和企业的原料投入不一样，它是有弹性的。一般的企业成本，比如原材料价款、劳动成本、固定资产折旧、银行借贷利息等，都是有定数的，受到上游供货商、银行债主、工人等方面的牵制，不得随意减免。即使是搞些什么节约挖潜，那也需要在技术上、管理上下一番苦功夫，并非一日之功。也就是说，一般企业的成本开支在很大程度上是没有弹性的，该是多少就是多少。

但是赤贫阶级的消费开支就不同了，它有很大的弹性。简单地说，一个人吃干粮可以维持生命，但有两天三餐只喝稀饭，一时半会儿也死不了；吃细粮可以维持体力，吃粗粮也可以维持体力；有肉吃固然好，没肉吃也能过。

而穷人的问题就在于，他没有理性的消费习惯，从而也就没有储蓄。

更进一步来说，城市中下层阶级，普遍没有什么文化，生活粗鲁，没有计划，今日挣了钱，今日花光，不管明日还能否挣得到钱，能否吃得上饭。有资料记载民国年间北京做搬运的工人，上午找到零工，猛干一气。拿到工钱，就去下澡堂子泡澡，还叫澡堂子里面的小厮去当街对面帮他要一大碗卤煮火烧，配上二两二锅头，足吃足喝一顿，然后赖在堂子里睡个懒觉。睡够了到下午，再跑到天桥上去听相声，看耍把式卖艺的，看得好了，说不定还扔两个赏钱。看到日薄西山了，才想起用剩下的钱，给家里老婆孩子买半袋子棒子面儿，买一棵白菜，带回家。日日如此。想想这种日子也够"潇洒"的。

在吴志铎先生的调查中，发现借印子钱的穷人，普遍生活无计划，无法说出比较准确的生活开支，随意性很强。[①] 因此，可以想见，有这种过了今天不想明天的生活习惯，他们就不可能有什么生活积蓄，于是，当遇到临时性失业、生病、需要购置换季衣物、需要找到一点小本钱做小买卖等，就一筹莫展了。

那么，我们再看看他们借印子钱的具体原因：很多直接的是为了吃饭，比如下雨找不到活，或者生病没法干活，家里断顿了，于是借钱度日；还有就是春秋换季，家里没有储蓄，无法购置单衣或者棉衣；再有就是想做个小买卖，缺乏本钱，比如想去卖糖葫芦，总得有点钱去批发点山楂果儿；等等。[②]

既然穷人没有理性消费习惯，所以放印子钱者，实际上等于通过债权人的催逼，从外在强迫的角度，使得这些穷人的日常生活开支理性化。也就是说，他们的收入从整体上来讲，还是能够腾出钱来做相应的储蓄，为未来的生活不测做预防性准备。只不

---

① 吴志铎：《北通县第一区平民借贷状况之研究》，燕京大学经济学系，1935，第 78～79 页。
② 吴志铎：《北通县第一区平民借贷状况之研究》，燕京大学经济学系，1935，第 75 页。

过他们非理性的生活方式，使他们没有这么做。

这一点从前清时期的一个印子钱特定放贷对象也可得到印证。在关于清代印子钱的记载中，总是会提到一个借印子钱的特殊人群，就是旗人。旗人本来都有固定的职业，有皇家给予的固定优厚的俸禄薪水。但是旗人的消费习性是非理性，总喜欢寅吃卯粮。好比一个月发一次饷银，本来够过了，结果旗人半个月就给折腾完了，剩下的日子，就只好找放印子钱的解困。[①]

前面说过，印子钱作为一种贷款形式，和其他贷款形式最大的不同点，就是一次借出，逐日清偿，而不是到期一次性偿还本利。这显然是针对穷人生活开支没有计划没有理性这样的生活习性的。这就是印子钱风险控制得以实现的基础。

2. "盗亦有道"：放印子者的风控手段[②]

前面部分，只是说明借印子钱的下层无产者有还款的客观条件。但印子钱是否能够收回，还要看印子钱经营者的"手段"。

根据吴志铎先生在北京通县的调查，放印子钱者的风控手段大体包括按以下程序依次展开的四种：赌眼力、文交涉、武交

---

① 吕思勉：《吕思勉读史札记》（下），上海古籍出版社，2005，第 1043 ~ 1045 页。另案：说起旗人生活开支的非理性，笔者曾有亲身经历佐证。笔者幼年时生活的北京一个单位大院里，有一家旗人，每到单位发工资时，这家就会办酒席，唤来亲朋好友，再请来唱戏的，一边吃，一边唱京戏玩儿票，好不热闹。满院子都听到他们家的曲子声，和炸带鱼的香味儿。如此几天以后，这家女主人必来叨扰左邻右舍：借面！借油！
② 关于印子钱的风控手段情形的描述，除了吴志铎的调查之外，再也找不到其他合适的资料，所以，本节的相关介绍，全部来自吴志铎的调查报告。参见吴志铎《北通县第一区平民借贷状况之研究》，燕京大学经济学系，1935，第 37 ~ 41、57、70 ~ 72 页。

涉、续借维持情谊。

赌眼力，实际上就是事前调查，决定是否借贷；

文交涉，就是按照正常的程序催缴本息；

武交涉，则是动用强制性手段催缴本息；

续借，就是展期，但还有更深长的意味。

这四个手段，是按照先后程序次第进行的，但是这里还是要先把武交涉提到前面叙述。

（1）慎用"武交涉"

社会上流传的一些说法，把经营印子钱者都描述为凶神恶煞，动用各种黑社会手段，对借印子钱的穷人敲骨吸髓，不把穷人逼得妻离子散、家破人亡，不算罢休。那么，放印子钱者对其借贷的风险控制，是不是真的主要是以黑社会式的暴力手段为保障呢？

在吴志铎对北京通县第一区 11 家印子钱经营者的调查中，我们发现，放印子钱者收回贷款过程中所采用的"暴力手段"，用他们的行话来讲，叫作"武交涉"，也就是"来硬的"。

什么是"武交涉"？

那么，对于不还贷者，"武交涉"是怎么个交涉法呢？就是强行扣押欠账者的财物，作为抵押物。放印子钱者解释说，这些抵押物并不一定真的值多少钱，关键是欠账者缺了它，会立即影响他们的生计，比如车夫的号衣、车上的坐垫，小贩的扁担，或者欠债者家里的饭锅。

这种"武交涉"的执行者，都是放印子钱者的日常催债人员，俗称"打钱的"。其整个过程，似乎也算不得暴力，因为11家放印催账者，倒有5名是妇女，而其余的6名男性，年龄也多在40～60岁。根据吴先生的调查，催账者不论男女，倒确实是当地的刁蛮之辈，在邻里间都传有外号，如"某大寡妇"、"某大姑娘"和"某某皇上"等。但仅以他们的性别和年龄，似乎并不适合于向一般卖体力的劳动者动用武力，而且，放印子钱者的"组织机构"也很简单，一般就是两个人，一个人催债，一个人管账。规模小的，则是一身兼二任。他们并没有专门雇用打手，或者和地方黑恶势力有什么瓜葛。因此，催债者的所谓刁蛮，应该仍然是限于人情社会关系底线以上的，而并非种动辄当街打人，或者以流氓手段上债主家里以暴力胁迫，甚至绑票挟持等。

因此，所谓的"武交涉"，实际上就是"不近人情""拉得下脸"一类。而且，即使是这样的"武交涉"，在放印子钱的业界，也被慎用。

为什么要慎用"武交涉"？

放印子钱者慎用"武交涉"，或者说不把暴力作为控制倒账的主要手段，细究起来，有以下几个原因。

①放印子钱者没有足够的社会势力和法律支撑

经营放印者，的确是地方的凶蛮、悍泼之辈，走在大街上，"气场"很强，但也并非能够一手遮天。查其身家身世，虽然干的事情是盘剥下层阶级，但其本身也不过是不入流的人，而且由于其所从事业务之不雅，又常常游走在"不道德"的边界，在社会上层中，自然没有什么社会地位。

更重要的是，无论是在清代还是在民国，由于放印子钱都属于高利贷，所以都要受到官府的各种限定禁止，也就是说，他们的债权业务，并不可能受到官方的公开支持。故不论在社会舆论上还是在社会势力上，都不可能太高，不足以让此辈有恃无恐。

②慎用"武交涉"的经济学算计

即使不考虑放印者的社会超经济势力，而仅就市场和社会的制衡角度来说，放印子者也不便于滥用"武交涉"。

其一，"武交涉"本身也是一种交易成本，而且风险很大。如果借债者借钱不还，而放印子钱者与之当街吵骂，甚至抢夺其抵押物时，我们常常只见到穷人之可怜、放债者之刁蛮，却不知，放债者与之敌对，也要承受巨大的社会舆论导致的心理压力，用一位债主的话讲，"日日与人吵骂，气都受不了"，这显然也是一种"交易成本"。

从市场交易的逻辑来说，虽然是"杀人偿命，欠债还钱"，但对穷人的逼迫，毕竟触犯社会底线，往往引起当事人的非理性报复。在吴先生的调查中，就有资深业者提供了一个前清案例，说前清时，东关有李某，放印子钱给运粮食的工人，每日讨钱甚急，有三四个借户恨之入骨，一日遇李某于河岸（北运河），乃相约前趋，博而投之于河中，幸得舟子相救，乃免于一死。李某愤怒，却不敢告官（因为大清规定高利贷违法，月息不得过3分，年月虽多，利息不得倍本），李某只得忍气吞声，竟改其业。

其二，"武交涉"毕竟是撕破了脸面，即使放账者凶蛮得胜，却传出了凶恶的坏名声，让人不敢接近，自然以后也就没得生意做了。也就是说，一味用强，采用"暴力"，会影响其市场声誉和市场潜力。所以，从事此行当的资深业者说，很多人都是因为不明白这个道理，一味用强，搞到生意没得做，只好歇业。这就是一种市场制衡。

（2）放印子钱者风险控制的法则：关系网络与人情法则

尽管放印子钱是一种盘剥穷人的高利贷，游走在社会道德和法制的边缘地带，但是，作为一种生意，要维持"可持续发展"，就不可能把制造社会冲突作为常规的经营手段。恰恰相反，放印子钱者的风险控制，实际上恰恰是以日常的社会关系网络和人情法则为主要手段的。

放印子钱者的风险控制，常规的方法实际上有三个。

第一，赌眼力。

既指放印子钱者事前的侦察、甄别，乃至最终决断是否放印子钱给某人。这个实际上就相当于现代银行的所谓授信前的调查。

放印子钱者的授信范围实际上很狭小，一般仅限于自己居住区方圆几条街的街坊邻里。这样的好处就是，对潜在的借贷对象非常熟悉：住在哪里？家庭背景如何？经营什么职业？经营状况怎样？有没有还款能力？性格脾气如何？信用如何？爱不爱涩账？等等，对这类信息，放印子者都了如指掌。这样，就可以在事前甄别清楚哪些人有还款能力，哪些人没有。

那么，对于处在可能还款和可能赖账之间的人呢？那就要进一步看在街坊邻里的日常人情关系交往中，放账者的"气场"能否镇得住借债者，镇得住，债务关系发生以后才好交涉，镇不住，就根本不会借给他。

所以，放印子钱行内都有一些不给放账的规则，比如生人不借，因为不了解底细。除非有熟人作保。又比如富人不借，因为富人一时困难，借了印子钱，事后觉得利息太高不合算，又后悔了，打钱者去讨要，引起龃龉的时候，富人面子大，气场强，打钱者镇不住，反而可能栽了自己的面子，所以不借。还有就是对自己的亲友不借。因为将来讨钱，总可能撕破脸，而对于自己的亲友不便于撕破脸，否则在当地就没法混了。等等。

第二，文交涉。

放印子钱者在放出印子钱以后，每日的最主要"业务"，就是向债务人催讨每日应还款项，这个业务俗称"打印子"（或称"打钱"）。催讨的地点一般都在人力车停车处、茶馆、小店等中下层工人会聚的地方，极少上债务人家中催债。讨账的时间，最好在下午 3 ~ 5 点，这个时间一般是三教九流收工的时间，刚好有收入到手。

催讨的方法，一般就是所谓"文交涉"，就是用言语交涉。其中的技巧就是，设若借户不还钱，要说得他还钱。今日不还，明日必还。说到决裂处，即用言辞转回。俗称"说得出去，拉得回来"。

在人情社会，人们最看重的就是面子和人情。放债者在这上面，可谓做足了功夫。一方面，是动用欠债者要面子的心理，拿着欠债人的这个面子逼迫欠债者还钱。如前所说，催账者一般都是到借钱者聚集的地方催讨，一来当然是因为省事情，二来也是因为，在大庭广众之下，欠债者自然特别顾及面子，"欠钱为啥不还？""说话为啥不算数？""讲不讲信用啊？"这些质问都会触及欠债者的羞愧之心，让其在众目睽睽的压力下，不得不想办法还钱。这就是在用"面子"来达到追债的目的。

另一方面，这种逼迫又不能撕破面子，欠债者的面子破了，那就无所顾忌了，催账者就反而达不到自己的目的。所以，催账者又要有"把话说到决裂处，又拉得回来"的本事才行。另外，放印子钱者一般不到欠债者家门去追讨，这也是给人留余地。

还有，就是充分利用"好男不与女斗"的人情法则。在吴先生调查的 11 家放印子钱者中，有 5 家的"打印者"（即执行逐日讨要者）是女性，差不多占了一半。吴先生究其原因，乃是因为，打印者对于不还钱者，多动用非暴力语言，先是善言之；善言不还，冷嘲热讽，恶语相向，甚至可以吵闹，妨害其生意，令其羞愧气恼。但是由于中国社会向来有"好男不与女斗"之习俗，挨骂的欠债男人，不能动手打讨债的女性，只好自认倒霉，想办法还钱。设若打印者是男人，用此种方法，则极易引起暴力冲突。

第三，续借和人情法则。

对于确实还不了债务的，放印子钱者实际上并不是一味催逼，除了承认吃了倒账、自认倒霉以外，一种更积极地办法是续借。

在吴先生的调查期间，11 家放印子钱者的债务人，共有 43 户到期不能还，其中 26 户给以续借解决，占 60%。[1]

续借就是债务的展期。续借者，一般都是基于借户一向信用良好，但因一时困难无力还款，放账方乃以慈悲之名，给以续借。

续借的方法如借钱 400 枚，60 日为期，每日还 8 枚。到了第 40 日，借户无力偿还剩余的 160 枚。[2] 则以此 160 枚为借款额度，另定 60 日还款期，本利共计 160 + 32 = 192。此后每日只要还 4 枚。名义利率实际上没有变化，只是展期了，实际利率降低了，所以欠钱者负担减轻一半，故此乐于接受。外界常常盛传续借是一种所谓的"驴打滚儿，利滚利"，但以吴先生调查的情况来看，此续借之法，并非利上加利。

续借的办法，实际上也是一种人情法则，即可解决倒账的危机，又对欠债人示以恩义，或可看成一种债权人与债务人之间人情关系的良性互动，放水养鱼，拓展了未来的"业务发展空间"。

3. 总结与启示

（1）社会关系网络和人情法则在印子钱风险控制中的作用

我们可以看到，印子钱者的风控手段，基本上是围绕熟人社

---

[1] 参见吴志铎《北通县第一区平民借贷状况之研究》，燕京大学经济学系，1935，第 57～58 页。

[2] 100 枚一个月的利息为 10 枚；400 枚 2 个月的利息为 80 枚，本息共计 480 枚。到第 40 日，共还 320 枚，还剩 160 枚。

会的人情法则来展开的。第一，赌眼力，实际上是基于熟人社会街坊邻居的全方位了解拥有"软信息"，这是不耗费成本的市场调查，且质量特别高。第二，"文交涉"，则是现实演绎着面子社会的游戏规则；没有熟人社会，则无所谓面子；而恰恰是在熟人社会，面子才很值钱，输不起。第三，"武交涉"，具体运用上实际上也是动用人情法则，因为强制行为并非暴力，并非逼迫人卖儿卖女，而是一种可忍受的强制。第四，续借，虽然是不得已，但又等同于卖人情，积累客户关系。

（2）应该不应该，以及应该怎样对穷人实施社会救助？

老子说"天地不仁，以万物为刍狗；圣人不仁，以百姓为刍狗"。说得直白点，天地是一样的，为啥别人不受穷而就你受穷？所以，很多人的穷，有他自身的原因。如果他不能自我改正，别人的救助是没用的。只能任其自生自灭。

印子钱，既然坏账率很低，而且还能够长期维持、可持续发展，说明穷人本质上有还款能力，问题的关键出在他们非理性生活方式上。印子钱等于外在地强制他们理性地生活和消费。

在这个意义上，印子钱等于也是一种正常的社会救助手段，即，以营利的目的，客观上做了公益性的事情。反之，如果以公益性为目的，或许反而不能达到公益性的目标。

第三章

传统典当业务和风险控制

一　传统典当行简述

中国的典当业，据传最早起源于魏晋南北朝时期的南朝寺院，被称为质库。此后历代，长盛不衰。在唐代被呼为当铺，两宋称为质库、解库、长生库，元代称为解库、典库，明清称为典当、质押，等等。①

在历朝历代，典当业一直被当成一种救济性金融机构，从其起源来说，之所以首创于寺院，就有佛家慈悲为怀、救济穷民无告者的意味在里面。②

在清代，典当业一直被官府作为慈善事业加以扶持和管理。

---

① 姜世忠主编《呼兰史话》之"典当琐谈"，黑龙江人民出版社，1990，第87页；张仲：《天津卫掌故》之"天津典当行"，天津人民出版社，1999，第219页；杨端六编著《清代货币金融史稿》之"典当行"，三联书店，1962，第117页；江其务：《江其务文存》（2），中国社会科学出版社，2001，第213页；刘秋根：《中国典当制度史》，上海古籍出版社，1995，第7页、第16页。

② 瞿宣颖纂辑：《中国社会史料丛钞》（上），商务印书馆，1937，第38页。

谁想创办典当行，必须有二家至三家殷实同行作担保，然后向官府递上申请，获得许可证，方准经营。① 官方对于典当业的利率、当期的长短等，都有规定，不使利率过高，不使条件过于苛刻，以免损害平民。② 当然典当行也因此获得官方的照顾和保护，在清代，大量各级政府官款可以寄存在典当行中，充实典当行的运营资本，存款利率也比一般存户的要低一些。私人存款利率可达月息7~8厘（0.7%~0.8%），而官款存款月息只要2~3厘（0.2%~0.3%）。③ 另外，就是典当业常常遇到的麻烦：不小心收到的抵押物是赃物，也需要官府出面，才便于解决。④

　　和典当行打交道的，自然主要是平民，包括城市中下层和乡村的农民，再就是一些破产的工商业者、破落贵族，乃至于赌徒，等等。⑤ 这些人的特点，大体说来，一个是穷，因为穷，所以没有积蓄，又没有足够的信用向朋友告贷，所以要来和典当行打交道。另一个就是困，生活上有上顿没下顿，只好把随身衣物当掉换钱吃饭；或者还债日期已到，无处逃遁，只好把家中值钱

① 张仲：《天津卫掌故》之"天津典当行"，天津人民出版社，1999，第219页；庄效震：《徽帮典当》，载《上海文史资料存稿汇编》（第4~5辑），上海古籍出版社，2001，第431页。
② 杨肇遇：《中国典当业》，万有文库，1929，第17~18页。
③ 如湖南攸县就是这种情况，参见荣金铮《攸县的典当、钱庄》，载《攸县文史》第五辑，1988，第54页。《武汉市志·金融志》之典当，武汉大学出版社，1989，第37~38页。
④ 庄效震：《徽帮典当》，载《上海文史资料存稿汇编》（第4~5辑），上海古籍出版社，2001，第432页。
⑤ 杨肇遇：《中国典当业》，万有文库，1929，第1~2页。另参见张荣坤主编《无锡市金融志》之典当，复旦大学出版社，1996，第33页。

物品当掉还债。设若没有典当行这样的金融救济机构，穷民无告，自然很容易铤而走险，或者卖儿鬻女，或者上吊自杀。

有钱的富户，一般是不会求典当行的，即使是穷人，去典当物品，也被认为是一件见不得人的令人羞愧事情，所以凡是开典当行的门内，都会有一个大大的照壁，不让街上的人看到里面的顾客交易。

在明清两代，全国的典当业，大体来说，北方为山陕商人把持，南方主要为徽商把持。[①] 之所以如此，自然是因为这两大商帮的资本实力雄厚。到了清后期，各地的地方资本也逐渐渗入，成为股东，但管理人员仍然主要是山西人或者徽州人，这主要是因为开办典当业的经营管理技术仍然为晋商、徽商所掌控。再后来，到了清末民初的时候，典当业的管理和经营技术也逐渐为当地业者所习得，晋商和徽商"一统江山"的局面才逐渐消解。但是尽管经营者可能是当地人员，但经营管理的规范和惯例，还是沿袭这两大商帮。[②] 比如徽商将为当品定价的人员称为"朝奉"，而长江流域的典当行，不管是否由徽商经营，也都将此类人员称为"朝奉"，这就是传承徽商惯例的表现。

开办典当行，有独资的，也有合资的；有股东自行负责经营典当业务的，也有股东是当地人，而经营者则是与股东非亲非故的晋商或者徽商的。但是典当业绩的好坏，往往并不因为是否合

---

① 瞿宣颖：《中国社会史料丛钞》（上），商务印书馆，1937，第38页。
② 如武汉典当业，初起是徽商开办，后来本地人也开办典当，但是仍沿用徽商之旧法。参见《武汉市志·金融志》之典当，武汉大学出版社，1989，第38～39页。

资或者东家与掌柜分离而有什么影响，关键就是因为，山陕商人和徽商这一北一南，数百年来所创立、积累发展而形成的管理技术，非常稳定而精密，尽最大可能地控制了各种潜在的业务风险和人事纠纷，才使得典当行的对外形象，就如同一个利润丰厚而又可以细水长流的金饭碗一样。下面就结合典当行的业务展开，介绍一下有关的业务风险和相关管理人员的风险控制手段。

二　典当业的风险和控制

如果说中国传统金融业务的主体是信用贷款的话，那么典当业就是一个例外。典当业属于典型的抵押贷款。这反过来也可以说明，典当业的客户，为什么都是非贫即困之人。因为在中国人的关系逻辑里，一个人即使是没钱了，只要有信用，也可以通过在圈子里积累的人脉信用借到钱，只有穷人入不得富人圈子，或者一些人的信用已经被透支干净，迫不得已，才会来典当行。没有信用，那就只能靠抵押物品获得贷款。所以，也可以说，典当行的抵押贷款是中国信用社会的一种补充形式。

正是因为典当行经营的是抵押贷款，所以向来被商界认为风险很小。当代有句口头语叫作"稳当"，据民间考据家考证，就是来自典当行。典当行的贷款都有抵押物，不怕吃倒账，所以叫"稳当"。①

但是从实际的业务运作来看，典当行也同样存在风险。我们先简单介绍一下典当行的业务流程：客户上门抵押物品获取贷

---

① 张新知主编《趣味金融知识》，中国金融出版社，1992，第319页。

款，首先要由"朝奉"负责验货、估价；然后开具收货凭证——当票；接着，当物被封存，保管；到期以后，顾客来赎当，交上当票中所约定的贷款本金和利息；如果到期不来赎当，当物就被称为死当（或者满当），当铺有权做拍卖处理。

在这个过程中，处处都存在潜在的风险。

（一）估价的风险

1. 当铺里的估价员为什么叫朝奉？

传统典当业有个惯例叫作"逢当必应"。[①]也就是说，凡是顾客拿来的物品，不论是什么东西，不论价值高低，都必须得给人家估价，作抵押贷款。

那么，典当行最大的风险，首先就在于验货估价。各种货品的真伪、质量的好坏、当前市场价格如何、后期保管是否方便；万一当物变成死当，未来的变卖价格又会是什么行情，全都要靠鉴定人员的一双眼、一张嘴。[②]

前面说过，按照徽商的惯例，负责当品鉴定和估价的人员，叫作朝奉。朝奉在典当行管理人员中的地位，仅次于总管（即总经理），薪酬也是最丰厚的。大的典当行，一般有四个朝奉，分别称为"一柜"、"二柜"、"三柜"和"四柜"。"朝奉"这个称谓，据说最早来源于汉唐时代，是对某些王公贵戚的称呼，它不是一个官位，而是皇帝每遇重大问题不能决断时，便要找到可信

① 张震：《清末民初时期邹县的典当》，载《邹县文史资料》第 5 辑，1987，第 159～160 页。
② 缪子中：《旧南通的典当业》，载丁祖远主编《南通文史资料选辑》第 9 辑，1989，第 201～205 页。

的王公贵戚帮忙参谋一下，这些人便被称为朝奉。宋代以后，地方官僚遇到大事，需要贤能的地方绅士来帮助参谋决断，也称之为朝奉。徽商这个称谓，据说就是从这里借用而来的。[1]

如果说典当行真的是"逢当必应"的话，那么，朝奉就必须是百科全书式的人物，脑子里必须精通三百六十行的知识，相当于一个流动图书馆，简直比服务皇帝的王公贵戚还要金贵。可见其才能之优秀，人才也必稀缺，从而必为典业所推重，所以，朝奉真当得朝奉。

但是，实际上每一种物品的相关知识，都涉及一个行业，一个人穷极一生，也不能参透太多的行业，所以，"逢当必应"只是个理想，实际上是做不到的。比如，在典当业，古玩字画一般不当，就是这个道理。至于很多小的当铺，由于没有专业人才，有时候连金银首饰也不敢接当。[2]

一般来说，传统当铺的典当品，主要分为四类，按当物所占比例来分：首先是衣物、皮货，其次是金银首饰、玉器，再次是家具，最后是铜锡器皿。[3]

尽管如此，对这些当品的鉴定和估价，还是够人好好学一辈子的。所以，没有专业的朝奉，是开不了典当行的。

---

[1] 杨肇遇：《中国典当业》，万有文库，1929，第11~12页。

[2] 据吴运铎的调查说：典当行素有"百行之行"之称，主要是由于典当品之鉴定庞杂，如有掺杂使假，当主不来赎，故必至亏损。故业务人员必须精通各业之物品，否则不能开办。参见吴运铎《北通第一区平民借贷状况之研究》，燕京大学经济学系，1935，第153页。另参见任剑秋、王云峰《丹东的典当行业》，载《辽宁文史资料》第26辑，辽宁人民出版社，1989，第144页。

[3] 《无锡市金融志》之典当，复旦大学出版社，1996，第34页。

2. 当物的价格为什么要被压得很低？

在新中国成立以后的文献里，常常把当铺说成旧社会吃人的场所之一。当铺刻剥穷人的罪状之一，就是朝奉总是会把穷人当品的价格压得特别低。

就全国一般情况而论，上述几个大类的当品，各地的开价，有个大致的规律，就是金银玉器，一般按照当品实际价值的 7 折估价；新衣服，一般按照衣物价值的 5 折开价；旧衣服，则只能打 2 ~ 3 折。[①]

实际上，这里首先有一个误会，朝奉对当品的估价——当价，本来就不是当品的价格，而是当品所应获得的抵押贷款数量。比如，顾客拿来一件皮衣，当班的朝奉开价 5 两银子，并不是说他认为这个皮衣值 5 两银子，而是说，顾客用这件皮衣可以获得 5 两银子的贷款。这是显然的，因为典当行只是一个贷款机构，而不是一个收购机构。

从抵押贷款的意义上讲，朝奉所开当价的高低，对当铺和顾客来说都是中性的，谁也没占便宜，谁也没吃亏。朝奉对当品开个高价也无所谓，因为当价就是贷款额度，贷款多，则当铺收回的利息多，何乐而不为？有些地方的当铺，对于比较有钱有信用但出现一时困难的客户，就敢于开很高的当价。[②]

[①] 参见《武汉市志·金融志》之典当，武汉大学出版社，1989，第 38 ~ 39 页；《无锡市金融志》之典当，复旦大学出版社，1996，第 34 页；缪子中：《旧南通的典当业》，载丁祖远主编《南通文史资料选辑》第 9 辑，1989，第 201 ~ 205 页；丁励：《关于典当》，载丁祖远主编《南通文史资料选辑》第 9 辑，1989，第 206 页。

[②] 关于当价高低之原则，参见吴志铎《北通县第一区平民借贷状况之研究》，燕京大学经济学系，1935，第 155 页。

反之，朝奉所开当价低，顾客也未必吃亏。因为这意味着将来同样可以用很低的款项，赎回自己心爱的物品。

但从实际情况来看，就不一样了。当物的都是穷困人士，自然希望用当品获得更多的贷款额度救急，顾不上将来能不能赎回去，所以都希望当价高。

而朝奉开价低，原因显然不是说不愿意增大贷款多收回利息，而是顾忌到万一将来顾客不赎当怎么办。

顾客不赎当，当品满当，则只能按照市价拍卖处理。那么我们就看到，当初朝奉对当品的估价越低，则满当物品越可能高于估价出售，收回当本（也就是贷款）和利息，甚至还能有进一步的盈余。

设若朝奉当初的开价高，不仅顾客不容易赎当，而且甚至可能故意不赎当，那么满当的货物势必大增，又由于估价太高，满当拍卖就很可能亏本。如此以往，则当铺利润菲薄，甚至亏损。

实际上，在有些地方，富户就把自家不用的旧货，拿到当铺去处理，到期根本就不赎当，任由当铺拍卖。在他们眼里，当铺成了处理旧货的地方了。①

而穷人也同样有此作为，春天拿着棉袄去当铺抵押贷款，到了秋天也不一定去赎当，而是直接到估衣铺去再买一件旧棉袄过冬。② 如果在这中间，棉袄的当价加上应付利息，高于从估衣铺

---

① 张震：《清末民初时期邹县的典当》，载《邹县文史资料》第5辑，1987，第159~160页。

② 王志诚：《话说典当》，载叶又红主编《海上旧闻》第二辑，文汇出版社，2000，第117页。

买旧棉袄的价格，穷人就会大量走这种捷径。那么，为此埋单的就必然是当铺。

所以，一言以蔽之，朝奉压低当物估价，主要还是为了规避风险。

（二）当票书写：一种风险控制技巧

1. 当票上的字，为什么如同鬼画符？

当铺坑害穷人的另一大罪状，是账房先生书写的当票，如同鬼画符，外人根本不认识。那么，就完全有理由怀疑当铺从中上下其手。

这种怀疑，其实也是对当铺的一大误解。当铺素有"认票不认人"的行规。在传统时代，并没有当代的印刷防伪技术。所以，设若有人伪造当铺的当票，冒领或者敲诈当铺，则当铺对此风险，势必要加以防范。防范的技巧，就是当票书写方式，如同鬼画符，不仅让外人不认得，而且也不会写。这样就可以有效地防止上述风险出现。

2. 当品明明是好东西，为什么总是在当票上被写成"破烂"不堪？

在当铺所开的当票中，总是把顾客的好东西，故意写成坏东西。比如金首饰要写成"光淡如银"；玉石要写成"粉石"；珍珠要写成"凡壳"；铜器、锡器要写成"废铜烂铁"；皮货，即使绒毛柔密，也一定要被写成"掉毛光板"；至于衣服，则一定要加上"破烂"二字；等等。

这种写法，让顾客听着就来气，太埋汰人了。实际上，这也是当铺一种规避风险的手法。

金银玉器，最大的麻烦是不方便鉴定。设若金银首饰中间夹铅夹锡，而当铺又不能拆开检验，尽管朝奉的鉴定能力很高超，也有失手的时候，奈何？①

所以这种做法，实际上是防小人不防君子的。如果顾客是本分人，拿来的是真金白银，那么，不管我当铺如何写成废铜烂铁，你送来的是什么，还拿回去什么就是了。你的真金白银，并不会因为被我写成废铜烂铁，就真的变成废铜烂铁。

如果顾客心怀欺诈，故意拿着夹铅夹锡的东西当成金银首饰来当，而朝奉又没有鉴定出来。那么，当顾客赎当的时候来敲诈，当铺就可以用当票上的"废铜烂铁"这几个字来规避风险。

至于衣物、皮货，当铺的当期（抵押贷款的还款周期），最多的可能长达两三年，确实有腐烂变质、虫吃鼠咬的风险。那么，当顾客发现当物变质而向当铺索赔的时候，当铺就可以用当票上所书写的"光板无毛""破烂"来规避风险。②

但是，如此一来，当铺岂不是等于推卸保管责任，从而对当品疏于保管，任其腐坏呢？却也不可做此理解。因为，从顾客一方来说，也有对当铺疏于保管的制衡手段，就是，看到当品变坏了，索性拒绝赎当。这样一来，顾客自然会有损失，但是当铺也同样遭受亏损。

---

① 杨肇遇：《中国典当业》，万有文库，1929，第39页。
② 杨肇遇：《中国典当业》，万有文库，1929。

比如一件皮货，市值是 10 两银子，朝奉估价 5 两银子，两年当期的利息是 3 两银子。到期以后，顾客发现皮货腐坏了，拒绝赎当，则顾客损失 10 −（5 + 3）= 2 两银子。但是当铺因此而吃亏更大，设若腐坏的皮货只值 2 两银子，则当铺的损失就是（5 + 3）− 2 = 6 两银子。腐坏的程度越高，顾客拒绝赎当造成的当铺损失就越大。

如此说来，当铺在保管环节的风险也同样很大。为此，我们再看看这个环节的风险控制。

（三）当品保管的风险控制

典当行对当物保管环节的风险控制，可算是最显性化的了。有关的风险控制，大致包括：防火防盗防匪、防当物变质、防内贼偷窃。

1. 防火防盗防匪

防火防盗防匪主要是在建筑上下功夫。一般的典当行都是高墙大院，修得好像碉堡炮楼。墙高、厚，窗户小，大门也厚重、坚固。这样的做法，自然是为了防火防盗防匪，所以在好多小的市镇，全城最气派、最显眼的建筑，必是典当行。[1]

当然，对于大的水火等自然灾害、兵灾匪患，以及所有外在不可抗力造成的当物损失，官府有规定，当铺可以不用赔偿物主损失。[2]

但是这种客观不可抗力造成的免责条款，并不会使得当铺员

---

[1] 参见《广东典当业》，中山大学经济调查处，1934 年稿。
[2] 杨肇遇：《中国典当业》，万有文库，1929，第 20 页。

工在主观上有所懈怠。道理是显然的，正如前面所计算的，当物在保存期间发生损失，不论是可抗力还是不可抗力，也不论是客观原因，还是管理人员主观上的懈怠，只要顾客不来（或者不能来）赎当，而物品又被损坏了、抢劫了、盗窃了，那么，这不仅对物主是损失，而且对当铺同样是损失。相比之下，顾客的损失少，而当铺的损失则要大得多。

所以，市镇上的富人，也常将自家的贵重物品委托给当地的典当行来保管，并为此而支付保管费，显然是把典当行看成地方的金库了。可见其对典当行防火防盗能力之信任。

2. 防当物变质

当铺内部的保管。当铺一般会把几大类当物分类保管，金银首饰等值钱而又体积小的当物，放在专门的房子里，有专门的保管员保管。

除此以外，衣物、皮货分一类，器皿分一类，家具等粗重物品再分一类，都是分类保管。不同的物品，自然有不同的保管技术。

比如皮货和衣物，容易遭虫鼠咬，当铺会养猫对付老鼠；在仓库的建筑设计上，顶部一定要有充足的阳光照射，四壁的窗户虽小，却很通风透气，以免当物生虫受潮。除此以外，当铺还会定期在院内分批晾晒当物，等等。[①]

总之，当物的保管是相当专业精细的。

---

① 参见《广东典当业》，中山大学经济调查处，1934 年稿。

3. 防内贼偷窃

为防内贼偷窃，当铺实行严格的分工责任制和细密的登记分类制度。当铺的分工，除了总管以外，分为接待顾客并估价的"朝奉"，开当票的"管账"，收发钱币的"管钱"，打包当物的"学生"，存放当品的"管包"，存放金银首饰的"管钱"，等等。①

有规矩的典当行，各个岗位都有专人负责，不得兼任，以便互相监督。而对于当物所在的库房，除非保管者本人，他人一律不得擅入，否则将受到最严厉的店规处罚。当物的标签、记账，自然也丝毫马虎不得，基于晋商和徽商多年经验的积累，有关管理程序和规范做得非常细密有序。

在分工责任明确的基础上，是严厉的惩罚措施。当品发生丢失、损坏，在哪一个环节出了问题，谁的责任，都很清楚。典当业一般的原则是：谁的责任就由谁负责全额赔偿，不论金额大小。责任人赔不上，就可能被开除失业，如果责任人有主观故意情节的，还会被拉到官府处置。②

当然，除了严厉的制裁以外，管理人员也还有相应的好处，就是典当行利润稳定而丰厚，相应的，典当业的从业薪酬也比他业为高，除了固定报酬以外，还有红利分成，以及各种手续费和

① 缪子中：《旧南通的典当行》，载丁祖远主编《南通文史资料选辑》第9辑，1989，第201~205页。
② 杨肇遇：《中国典当业》，万有文库，1929，第26页。

成本节约费的分成。而且典当业的行规，所有人都是从学徒干起，内部提拔晋升，不到老死不会失业，也不会被顶替，等于是终身雇佣制。而且，从学徒就一直在典当行干起的店员们，一生在此消耗，除了典当业，也不会干其他的。所以人人都很珍惜手上的金饭碗。[①]

总之，管理团队珍惜当下的岗位，才会发自内心地负责，这也是典当行内部风险控制的最核心保证。

（四）满当物品的处置与风险

当品到期而顾客不来赎取，当铺都给以一定的宽限，顾客只要增补延期的利息，仍然可以赎当。延期还没钱赎当，顾客还可以再行办理续当手续。总之，当铺是抵押贷款金融机构，而不是二手物品回收公司，只要顾客有赎当意向，就尽量宽限条件，让其能顺利赎当。

实在不愿赎的当物，被称为死当、满当。对于满当物品，当铺就要进行拍卖。对于传统典当最大宗的衣物，一般都是联系数家估衣铺，定期前来竞拍。对于金银首饰，自然是请金店来竞拍。总之对于各种满当物品是拍卖处置，典当行一般并不零售。[②]

满当物品的拍卖，主要在于通过市场拍卖收回抵押贷款和利息，盘活资金。因此，在这个环节，当价和拍卖价格就是问题的

---

① 《武汉市志·金融志》之典当，武汉大学出版社，1989，第40~42页；杨肇遇：《中国典当业》，万有书库，1929。

② 庄效震：《徽帮典当》，载《上海文史资料存稿汇编》（第4~5辑），上海古籍出版社，2001，第438~440页；缪子中：《旧南通的典当行》，载丁祖远主编《南通文史资料选辑》第9辑，1989，第201~205页。

关键。最好的情况当然是拍卖价格高于当价（抵押贷款金额）加上利息。所以，拍卖价格越高，当价越低，当铺自然越合算。

当初对顾客办理抵押贷款的时候，朝奉一般都要尽量压低当品价格，其风险控制的意义就在这里，已如上述。

至于当品拍卖的价格是否能够如愿，首先也在于朝奉当初对当品市场价格的预判。在传统社会稳定的年代，这种价格预判虽然比较难，但也还算为人力所控制。但是到了清末和民国时期，社会经济动荡加剧，事情就变得很复杂了。结果，由事先没有预料到的原因造成满当物品拍卖无法收回贷款资金所导致的风险，成了这一时期典当业最大的风险，成了无数典当行的噩梦。这一点，下面结合当期的风险和风险控制再予介绍。

（五）资金运作中的风险控制

前面说过，典当业按照资本规模大体分为典、当、质、押、代当等四五个等级。以 20 世纪 30 年代江苏省的一次调查而论，资本最大者，本金在 50 万元以上，最小的质押店，本金为数千元到一万元不等。

但凡是典当行，无一例外的都是本金不足。因为这里的本金，主要是用于固定资产投资，如土地的购买、房屋的建筑、内部家具陈设的购置和装修，等等。

而典当行真正的运营资本，则主要来自两大类三个部分。两大类是指吸收存款和从钱庄银行借款。其中吸收存款，又包括官款和私人存款。

所以说，典当行用于抵押贷款的资本金，实际上全都是借来的。比如一家固定资本为 5 万元的典当行，其营业额却高达 20 多万元。①

因此，典当行差不多和银行钱庄一样，吃的是息差。那么这种息差吃不好，就会造成资本运作中的风险。

在前清时代，典当行的当价利息，也就是抵押贷款的利息，是官方给规定的，比如 24 ~ 26 个月的当期，月息是 2 分（2%），6 ~ 18 个月的月息是 3 分（3%）。这就是典当行的收益。②

典当行的利息成本，也就是当铺所吸收的资本金利息，根据资金来源分为三个部分：官款的官息，大约是 3 厘（0.3%）；私人存款的利息，是月息 7 ~ 9 厘（0.7% ~ 0.9%）。③ 这两个部分，利息相对比较低，而且相对也比较稳定。关键是第三个部分，钱庄和银行的借款利息，随行就市，无法控制。而典当行资金运作的风险也主要在这里。

首先要说的是，如果股东没有足够的准备金，或者不注意及时向典当行补充资金，则典当行必然要向钱庄、银号借款。为什么呢？

因为典当行的业务和市面上的银根松紧，总是存在一个矛盾：也就是说，典当行的资金吃紧的时候，市面上银根也吃紧；典当行资金宽松的时候，偏偏市面上银根也宽松。

以年为周期而论，典当行一般是春季资金紧张，而秋季宽松。因为城乡中下层居民，总是容易在春季青黄不接的时候揭不

① 《无锡市金融志》之典当，复旦大学出版社，1996，第 37 ~ 38 页。
② 杨肇遇：《中国典当业》，万有文库，1929，第 4 页。
③ 参见《广东典当业》，中山大学经济调查处，1934 年稿。

开锅，或者需要买农具，又加上春暖花开了，棉衣用不着了。所以，春季总是有大量下层居民来当物，抵押贷款必然大量发放，所以典当行资金紧缺。到了秋季，居民有了收获，加上换季要加衣被了，于是就大量赎当，抵押贷款大量交还，典当行自然资金宽松。

以月而论，一般是月初资金吃紧而月末宽松。因为城镇的各业账务合同周转，都是遵循这个规律。

而典当行资金吃紧的时候，自然需要大量补充头寸，这种短期性的头寸，显然不方便以吸收存款的方式获得，而最好是从钱庄、银号融通。反之，当典当行银根宽松的时候，当然最好是把钱存到钱庄、银号去生息。所以，典当行一定要与钱庄、银号打交道，进行短期存贷款的互相融通。①

于是，问题就来了。当典当行资金吃紧的时候，由于同样的理由，整个市面上银根自然也紧张，因此，钱庄、银号必然要随行就市，提高贷款利率。

那么，设若典当行也能够随行就市地提高它的利息，自然没问题。可是，按照政府规定，典当行是慈善机构，偏偏不能随意提高它的利息。这样的话，典当行的借贷利息提高了，而放贷利息却不能提高，搞不好就很容易陷入亏损的麻烦。这种风险，可算是典当行特有的资金运作风险。

当然，到了民国时期，政府的管制宽松了，典当行的利率似乎可以相对宽松地随行就市了。可以由此摆脱清代利率不得随行

---

① 参见《广东典当业》，中山大学经济调查处，1934 年稿。

就市所带来的资金运作风险了。但是，政府管制的宽松，又带来了另一种麻烦。我们下面再看。

（六）利率竞争与风险

出于慈善事业的目的，清政府对典当业的利率采取了管制政策，设定了最高限额。这对典当业来说总是一种不便，由此引发的风险，已如上述。但是奇怪的是，民国以后，政府的管制没有清代严格，典当业放贷利率浮动的自由变大了，按理说当铺的放贷利息也可以随行就市，水涨船高了。但实际上，典当业的利率，在民国期间，不仅没有上升，反而有下降之虞。这是为什么呢？

原来，民国政府对开办典当行的管制也变得宽松了，过去需要同业担保，需要报官府申请执照，现在则不大有人管了，随便谁都可以开当铺。结果出现了越来越多的小规模典当行，业主多了，竞争也就变得激烈了。结果利率反而被迫压低，否则没生意做。就是因为同业竞争的激烈，在民国时期，各地典当业经过一段时间的繁荣发展以后，又陷入同业竞争的风险，导致很多当铺经营不下去，又纷纷歇业。①

（七）当期与风险控制

在清代，当铺的当期和利率，是受到官府约束的。根据典当行的规模大小，有所区别。清代的典当业，如上所述，按照规模大小，大致分为四类：典当行、质押店、小押行、代当。资本金

---

① 吴运铎：《北通第一区平民借贷状况之研究》，燕京大学经济学系，1935，第151页。

规模从大到小，依次递减。那么相应的当期长短和利率，也有相应变动。规模越大，则当期越长，利率越低；而资本规模越小，则当期越短，利率越高。[①]

规模大小与当期长短的对应关系，主要是根据资金周转能力来配置的。当铺的资本规模越大，资金周转能力越强，则自然可以将当期延长，反之则短。

但是从清代到民国的当期长短变迁来看，当期长短和当铺运营的风险有莫大的关系。

根据无锡地方史料，当地的当期从清中叶到民国时期，发生过几次大的变化：最早的典当行当期是 36 个月；到了太平天国运动以后，核减为 24 个月；到了光绪末年，业界又向官府申请，核减为 18 个月。而民国中期（1930 年）以后，典当业当期还有更进一步缩减的趋势。[②]

全国各地在同一时间的当期肯定有所出入，不同规模的当铺当期自然更有出入。但是总的大趋势，是从清代到民国，从民国初期到民国中期，当期越来越短。而造成这种缩短的原因，恰恰与大的政治社会经济环境的变迁，给典当业造成的宏观性风险有关。

总的来说，就是社会秩序从稳定走向混乱；西方的入侵，导致市场化加强，物价不稳定，商品多样化，时尚变化快；还有就

---

① 《无锡市金融志》之典当，复旦大学出版社，1996，第 32 ~ 42 页。
② 李桂荣选编《腐败的旧中国》之典当之弊，内蒙古人民出版社，1991，第 460 页。

是通胀。

具体来说，则比较杂乱，举几个例子如下。

比如太平天国运动后，大量城乡居民流离失所，破产的居民多，结果对典当行的业务影响是：来当东西的多，而赎当的少，当然，满当物品更是卖不上价钱，所以典当业被搞得周转不灵，只好通过缩短当期盘活资金。

又比如，受对外贸易和西方金融影响，光绪末年金银价波动剧烈，金银价格曾经一度大跌。那么，金银首饰物主都不来赎当，当铺自然要亏损。

再比如，清末民初，辛亥革命造成服装款式的巨大变革，而典当业的主营当品恰恰是服装，结果一大堆过时的前清衣物无人赎当，典当业又巨亏。[1]

民国以后，受西方纺织工业品入侵和服装时尚变动的影响，服装时尚更新变化越来越快，导致大量典当行摸不准行情，自然又造成巨亏。[2]

但对典当业最大的威胁，还是通胀。民国以后，币值越来越不稳固，各地方军阀在其割据势力范围内滥发纸币，国民党在其国统区内滥发纸币，特别是抗战胜利以后，1948 年国民党政府实行全国性通胀政策。这种通胀，对典当业的影响是最大的，常常对全行业造成彻底的毁灭性打击。[3]

① 《无锡市金融志》之典当，复旦大学出版社，1996，第 32～42 页。
② 杨肇遇：《中国典当业》，万有文库，1929，第 24 页。
③ 《无锡市金融志》之典当，复旦大学出版社，1996，第 32～42 页。

通胀的危害，自然不仅仅限于典当业，而是对所有金融信贷机构都是灭顶之灾，通胀率越高，金融机构放贷的实际负利率损失就越大。典当业抵押贷款少则半年，长则 2 ~ 3 年，一两年后，顾客拿着形同废纸的货币来赎当，典当行岂有不垮之理?!

以上种种大环境趋势的变化，对于典当业来说，要想经营下去的话，唯一的规避风险的方法，只有把当期越调越短。当期越短，利率便越高，典当行业就越来越像高利贷，而与原初历朝历代救济性金融机构形象的距离，也就越来越远了。

三 对当代的启示

其一，为什么当代的典当行不如晚清民国时代兴盛？原因之一，大概是这世界变化太快。

其二，现在的银行，也逐渐有典当化的趋势，也就是所谓的抵押贷款，而且把这种抵押贷款看成风险最小的。但是我们看看传统典当行的风险情况，可以发现其实抵押贷款的风险一点儿也不小。

在信用贷款的情况下，基于私人的人情关系的牵扯，只要能还得上钱，大家还是会尽力去还钱的。这里面实际上有一个商圈的人情问题。

而在典当行抵押贷款的情况下，反正你给我贷款，根本就不是靠人情信用。当物的顾客，每当赎当不划算的时候，就坚决地不赎当，有能力也不赎当。这实际上相当于故意欠账了，完全没有一点人情约束。谁会认为不赎当是一件不道德的事情呢？所以，在中国社会，抵押贷款，等于是用物的抵押，置换了人情抵押，道德风险加大了，这是需要注意的。

第四章

钱庄的风险控制

一 从传统金融体系看钱庄

传统钱庄是中国土生土长的"银行"。其主要业务包括存放款、发行庄票、跨区汇兑以及货币兑换等,与西方银行的业务大同小异。

关于钱庄的起源,并无确切的记载,[1] 从各地有史迹可循的钱庄来看,大致有三种来源:第一种是兑换零钱的钱铺、钱摊子,逐渐升级为有能力开展存贷业务的钱庄;[2] 第二种是家底殷实、信用卓著的商户,它们兼营存放款业务,逐渐变成专业化经营的钱庄;[3]

---

[1] 民国对于钱庄的研究,最早是施伯珩的《钱庄学》(上海商业珠算社,1934)。另,据曹健民在《中国全史(17)钱庄史 货币史 物价史》(经济日报出版社,1999)中考证,至少在唐代已有钱庄,此后在宋代、明代,都有史料涉及,可惜不详尽。参见该书第21页。

[2] 陈真、姚洛:《中国近代工业史料》第一辑,民族资本创办和经营的工业,三联书店,1957,第753页。如辽宁海城、江苏兴化,都有此传闻。参见张凤彩主编《海城轶事》,海城市档案馆,2001,第409页;徐耀冕:《二十年代末、三十年代初的兴化钱庄概况》,载《兴化文史资料》第12辑,1994,第88页。又如湖北沙市,当地钱庄有一百多年的开办历史,最早是由钱币兑换业务衍生出来的。参见胡可民《道生钱庄的前前后后》,载《沙市文史资料》第2辑,1987,第122~128页。

[3] 如连云港的钱庄,先是盐商兼营,后来才逐渐变成专营。参见孙恩庆《连云港地区私营典当行、钱庄业》,载《连云港市文史资料》第十三辑,2001,第40页。又如上海钱庄之起源,第一家就是来自乾嘉年间(1736~1795年)绍兴商人的煤栈,兼营存贷款,最后演化成钱庄。参见中国人民银行上海市分行编《上海钱庄史料》,上海人民出版社,1960,第1页。

第三种是各地对山西票号的模仿。[①]

其中，山西票号对于钱庄的发展有特别的意义，它给钱庄注入了一种制度的严整性和职业精神。山西票号是清中叶由晋商中的优秀企业家创生的，起始业务是从事远距离大额汇票承兑业务，票号也由此得名。由于这种业务的高风险性，需要非常严格的制度和经营团队的职业精神。[②] 山西票号也据此而迅速发展壮大，分支机构跨越大江南北，遍及几乎所有重要的通商大埠。由于票号取得的巨大成功和广泛的影响力，遂引起各地钱庄的效仿，这对整个钱庄业的制度提升，使其更加规范化、成熟化，起到了至为关键的作用。从这个角度来说，山西票号或可称为近代钱庄业的鼻祖。

关于钱庄在传统金融业中的地位和作用，需要从金融体系整体来看。

从晚清至民国时期，中国传统金融体系大致可分为两个层级。

---

① 如福州钱庄的起源就采取此说，乃是因为山西票号帮规严格，才能有优良的信用，所以为各地所效仿。参见沈祖彝《解放前福州的银行钱庄》，载《福州文史集萃》（上），海潮摄影艺术出版社，2006，第335页。又如四川之钱庄，据调查也是模仿山西票号而起。参见《四川经济考察团考察报告》（第四编金融卷，三、钱庄业），独立出版社，1939，第77页。又如四川涪陵钱庄，是在此经营的山西票号倒闭之后，流失出来的有经验的经理人在本地开办的钱庄。参见《解放前涪陵的典当、高利贷与钱庄》，载《涪陵文史资料选辑》第1辑，1988。又如陕西钱庄，有考察说是先有票号，后有钱庄。参见《陕西经济十年（1931~1941年）》，西安市档案馆，1997，第285页。

② 参见劼尊三《山西票号之构造》，载卫聚贤《山西票号史》之附录，中央银行经济研究处，1944，第320页。

1. 居于顶层的，是票号、外资银行、民营银行

票号起源于清中叶，在最早经营跨区域大额贸易的商号中产生了汇兑业务，进而衍生出存贷款业务。票号基本上是和山西商人联系在一起的，有清一代，票号基本上为山西商人所把持，后来才产生胡雪岩等几家所谓南派票号，但随着胡雪岩的倒台而消散。山西票号除了自己背后的股东资本巨大以外，还由于他们善于结交京城里的官僚人脉，承揽了大量的无息官款作存款，以及权贵的私人存款，因此其运营资金特别巨大，一个典型的票号运营资金常常达到上千万两。在放贷方面，山西票号主要的放贷对象，除了对官府、官僚和少数殷实商户以外，主要的放款对象是各地钱庄。也就是说，山西票号基本上不直接对各地商户开展存贷业务。因此，山西票号被后代金融史学家称为"钱庄的钱庄""银行的银行"。

在清代，山西票号历经数次巨大的金融危机而不倒，反而在清末庚子事变（1900 年）后达到顶峰，其关键原因就是票号所依赖的官僚人脉。所以也就容易理解，随着清政府的垮台，山西票号也跟着迅速退出了历史舞台。①

与山西票号同居顶层，但是退出时间稍晚的，是外资银行。在清代同治中兴以后，以英国汇丰银行为首的外资银行，也进入并盘踞在中国金融体系的顶层。外资银行本来的主要业务是本国

---

① 有关山西票号的介绍和分析性著作比较多，可参看卫聚贤《山西票号史》，中央银行经济研究处，1944。

在华企业的融资业务。从早期的英法，到后来的八国联军，随着其在华经济势力的强大，都在华开设银行，但以英国的势力最大，以汇丰银行为首。

由于两个原因，外资银行不可避免地卷入了中国的金融体系，一个是存款方面，由于外资银行的政治背景提供的安全感，渐有达官显贵存款于外资银行，这种趋势，民国尤甚，从而使其汇集的运营资本特别巨大。另一个则是，外资在华的中国农产品、原材料采购（如丝、茶），以及外国工业制成品的在华销售，以上海为中心，数额越来越大，由此衍生出相应的金融业务需求。但是外资银行的风控制度与中国商业惯例并不兼容，导致其无法对华资工商企业放贷，而只能通过向中国钱庄融通资金的办法间接放贷。这也导致以汇丰银行为代表的外资银行，居于类似山西票号的地位，居于传统金融体系的顶层。

外资银行在上海金融界的这种顶层地位，前期代表是汇丰银行，后期则是美国花旗银行。直到 1928 年南京政府建立以后，国人抵制外国势力入侵的意识和能力逐渐加强，外资银行在华的顶层地位才被逐渐削弱。①

在民国时期，山西票号和外资银行先后衰落，继之而起的是华资银行。华资银行既有官营的也有民营的。官营的有早期的晚

---

① 关于外资银行在华势力的兴衰，参见严中平主编《中国近代经济史（1840～1894）》，人民出版社，1989，"第四章第二节：外国银行对中国金融市场的控制及其对华投资输出"；汪敬虞主编《中国近代经济史（1895～1927）》，经济管理出版社，2007，"第二章：外国在华金融活动"；刘克祥、吴太昌主编《中国近代经济史（1927～1937）》，人民出版社，2010，第 1838～1841 页。

清政府、后来的北洋政府，以及再后来南京政府支持经营的中央级银行，也有各地方军阀政权创办的区域性银行。民营银行由各地买办、近代工商人士和士绅阶层创办，规模相对较小，但大多也与官方暗通款曲。

不论是官营还是民营银行，其资本实力一般都要比钱庄大，但它们主要也是对政府服务，而很少渗透到以中小工商业户为主体的实体经济存放贷业务中。因此，华资银行也逐渐发展出类似于山西票号和外资银行与钱庄一样的关系，即为钱庄提供资金融通，间接地与实体经济发生关系。因此，我们也把华资银行纳入中国金融体系的顶层。[1]

2. 居于基层的，是直接为实体经济提供金融服务的钱庄

对中小商户提供存贷款和汇兑业务的，主要是钱庄。[2] 在近代的中国，各个区域、各县市，各地水路码头，都有钱庄星罗棋布。一般来说，哪里的经济越发达，哪里的钱庄数量就越多，规模越大。其中上海是钱庄业最发达的地方。

上海的钱庄，按资本大小和业务等级划分，可分为以下几个等级。

第一等的是汇划庄，资本最为雄厚，有资格加入同业公会，入会后可以和会员钱庄进行同业汇划，所以被称为汇划庄，或称大同行。

---

[1] 关于近代银行的介绍性著作，可参见吴承禧《中国的银行》，商务印书馆，1934。
[2] 这里可以顺便比较一下钱庄和典当行的区别：从存贷款业务来看，钱庄主要对工商企业进行生产经营性放贷，而典当行则主要从事消费性放贷。

第二等的是挑打庄，其中大者可以加入同业公会，小者不得加入，无力收解现银，只能连夜与汇划庄交割清楚，所以被称为挑打庄。其中加入同业公会的，被称为小同行。

第三等的是零兑庄，就是兑换零钱的钱铺。

第四等的是钱摊子。[①]

本章介绍的是前两个等级的钱庄。

钱庄的制度和票号极其相似，业务和票号也差不多，包括汇兑、庄票和存贷款业务。

当然，钱庄的运营资本远远不如票号，一般只有数十万到数百万两，基本上要比后者低一个数量级。这是钱庄与票号的第一个区别。

钱庄与票号另一个重要区别在于，钱庄一般不设分号，甚少涉及跨区域经营，如有跨区域业务一般都是通过当地钱庄代理。[②]

钱庄与票号的第三个区别在于，钱庄的贷款对象基本上都是本地中小商户，是真正的区域性"银行"。[③]

各地钱庄，一般都号称百业之首，整个区域经济都依赖当地

① 曹健民主编《中国全史（17）钱庄史 货币史 物价史》，经济日报出版社，1999。
② 如，福州钱庄会帮同厦门钱庄代理往来福州的汇兑业务。沈祖彝：《解放前福州的银行钱庄》，载《福州文史集萃》（上），海潮摄影艺术出版社，2006，第335页。又如，汉口钱庄会帮同上海钱庄的资本在汉口贷款。参见《汉口钱庄之动向》，《钱业月报》1935年第15卷第8期，第28～33页。
③ 按：钱庄的授信对象是各地中小商业企业，而当铺则是人民大众，也就是说，前者是企业贷款，后者是消费贷款。

的钱庄进行资金融通，如人体之血脉一样。

但是，自民国以来，尤其是南京国民政府执政以来，受欧风美雨影响的学术界、银行业和金融管理当局，基于当时特有的崇洋媚外心理，一直对钱庄的组织和业务开展手法横加指责，指其不科学，风险大，不利于金融稳定，力争要改造和消灭钱庄。这种论调，可算当代中国官方和学界对民间金融指责之滥觞。

我们可以将这种指责钱庄的势力简称为银行派。银行派责难钱庄的焦点之一，是以银行业放贷的风控手法——抵押贷款——为标准，[①]指责钱庄的信用贷款模式，认为没有抵押物的信用贷款靠不住。

但实际上，信用贷款与中国传统商业惯例相对接，是钱庄业通行数百年的贷款方式，反倒是银行派提倡的抵押贷款模式，与中国商业惯例相抵触，为工商业者所排斥。中外银行之所以无法直接对中国实体经济放贷，根本的障碍也就在这里。

那么，钱庄为什么要实行信用贷款而不是抵押贷款呢？从信贷风控的角度讲，信用贷款的保障到底在哪里呢？这是本章考察的重点。

---

① 在当时，无论是外资、华资银行，其信贷无一例外地都采用抵押贷款的形式，由此给人的印象是，银行的信贷模式就是抵押贷款。据当时复旦大学的金融学者考证，当时代欧美银行业之贷款分为：①担保贷款（loan on Security）——要抵押物作担保；②保证贷款（Cash Credit）——需要保证人立契约；③信用贷款（Open Credit）；④活期存款透支贷款（Overdraft）——存款人将存款支尽以后，还可以在一定额度内透支。实际上，后两种都属于信用贷款，但是欧美银行甚少使用。参见芙《对于钱庄信用贷款之意见》，《钱业月报》1923年第3卷第9期，第83～86页。

二 钱庄为什么偏爱信用贷款而不是抵押贷款？

在晚清、民国时期，钱庄与银行放贷业务的一个最明显差别，就是钱庄实行信用贷款，而银行则实行抵押贷款。

1. 关于钱庄的信用贷款

钱庄信用放款的形式主要有两种：一为往来放款，二为定期放款。

（1）往来放款

所谓的往来放款，与往来存款是一体两面的，钱庄的交往对象被称为往来商户，钱庄会给其立一个折子，商户运营资本有闲，则存于户头上生息，被称为往来存款；反之，当商户需要大量资金进货的时候，不仅要取走存款，还要透支，钱庄会根据商户的信用程度，给其确定一个透支额度，称为往来放款。

钱庄的大部分放贷，都是这种往来放款，这意味着，与钱庄往来的一般都是老客户，如果是新交往的客户，则必须要有保人立保单。的确，与银行总是立于闹市街头不一样，钱庄的门脸儿一般都扎在深巷之中，不是熟客很难找到。①

（2）定期放款

这个与定期存款也是对称的。钱庄与银行的一个不同点是，

① 参见茂《钱业改革问题之琐谈》，《钱业月报》1922 年第 2 卷第 9 期，第 13～15 页。

银行总有广阔排场的营业大厅，每日开业，熙熙攘攘的人流中，有大量的存户，存存取取。而钱庄业则不爱展开对一般居民的存款业务，而是定位于城乡的殷实大户人家，这些大户常年将大额款项存在钱庄里，有的事先约定固定的存款期，有的不约定，但一般都是常年不提款。与此相对应，钱庄会对一些有信誉的商户提供定期放款，一般是三个月或者半年，最多一年。

关于钱庄的利率，无论是存款还是贷款，按中国传统惯例，一般按月息算，比如说存款利率六七厘，指的是月息 0.6% ~ 0.7%；贷款利率一分二至一分五，指的是月息 1.2% ~ 1.5%。在大一点的城市，往往有钱业公会，公会根据市场行情松紧，商议确定一个拆息，相当于一个基准利率。然后各家钱庄在做每一笔放款时，会在这个公议利率的基础上，根据自己所掌握的客户信用好坏，在利率上有一定的浮动。①

抵押贷款，即用房产、土地契约或者货物作抵押进行贷款。清代钱庄极少有这种贷款。西方银行引入中国以后，上海钱业模仿之，有一定数量的抵押贷款，但占比很少，而且抵押流于形式，套用现在的话说，就是重视第一还款来源（信用），轻视第二还款来源（抵押）。在内地城乡的钱庄，则几乎没有抵押

---

① 如上海钱庄放款利率，是按照当月同业公会议定的银行拆借利率的平均数，额外加 3 ~ 5 厘的加头，加多少要视商人信用情况而定。参见士企《钱庄与信用放款》，《钱业月报》1931 年第 11 卷第 11 期，第 14 ~ 24 页。

贷款。民国以后，上海钱庄业的抵押贷款逐渐增多，但直到 20 世纪 30 年代钱庄陷入危机时期，抵押贷款也不占据钱庄放贷业务的主流。[1]

抵押贷款一般都是针对钱庄素无交往的客户。而实际上，当一个商户的信用不足的时候，钱庄更习惯于要求商户以寻找担保人的形式，而不是通过抵押品的形式来增信。

2. 中国钱业不习惯采用抵押贷款的原因

针对银行派"钱庄为何不爱用抵押贷款"的责难，钱庄业内人士进行了辩白，理由主要集中于两点。

第一，是客观理由，归结起来就是缺乏抵押物。

①近代中国，经济以农业为主，每年农产品收购、初级加工、贩运行销，需要大量资金融通，但这些环节的经营者属于商贸型企业，没啥固定资产，不可能给钱庄提供抵押物。②传统手工业，场地工具简陋，商号少有固定资产投资，自然也难以抵押。③即使一些近代工厂，由于习惯使然，企业主投入的股本，往往只用于固定资产购置，而流动资金都依赖借贷，甚至一些企业在固定资产购置时，也依赖借贷，所以也难得有足够的抵押物。[2]

钱业人士主要把当时中国工商业者缺乏抵押物，作为钱庄不

---

[1] 如上海钱庄，20 世纪 30 年代经济萧条以后，金融形势不好，抵押贷款才逐渐增多，并且逐渐添设工厂放款，旨在扶助小工业者发展。按：上海钱庄一直不愿意对工厂放款，主要是其采用有限责任公司制度，钱庄天然地认为其没有信用。参见王逢辛《中国钱庄业之新趋势》，《钱业月报》1933 年第 13 卷第 4 期，第 24～27 页。

[2] 中国人民银行上海市分行编《上海钱庄史料》，上海人民出版社，1960，第 174～177 页。

便采用抵押贷款的一个很充分的理由，但仔细追究，这中间似乎并没有什么必然的联系。道理很简单，同时期（20世纪初）的美国，农业占经济比重仍很大，但美国银行业对农业放贷，很流行土地抵押或者货物抵押的方式。[①] 因此，从理论上来讲，中国钱庄并不缺乏实行抵押贷款的客观条件。

第二，是主观理由，归结起来就是信义。商户不习惯抵押贷款，将金融机构抵押贷款的要求，等同于认为自己没信义，认为是一种耻辱。[②]

来自上海的报道说，中国商人的重视信用和厌恶抵押是一体之两面，他们不爱抵押贷款，因为这事关面子，除非万不得已，客户往往即使有抵押品也不愿意抵押。[③]

又如广州的钱庄，分为本土化的顺德派和受西洋影响的四邑派，四邑派在业务上竞争不过顺德派，主要原因之一是，四邑派学西方，主推抵押贷款，而当地商户不满意这一点，因为他们认为在当地人人重视信用的文化氛围下，担保抵押是对他们的侮辱。[④]

中国商人之视抵押贷款为耻辱，有其深厚的社会观念基础，

[①] 郑权：《美国农业金融之研究》，《钱业月报》1922年第2卷第6期，第23~32页。另请参见本书第五章关于美国银行风控简史中的有关介绍。

[②] 如《钱业月报》记者采访盛泽钱业之情况，报道此地没有抵押贷款，因为当地人认为抵押贷款是可耻的。见王惠民《盛泽钱业之概况》，《钱业月报》1924年第3卷第12期，第75~79页。

[③] 戴恩波：《钱庄在上海金融业之优势》，《钱业月报》1928年第8卷第3期，第46~53页。

[④] 四邑，即广东新会、开平、台山、恩平四个县，美国华侨最多，故而受其影响。参见《广州之钱庄》，润生译自《中国经济月刊》九月号，《钱业月报》1932年第12卷第12期，第102~111页。

如《钱业月报》记者所述：

> ……这种观念在中国根深蒂固：如个人向个人借款，一般都不给借据，只凭信用。其凭借据者，如果贷款的人向告贷的索取，告贷者往往认为（对方）失礼。因为我国对于人的信用超过对物的信用，信用放款到期不能偿还，那就是此人在社会信用上的破产。[①]

记者所揭示的此种民间借贷心理基础，即使是对当代而言，仍然是成立的。中国私人朋友之间借钱，如果借出者主动要求告贷者写借条，总是有点令人尴尬、突兀的味道，容易给告贷者一种不被朋友信任的负面心理反应，因此在朋友关系中留下芥蒂，甚至因此而翻脸也不是不可能。

实际上，传统中国是有专门的抵押贷款机构的，那就是典当行。这在前面第三章已有介绍。这里需要注意的是，到典当行借贷的客户，常常是非穷即急的，其社会信用破产，告贷无门，才不得不去典当行，其心里是含着耻辱的。所以典当行的大门内必有一个大大的照壁，将典当者从街上行人的视线中隔开。

如果把一般商户视抵押贷款为侮辱，与典当者的耻辱心理两种心态联系起来，正可以发现，中国商户不爱抵押贷款，并非客

[①] 参见魏友棐《钱业不参加小借款银团之讨论》，《钱业月报》1935 年第 15 卷第 4 期，第 8～10 页。

观上不能，而是来自于主观上不愿，是他们心里有一种信义文化。而钱庄借贷作为一种交易行为，实际上是嵌入在这种信义文化的轨道上的。①

三　信义文化的解构：钱庄信贷风控的商户基础

那么，如果说中国钱庄信用放款的基础是信义文化，那这种信义到底靠谱不靠谱呢？

这里引用近代外国商人的一段话作为佐证：

> ……我不知道我能相信世界上任何地方的人像我信中国商人或者钱庄经营人那样快，当然任何的规律都是有例外的。但是为表示我有充分理由做这种强有力的说法，我可以提一下，这25年来，本行（汇丰银行——引者注）与上海的中国人做了大宗的交易，数目达到几亿两之巨，但我们从没有遇到过一个骗人的中国人。②

但是，在银行派看来，钱庄的信用放款仍显得不可思议，他们觉得，钱庄单凭一个信用承诺就放贷，万一遭到赖账怎么办？不如抵押贷款来得踏实，客户倒账了，还有抵押物。

对此，钱庄各界也对银行派的责难进行了很多辩护，但从文

---

① 按："嵌入性"，是美国社会学家格兰诺维特提出的概念，即个人主义的交往，总是被嵌入在一个既定的社会伦理法则的轨道之中。参见〔美〕马克·格兰诺维特、〔瑞典〕理查德·斯威德伯格编著《经济生活中的社会学》，瞿铁鹏、姜志辉译，世纪出版集团、上海人民出版社，2014，第56～84页。
② 转引自黄鉴晖《山西票号史料》，山西经济出版社，2002，第73页。

字层面来看，显得不是很有力。真相掩藏在历史之中，需要我们深入发掘。

下面，我们结合晚清、民国的史料和钱业人士的有关言论，从客户和钱庄两个方面（即相当于今日之所谓"银企关系"），一窥其究竟。本节首先讨论钱庄的客户方面。

1. 钱庄放贷的信用调查

抵押贷款的风险控制，在某种意义上是把风控的重心后置，即，如果客户不幸违约了，那银行还可以用手头的抵押物来规避风险。而信用放款，则是把风控的重心前置，因此，信用调查就成了关键工序。

钱庄的信用调查，都有一个专门的职位，叫作跑街。顾名思义，就是这类钱庄人员天天要到街上跑，去与客户、客户所在的商帮进行广泛接触，四处打探。跑街在钱庄的职能部门中属于最重要的，一般升任钱庄经理者，必须要经过此种历练。

（1）跑街调查的内容

跑街调查的内容大体包括两个方面。

一方面是商户本身，包括：商户股东的资产殷实程度，经理人的德行和经营才能，乃至于股东经理人的私生活。再就是商户实际控制人（也可能是股东也可能是经理人）的经营方针、经营项目，以及放款的用途等。

另一方面是商户所从事的行业、所在的区域以及相关区域的市场行情、同业竞争、供求情况，乃至更宏观的形势等。这些都属于调查的范围。[1]

就此而论，钱庄的信用调查内容与当代银行的调查内容似乎大同小异，但区别在于调查的重点不同：西方银行调查是以企业的运营状况、还款能力等客观情况，尤其是以授信企业的财务报表为首要；而钱庄则对商户股东、经理的"人格因素"等主观因素格外强调。

例如，当时的上海钱业领袖秦润卿的尽信调查经验，可做一个典型例证。

秦润卿在做跑街时，从没放过一笔烂账、坏账，他的秘诀是"取友必端"：

> ①看他是实业家还是投机家，后者往往拖累钱庄，"信交风潮"便是其例；②看他的私生活，对私生活不严肃者，有不良嗜好者，不放贷，只放给端正人；③对客户之行贿，不为所动。客户对钱庄之跑街，往往曲意逢迎巴结，请喝酒、送礼物，或者特殊酬劳，一般跑街容易放松，对其客户投机行为不管不顾，以致受其拖累。[2]

---

① 信用贷款之三大调查要素：第一是追查股东，尤其是合股股东都有谁，分别占股多少。第二是商号情况、经理人的经营能力、股东的意见、生意上的方针、店物之肃正，都要仔细观察。这些不易了解，需要广交人脉，多方侧面打听。第三是款项的用途，看是否有兼业，是否做投机生意。参见南湖《信用放款三要素》，《钱业月报》1926年第6卷第5期，第53～56页。另，国人对西式簿记的看法：第一，科目划分，病其太细，手续繁复，人力为艰；第二，循环转记，单据繁复，簿书所费，亦嫌太巨。但即便如此，亦并不能杜绝作弊，只要督查不严就不行。参见秦润卿《吾业簿记改良之商议》，《钱业月报》1926年第6卷第11期，第16～18页。
② 采泉：《金融巨子秦润卿的一生》，载孙善根、邹晓昇编《秦润卿史料集》，天津古籍出版社，2009，第112页。

又如，《钱业月报》记者撰文，特别强调放款对象商号之经理人格为最重要，其大意为：

> 民国以来，天灾人祸，实体经济不好，放款就更应该慎之又慎，其中最宜注意的，是经理人之人格：
>
> 好的经理人格是，克勤克俭，专心本业，顺者兴之，逆者守之，若大势已去，则清理结束，来去分明，股东少受害，钱庄亦可免无谓之损失。坏的经理人格是，一登龙门，声价十倍，不顾资本之厚薄，利害之轻重，任意为之，倘经营不利，则转入于投机，一旦失败，不独股东受其害，钱庄也跟着倒霉。[①]

（2）调查的方法

钱庄对上述内容的调查，都是以间接迂回为主，而不是直接质询的。包括从甲商户的口中了解乙商户的情况；又从全行业的情况，推测个别商户的情况；还包括从与商户有业务往来的交往对象，或者与之有借贷关系的钱庄同业口中，探知目标商户的情况。

之所以如此的原因之一是，商号对自己的经营方针、营业状况向来保守秘密，亦无系统之记录，故而材料收集困难。[②]

---

① 和琴：《论放款不可不注意其经理之人格》，《钱业月报》1926 年第 6 卷第 9 期，第 8 ~ 9 页。

② 民：《设立商业征信所之必要》，《钱业月报》1924 年第 4 卷第 6 期，第 82 ~ 83 页。另参见士企《钱庄与信用放款》，《钱业月报》1931 年第 11 卷第 11 期，第 14 ~ 24 页。后一篇讲得比较系统。另，据秦润卿介绍，中国商号之股东习惯，大都为现银，今日存于甲号，明日存于乙号，本无一定。若披露于外界所知，则为股东所忌讳。参见中国人民银行上海市分行编《上海钱庄史料》，上海人民出版社，1960，第 241 页。

如山西的钱庄银号的跑街，对所跑的相约（山西俗语将平素有往来的商户称为"相约"），每家的具体情况，如开设年月、股东近况、资力大小、店铺实力大小、逐年盈亏、外欠、欠外等，都要一一问明落实，做到了如指掌。到了晚上回号，就要主动向经理报告情况，经理如有提问，都要一一作答。这种工作看似简单，实际上很不容易，因为要了解以上情况，不能直接查问，必须通过各种方法从侧面间接了解。[①]

另一个原因是，即使商户主动的请求和陈述，也不一定获得钱庄方面的采信，钱庄经理一定要依据跑街从有关信息中所获得的印象做出判断。[②]

相形之下，西方的信用调查分为四类，包括企业财务报表、征信机构、同行业互换信息、与企业当面接洽。其中最重视财务报表，而财务报表都是企业主动申报的。[③]

（3）调查的可靠性

那么，这种调查的可靠性又如何呢？似乎并不值得怀疑。其中的道理在于：

第一，这种调查的可靠性，很大程度上为钱庄和商户的地缘

---

① 参见任步魁《新中国成立前的银钱业》，载《晋商史料全览》太原卷，山西人民出版社，2006，第143页。

② 如在有关广东钱庄的信用调查中，有记载说，钱庄最重视跑街之调查，甚至不听客户之请求与表达，而完全依赖于跑街之手。参见《广州之钱庄》，润生译自《中国经济月刊》九月号，《钱业月报》1932年第12卷第12期，第102～111页。

③ 味渊：《从往来户之进出上观察其经济状况》，《钱业月报》1932年第12卷第11期，第68～73页。

关系与人情往来的密切程度所保证。因为：

小城镇的钱庄，完全切入于地方关系网，这自不待言。①

而在大城市，人员相对复杂，但是钱庄则往往只与特定的商帮往来，如汉口的钱庄，按地域分为好几个帮别（江西帮、浙帮、徽帮等），每个帮派的钱庄，往往主要与本帮在汉口的商号往来。② 又如福州，有京津帮、浙帮、厦门帮、洋行帮等区域性商帮，也有按照产品划分的商帮如闽北山木帮、茶帮，等等。跑街也按照商帮分别出街。③

再大的城市，如上海这种人口在百万以上、流动性强的大城市，则每个钱庄的跑街会专职盯住几个行当和既定的商帮进行往来。④

依赖这种特定的关系网，钱庄对商户有关资讯的了解，虽然没有定量化，但是更加全方位、更加感性、更加准确。

第二，相比于西方的银行，钱庄这种道听途说式的调查似乎

---

① 屠彦容：《读〈钱庄法是否必要〉后》，《钱业月报》1931 年第 11 卷第 6 期，第16～21 页。士企认为，过去时代，涉及结构简单，不像今天这么复杂，而且人们更加讲求道德，所以，传统的信用调查，比较容易。参见士企《钱庄与信用放款》，《钱业月报》1931 年第 11 卷第 11 期。
② 参见何艳、任建国《大江金岸：关于华中金融中心和汉口金融集聚区的思考》，武汉出版社，2007，第 248 页。
③ 参见沈祖彝《解放前福州的银行钱庄》，载《福州文史集萃》（上），海潮摄影艺术出版社，2006，第 335 页。
④ 上海的商帮，按照商品门类划分，共有 26 个帮，另外还有客帮（即外地来沪办理采买的商帮）。每个跑街的精力有限，只能熟悉某几个帮的商业情形。他是按帮跑的，一来通过全帮的情况推测个别商人的情况，二来通过个别商人的情况了解全帮的情形。一个跑街如果能够熟识一帮的商情，就算是一流的跑街。但一般跑街都同时做几个帮，因为要全面了解某一个帮的情况并不容易，而要熟悉一帮的一部分情况却比较容易，所以上海的跑街一般要做几个甚至十几个帮的生意。参见中国人民银行上海市分行编《上海钱庄史料》，上海人民出版社，1960，第 481 页。

缺乏全面系统性，但这其实是个误会。

钱庄跑街和经理对于商铺信用风险的认识，是靠经验的积累，久而久之，心中自然装着一个"系统"，只不过这个"系统"没有被书面化，而是以类似于哈耶克"默会知识"的方式存在于跑街心里。在此基础上，跑街对商户的调查，重点在于"存疑"和"变故"之处，只要根据少数关键性信息，就可以推测出大致的情况，做出关键性的决断。因此，跑街和经理脑子里的经验感知才是关键。没有这种感知积累的新手，当然就不会有这种"管中窥豹"的能力。[①]

2. 钱庄与商户之"交情"

但是，钱庄对商户的风控，并不仅仅局限于跑街"静态"的调查，而还有更加动态的"交情"因素作为钳制。跑街的事前调查，说白了只是拣选出"靠谱"的人，以及随时检查其"靠谱不靠谱"，然后钱庄把他们纳入"交情"的轨道上加以合作。交情，才是隐藏在信用贷款后面更关键的风控机制。

(1) 什么是交情？

传统钱庄的经理与商户的关系，不是完全冷冰冰的市场关系，即西方所追崇的"非个人的市场关系"（Im-personal Marketing），而是正好相反，寻求构建有交情的市场关系。

如秦润卿所说：

---

① 如上海钱庄，调查的关键点在于"存疑"之处，钱庄跑街对于商户存疑之处，如果不能释疑，既不与其来往。参见中国人民银行上海市分行编《上海钱庄史料》，上海人民出版社，1960，第174页。

存款必须有人介绍，陌生顾客概不接待，以防来源不正。且存款多以人的关系而存款者，因经理人为其亲戚故旧，故多乐于存入之。故而银行虽多，钱庄却不乏存款者。

对于顾客，凡可为力处，皆肯竭力代劳，不必因为有利益而始为之。盖所以树友谊及感情，以冀他日之惠然来光顾也。又，对于信义，亦能互相遵守，如保证之事件，不论口头与书面承诺，都能遵守。[1]

即钱庄与商户的商业交往，是嵌套在人情化的交情中的。

但这种交情，不仅仅是一种情感化的态度，其背后隐藏的是双方追求长期合作收益的策略。[2]

秦润卿说：

钱庄放款，向重信用，凡遇债务人处境困难，一时无力偿还，苟能善为自全，无不曲予优容，甚且加垫资金，助其经营，是以昔日各业，以些微资本，得钱业之接济，借以发迹者，亦不乏其人矣。

秦润卿本人就是这样的践行者。其放账风格，强调长期的交往，据其亲友的回忆：

（秦润卿）首先考察该企业是否有前途，是否值得大量

---

[1] 秦润卿：《上海之钱庄事业》，《钱业月报》1926 年第 6 卷第 10 期，第 85 ~ 92 页。
[2] 实际上，钱庄如果过分执着于与客户的情感关系，反而坏事。

放账；其次考察主持人之人品、思想、能力、才干；再及其私生活。全面了解后，则把这家企业当成自己的事业一样，全力以赴，义无反顾。一定要做到这家企业盈利赚大钱。有时为了添置设备，或受市面影响，货物积压，周转不灵，功亏一篑时，则一定救死扶伤，使其化险为夷。因此，与企业结成血肉关系。则企业又反过来成为存款大户。

秦润卿与企业长期交往的典型事件是，1935 年对李鸿章家族的纱厂承接营运放款达 273 万元，简直是把那家企业当成自己的事业。[①]

以交情的方式，构建长期化的"银企"合作关系，并非秦润卿一人，也非上海一地，而是钱庄业比较普遍的做法。要理解这一点，就需要深入考察当时中国城乡居民的基本生存方式。

当时中国实体经济中资金流动的基本图景，大致可以分成两个环节：

第一个环节，农民日常生产生活的消费，很大程度上依赖于散布于城乡的零售商的赊账，零售商向城乡居民提供了消费性信用贷款。等到农作物成熟时，农民售卖农产品给采购商，然后还款给零售商和向地主交租。

第二个环节，采购贩运商、城镇加工商、城乡零售商，则要从钱庄获得放款，以便完成采购、贩运、加工、零售等。分级销

---

① 采泉：《金融巨子秦润卿的一生》，载孙善根、邹晓昇编《秦润卿史料集》，天津古籍出版社，2009，第 112 页。

售完成以后，再还款于钱庄。

在这当中，资金是区域经济的血脉，收放的总枢纽，就在于钱庄，一放一收，如心脏之搏动，这就是钱庄成为各地区域经济百业之首的缘故。①

而在这两个环节资金收放的商业交往过程中，交情是个轨道。

（2）交情作为钱庄—商户—城乡居民交往的轨道

（a）钱庄与商户的交情

如上海棉纱业商号，资本一般只有二三万两，但每年交易额多达百万两，其大量资本需求往往来自于钱庄。而上海钱庄与商号之交易，并不看重其资本之大小，而要看，一是股东实力和经理人的才能；二是钱庄与经理之交情。②

又如，《钱业月报》记者考察重庆商户与钱庄的关系，所得到的印象是：商家与钱庄之间，实际上很注重长期的人情往来关系，即交情。而交情的体现，即所谓的往来存放款。商人资金充裕，则放在钱庄的款项可以生息；而当商人资金不足的时候，则可以利用钱庄为之透支，以便抓住商机，维持对外信用，谓之

① 楚声：《述评：钱庄与信用放款》，《钱业月报》1931年第11卷第4期，第2~3页。另有一篇，讲的更为细致，参见蕴斋《论信用放款》，《钱业月报》1931年第11卷第6期，第22~24页。另，在曹健民《中国全史（17）钱庄史 货币史 物价史》中，作者考证，早在北宋时期，苏东坡就记载，赊账是民间的普遍惯例："商贾贩卖，例无现钱，若用现钱，则无利息，须今年索去年所卖，明年索今年赊，然后计算得行，彼此通济。"见曹健民《中国全史（17）钱庄史 货币史 物价史》，经济日报出版社，1999，第22页。

② 参见中国人民银行上海市分行编《上海钱庄史料》，上海人民出版社，1960，第174~175页。

"缓急相通"。①

再如，汕头的银企关系，往来客户的存贷款最为重要，但需要注意的是：第一，往来商户是被钱庄精心挑选过的，没有信用的，家底不殷实的，钱庄轻易不与之来往；第二，往来商户一方面存款，另一方面得到钱庄透支放款。二者之间，往来商户最看重的不在于存款收息，而在于透支。此为钱庄与商户"互为援奥"的关系。②

在这里，有两个关键词值得进一步玩味："缓急相通"，和"互为援奥"。相比于干巴巴的"往来放款"，这两个关键词更能读出钱庄与商户的动态关系。从商户一方面来说，什么是"急"？商机来了，苦于资本不足，是急；资金链条濒临断裂，苦于没有资金弥缝，是急。什么是"援奥"？商家急的时候，能够及时给以资金融通，便是援奥。在这种互动关系中，今天你救我的急，明天我救你的急。交情便产生了。

（b）商户与居民的交情：信用赊账关系

农民很贫困，平日手里无钱，日常消费，诸如油盐酱醋逐项开支，都是在附近的集镇或者下乡的商贩手里赊账；等到农产品收获的季节，农民贩卖农产品获得价款，一方面还账，一方面购

---

① 参见致高《调查：重庆之钱庄》，《钱业月报》1932年第12卷第9期，第102～104页。按：这篇文章重点在于说明，重庆当时已经有七家银行之多，但是当地实体经济倚重的对象仍然是钱庄，原因何在？重点就在于钱庄与商户之间是一种"关系经济"。另有报道，说一家钱庄倒闭，原因之一就在于过分注重人情。参见孤芳《论惠兴庄停业之因果》，《钱业月报》1925年第5卷第10期，第58～60页。

② 邓邦傑：《汕头银业经营上之特点》，《钱业月报》1935年第15卷第5期，第65～70页。

置各种物品。

如河北张家口的山区小县城蔚县有个钱庄——升恒泰钱庄，据说开创于清初，资金雄厚，其主营业务之一是代客"倒账"（这是当地人的土称呼，实际上就是赊账），客户不用钱就可以到饭馆吃饭、到商号购物，记在升恒泰账上，到了标期，由升恒泰付清被赊账的商户欠款；等到秋收以后，再由客户连本带息付给升恒泰。

不论客户是家居城里还是乡下，不论从事何种职业，都可以在升恒泰钱庄享有此等"倒账"待遇，如农民春季从杂货店买下布料，夏季从油坊买了麻糁，都不用付现款。但是，享有此等待遇的客户，必须有两个条件之一：第一，人品好，守信；第二，有字号或者可靠之私人代为担保。①

又如，山西榆次之要村，是个商品集散地，周边村镇的农户与要村商号建立相约关系，叫"相约户"，每户立一本"札子"，取货不用现钱，只需记在札子上，一年一结算。②

山西阳泉一家老字号药店员工回忆，旧时候的商业店铺交易，现款少，赊账多。每个商铺都有一些老主顾，而老主顾通常都不付现款。因此赊欠是当时商业经营中司空见惯的事情。③

---

① 参见《钱庄——升恒泰钱庄》，载《蔚县文史资料选辑》第14辑，2006，第158页。
② 参见游郁文《晋商画卷中的榆次要村》，载《晋商史料全览》晋中卷，山西人民出版社，2006，第587页。另，岳守荣介绍了寿阳城乡流行的"克钱"，规模颇大，论述也很详细。参见岳守荣《寿阳"克钱"》，载《晋商史料全览》晋中卷，山西人民出版社，2006，第644~652页。
③ 参见刘银堂口述，李新林整理《阳泉河底镇德胜隆药店》，载《晋商史料全览》阳泉卷，山西人民出版社，2006，第313页。

又如山西太原之小店镇，镇子上的各家醋店，负担周围十里八乡一万五千人口的食醋，基本上采用送货上门的记札赊账，秋后集中清账，用交粮顶款的办法，购销两旺，商民双赢。[①]

又如山西文水，县城里的钱庄在农村下设 30 多个账庄，与农民直接发生借贷关系。此地为豆麦产区，农民日常生活开支依靠账庄放账，到了秋收，农民出售粮食，再还款于账庄。[②]

上面提到的"信用户""相约户""老主顾"，就是交情。

3. 交情中隐含的无限重复博弈是信用贷款的风控机制

在上述钱庄与商户的交情性往来，以及商户与城乡居民之间的交情性往来中，我们看到的是长期性的合作关系，而这种长期性合作，可以解读为现实版的无限重复博弈。众所周知，在无限重复博弈模型中，经济人会为了长期合作的收益，而放弃短期性的投机行为。笔者以为这就是钱庄信用放款之所以可行的风控机理。其中的制衡机制，又可以分成纵向和横向两个方面来加以解读。

(1) 纵向的"触发战略"

在前面的感性材料中，我们可以看到，钱庄对商户，商户对城乡居民，首先是拣选，不靠谱的人不要；其次是培植，寻求长期性的合作——放款和赊账关系；最后是淘汰，当有人背叛的时

---

① 参见刘彦《小店镇》，载《晋商史料全览》太原卷，山西人民出版社，2006，第 317 页。

② 参见张建刚《文水钱庄与钱庄票和小票》，载《晋商史料全览》吕梁卷，山西人民出版社，2006，第 135 页。

候，会施以正义的报复。①

在阅读上述感性材料时，给笔者感触最大的是，与现在相比，乡村居民的窘迫，显得极度缺乏现金流，乃至于赊账成为一种生活常态，这和我们现代城里人有稳定收入的生活背景很不一样。

在此情境之下，我们可以想象，农民青黄不接的时候，很大程度上需要赊账度日，有信用的人，不用付现钱，就可以下馆子吃吃喝喝，乃至于购物、买药，赊账就行。没有信用的人，生活就变得窘困，没有多少回旋余地。②

正是这种生存方式，使农民自然会珍惜这份交情、这份信用。

同样的道理，城乡居民赊账交易的生存模式，导致以他们为交易对象的商户，现金流也极度缺乏，有钱庄的放款额度，才有商机，没有放款额度，则生意立时陷入窘困。

因此，我们看到，恰恰是因为乡民生活的窘困，中小商户谋生门路的逼仄，客观上迫使他们不可能不重视对钱庄的信用。

传统商户极度重视与钱庄的长期化交情的道理，还可以用当

---

① 如秦润卿介绍上海钱业的情况："钱业放款，既重信用，故凡遇倒欠客户，即为同业所不齿，一致拒绝往来，并于营业规则中规定，'凡有倒欠行号，折偿庄款者，需将该股东及经理姓名，报告本公会，立案备考，由月报公布，其嗣后若再营业，入会同业，均拒绝往来，但事后补偿者，不在此例。'盖纯出以精神的道义制裁，而至诚感格，颇不乏蹶后重兴之客户，清偿庄款，唯恐不及，论者两美之焉。"参见中国人民银行上海市分行编《上海钱庄史料》，上海人民出版社，1960，第701页。

② 对这个事情，笔者一个家在农村的学生，提供了一个现实注脚。她的父亲在乡下贩卖农药和种子给农民，属于在四邻八乡走街串户的那种，说到今农民一般都是赊账购买，到了一定的期限，有钱了再还账。一般都没有赖账不还的，但就是要现钱比较困难。大多数商贩，如果有钱就要钱，如果没钱，就用各种农产品顶账。没有赖账不还的。否则村里名声传出去，算是丑闻，没法混了。

代的供应链金融来获得切身感受。

在当代，民生银行发明了供应链金融，也就是说，一个小商户，没有足够的信用，也没有足够的抵押物，但是，只要其上下游的供货关系中，有资本实力强大的公司愿意给他担保，银行就敢于放贷。其中的道理在于，上下游关系网络中，大企业要么能够提供其唯一的稳定订单，要么能卡死他的进货渠道，小企业要生存，不得不仰大企业之鼻息，不敢于稍稍得罪。因此，大企业就不怕小企业赖账，大企业的担保，就能够让银行放心。

其中的道理是完全一样的。

（2）横向的集体放逐机制

钱庄对商户交情中隐含的无限重复博弈的制衡机制，还有另一个线索，即横向的声誉。

每个居民、每个商户，在区域商圈中，都存在一个以信义为基本内容的声誉。坏了名声的人，得罪的不是一家钱庄，而是会遭到整个区域商圈的集体放逐。

在传统商圈中，往往根据各地重要物产的生产交货期安排有固定的结账日期，而且还有固定的交割场所。

如在山西各地，农贸市场有固定的交割日，称为"标期"，标期一到，四邻八乡的商户都汇集到一个固定的地点，进行债务的交割，还不上债务，消息立即就会在商人圈子里传开。[①]

---

① 参见孔祥毅《镖局、标期、标利和中国北方社会信用》，《金融研究》2004年第1期，第117～125页。

除了山西以外，实际上在中国各地的钱庄，都有一个与当地农业物产成熟收购相适应的结账期（往往是个时令季节），这往往也起到一种像社会生物钟一样的集体放逐效应。[①]

纵向的交情和横向的声誉，构成传统社会信用文化的最有力的制衡。讲信用、有交情的人，即使商业处于危难，也有人乐于扶助，即使商业失败，信誉不亏，还有东山再起的机会；反之，不讲信用的人，没有交情，受到集体抵制，处处寸步难行。所以，在传统商圈中，讲信用，既是一种道德，也是一种实际的潜规则，一点儿也不比西方的法律效力差。[②]

4. 近代动荡的环境和投机对交情轨道的侵蚀

如果说钱庄信用贷款的根本保证是交情，而交情的本质是长期化的稳定的互惠合作关系的话，那么，不稳定的社会环境，促使人们选择短期化行为，则会增加钱庄信用贷款的风险。

《钱业月报》是上海钱业公会在1921年创办的钱庄业行业刊物，笔者泛览了1921~1937年的所有相关文章，感受到在近代这个多事之秋，投机和战乱引起的社会动荡对人心不古的牵引，从而对钱庄信用贷款的冲击。

《钱业月报》上很多的文章都提到，近来人心不古，不积极理赔者有之，恶意逃债者亦有之。这里的"近来"，主要是指从

---

① 楚声：《述评：钱庄与信用放款》，《钱业月报》1931年第11卷第4期，第2~3页。
② 参见秦润卿《银钱业五十年之回顾》，载孙善根、邹晓昇编《秦润卿史料集》，天津古籍出版社，2009，第51~53页。

前清向民国转换之际。那么，这期间究竟有什么变故呢？

一方面是战乱加剧，社会失序，人们四处流亡。另一方面是，投机的机会变多了。这两个方面，一个是压力，另一个是诱惑，导致了传统社会经济结构致密性的松散和裂解。

上海是个典型。有文章指出，有的商号，因为主业经营的惨淡，干脆将借来的钱从事投机生意，奋力一搏；也有的商号，并不缺钱，但是因为钱庄看其家底殷实，于是贷给其过多的钱款，于是商号经理，也经不住诱惑，从事投机买卖。

上海在民国时代，可投机的东西颇多：股票、公债、房地产、标金，还有各种五花八门的大宗货物，比如棉纱之类的大宗商品，甚至药品之类的。而所有这些东西，在前清时代是几乎没有的。[①]

根据当时上海钱庄业内人士的估计：近年来人心叵测，投机分子太多，导致钱庄坏账率连年递增，近几年尤甚，虽然没有精确统计，但是，近几年来各家钱庄利润锐减，这是很明显的事情。

其原因在于，有的商人，只有少数资本却与多家钱庄往来，再用钱庄放款做各种投资，以图一本万利。生意失败，连累钱庄，自己却一走了之。或者本来清理资产，可以还上钱庄的钱，却不肯清理，甚至过若干年以后，另立字号，再与钱庄往来。[②]

但是，直到 1935 年钱庄业彻底失去生存环境以前所经历的民

---

① 按：在前清，小规模的、区域性的、短暂的投机是有的，比如所谓的赌飘把子。
② 谢选清：《现在钱庄业所处之地位与今后营业之方针》，《钱业月报》1929 年第 9 卷第 8 期，第 28~29 页。

国 24 年中，尽管有灾荒战乱和投机的双重打压，钱庄信用贷款的风控还算是差强人意的。

之所以如此，又要说到钱庄风控的另一个方面——钱庄经理的风险意识。

四 钱庄信贷风控的内控系统：经理人的风险意识是怎样炼成的？

在西方的银行业，风险控制意味着一整套制度化的流程。而传统钱庄的内控则完全不同，它靠的主要是钱庄经理团队渗入骨髓的风险意识。这是信贷风控的来自钱庄方面的根本保证。

1. 钱庄经理的风险意识：以秦润卿为例

秦润卿（1877 ~ 1966 年），浙江宁波人，从少年开始在上海钱庄当学徒，后任苏州富豪程氏四联庄经理（或监理），将四家钱庄做到上海钱业顶级，自己也成为上海钱业魁首，连任六届（共 15 年）上海钱业公会董事长。在其所任钱庄经理的数十年内，上海钱业先后经历了橡皮风潮（1910 年）、辛亥革命（1911年）、信交风潮（1921 年）、废两改元（1931 年）等五六次大规模金融风潮，在大量钱庄被倒账拖垮的情况下，秦润卿领导的四家钱庄却每次都能幸免，并且风潮之后，其钱庄业务反而能够精进。秦润卿也因此而被业界称为"不倒翁"。

秦润卿无疑是上海乃至全国钱业经理人的标杆。我们可从中领略一下传统钱庄经理人的风险意识的风采。

秦润卿还在做钱庄跑街的时候，就没有放过一笔倒账。其从业经验，首推稳健。稳健的关键，就是慎放。展开来说，大致有几个层次。

第一，对于每一笔放款，必有严格周密的事前调查。首先调查股东经理人的信用，包括放贷商户股东和经理的才能德行、个人隐私等；进而调查商号的运营、贷款的用途；最后对市面的好坏，要有全面的了解。

第二，就放款整体结构来说，分散放款，不把鸡蛋放在一个篮子里。

第三，就放款整体规模来说，不贪做。只做多单，不做缺单。也就是量入为出，保持钱庄有适度的余款，如此可以不从同业拆借，更不从其他银行拆借资金，以免受人制衡。①

第四，就放债类别来说，不对投机性生意放款，不为高息诱惑，不从事高风险贷款。但是对于看准了的商号项目，则大胆放贷，不计较短期风险，实现长期合作共赢。

以上贷款方针原则，大大降低了贷款风险，从而在金融风潮的惊涛骇浪里，平稳度过。秦润卿的老同事在回忆他的经营风格时，还引用《史记·货殖列传》里关于"贪商"和"廉商"的差别做说明。《史记》中说："贪商三之"，"廉商五之"。就是说

---

① 按："多单"和"缺单"是上海钱业术语，前者指钱庄运营资本充裕，向运营资金不足的同业拆出资本；后者则正相反。当时没有中央银行向商业银行展开再贴现业务。所以，钱庄运营资金不足时，总会向中国的票号、洋行拆借。于是，在票号、银行与钱庄之间，大城市的钱庄与小城市的钱庄之间，实际上存在着类似于央行对商行、总行对分支银行的资金融通，这种资金融通，就是通过拆借，而这里的拆借资金，要远大于现代银行意义上的短期拆借头寸。如上海的银行对钱庄的拆借，最多的时候曾经达到其运营资金的40%。当然，这样做的话，总是从其他金融机构获得拆借的钱庄，就变成了下级金融机构，难免受制于人，自主性会差一些。

贪做的商人利润高，三年可收回本金；不贪做的商人规避风险，利润低些，所以要五年才得收回成本。廉商发展得慢，但是步步为营，很稳当。特别是对于金融行业，本来风险就大，而且很容易波及别人或受到别人之波及。①

秦润卿的风险意识在传统钱庄经理人中是普遍存在的，已成为一种职业精神。如在扬州，有一家德春钱庄，存续时间达 80 年之久，在光绪六年到民国十九年（1877～1930 年）的 53 年间，扬州旧城区只有德春钱庄一家始终屹立不倒，这不仅仅是因为股东资本雄厚，而还在于其经营方针的核心是"慎放"。②

那么，钱庄经理人的这种风险意识，是怎样形成的呢？

2. 钱庄经理风险意识的来源：业内的经历

我们可以拿传统钱庄经理与当代一些地下钱庄经理的职业做个对照。一般说起当今地下钱庄经理，那就是素质差，一个是没人品，一个是没文化，还有一个是投机性强。

但实际上，好多地下钱庄经理，并非没人品，如前些年报道的内蒙古鄂尔多斯石小红非法集资案，据记者调查，石小红虽然是纺织女工出身，小学文化，但并非没人品，恰恰相反，正是因为她很有人品，熟悉的亲友才愿意拿钱给她集资。③

至于说没文化，什么才算有文化？学历并不等于文化。传统

---

① 采泉：《金融巨子秦润卿的一生》，载孙善根、邹晓昇编《秦润卿史料集》，天津古籍出版社，2009，第 112 页。
② 参见华梦渔《德春钱庄》，载《扬州文史资料》第 21 辑，2001，第 81 页。
③ 中央电视台：《新闻 1 + 1》，2010 年 9 月 27 日。

钱庄的经理人普遍没有受过新式教育，更何况什么文凭。

但如果把石小红一类的地下钱庄经理或者非法集资者，与秦润卿相比较，又确实缺了一个很重要的东西，那就是风险意识，简单地说就是一种抵制投机诱惑的意识，一种职业性的自律精神。

那么，传统钱庄经理的职业自律是从哪里来的呢？笔者以为有一个大的环境条件就是长期的阅历。

据记载，自19世纪60年代太平天国运动结束以来，直至清末，几十年间，以上海为中心的钱业就先后经历过六次大的金融危机：第一次，1872~1873年；第二次，1878~1879年；这两次都是由于外贸出口巨额逆差，导致上海钱业银根吃紧，很多钱庄倒闭。① 第三次，1883年倒账风波。② 第四次，1897年，上海贴票风波。③ 第五次，1909~1910年，橡皮风波。④ 第六次，辛亥革命造成汉口方面大面积倒账引起的风波。⑤

而据记者观察，人是环境的产物，是能够从环境中学习经

---

① 参见梁小民《清末的金融危机》，《商界（中国商业评论）》2007年第4期，第158页。

② 何品：《1883年倒账风波》，《新民晚报》2011年1月13日。按：据《上海钱庄史料》的记载，此次倒账风波，间接是由1883年的中法战争造成的，直接则是由于此前山西票号和外资银行大量向钱庄放账，钱庄的资本运营结构发生了重大变化，票号和外资银行一旦紧缩银根，钱庄就倒霉了。参见中国人民银行上海市分行编《上海钱庄史料》，上海人民出版社，1960，第49~54页。

③ 史立丽：《1897年上海贴票风波述略》，《上海金融》2001年第12期，第58~59页。按：据《上海钱庄史料》记载，此次贴票风波中，上海同业公会的会员钱庄其实未有倒闭者，因为他们都不参加发行贴票。参见中国人民银行上海市分行编《上海钱庄史料》，上海人民出版社，1960，第57页。

④ 季我努、范装婓：《1910年上海橡胶股票风潮》，《世界博览》2009年第2期，第57~60页。

⑤ 中国人民银行上海市分行编《上海钱庄史料》，上海人民出版社，1960，第54、94~96、191、202页。

验、总结教训的。

如上海，自 1864 年太平天国运动以后，上海钱业吸取教训，谨慎经营，开始复兴，到光绪末年达到盛极，此后自律精神懈怠，于是又迭遭 1909～1910 年橡皮风波和 1911 年辛亥革命，然后全行业又学会谨慎了。①

又如各地经历如下。

杭州钱业在光绪年间非常发达，结果到了宣统年间，遇上橡皮风波，1/4 倒闭歇业。业内总结原因，在于内规不严、经营不轨。以后吸取教训，又兢兢业业，业务也因此而蒸蒸日上。②

南京，"……近年以来，钱庄鉴于时局之纷扰，对于经营方针，日趋稳健，故应按紧急时，亦未呈恐慌之象。"③

长沙，当时的政治经济都不好，但是钱业反而不错，原因是长沙钱业经历过一场金融危机以后，转而采取保守主义，信用好转。④

由外贸波动、新生事物引起的投机，战乱兵变等不确定性的干扰等，导致实体经济衰退，进而波及金融业有这样那样的风波，由此形成的惨痛损失和经验教训，会逐渐沉淀为业内人

---

① 惺斋：《论钱业之过去与将来》，《钱业月报》1921 年第 1 卷第 4 期，第 16～18 页。
② 黄鞠岑：《杭州钱业概况》，《钱业月报》1921 年第 1 卷第 11 期，第 51～59 页。
③ 杨文澜：《南京钱业概况》，《钱业月报》1921 年第 1 卷第 2 期，第 66～74 页。
④ 楚声：《长沙钱业之今昔》，《钱业月报》1923 年 3 月 5 日，第 20～21 页。

士的记忆，并通过反省而内化为钱业人士的谨慎性格和职业素养。

如上海一位有三十年从业经验的钱业老手总结说，钱业历年之大起大落，核心是一个"贪念"。1883 年的倒账风波使上海钱业经历重创以后，业界都知道，放纵必遭淘汰，于是都兢兢业业，固守范围，于是钱庄事业又复振兴，盛于当年。但是，后来入行的人多了，鱼龙混杂，加上竞争激烈，又导致原来被视为畏途的行当，偶尔也去侥幸一把，侥幸的多了，也就忘记了侥幸，变成了常规。

比如同业拆票，本来是聊通有无而已，都知道拆银不可常缺，引以为戒。至是乃视为固有，开银行拆票以自豪，彼行此效，兴高采烈，日进无已。有老者劝喻之，反讽其迂腐。结果橡皮风波、辛亥革命先后爆发，遂致一败涂地。失败者认为是兵灾的原因，但现在癸丑（1913 年）闸北之战（指"第二次国民革命"），上海钱庄却不震惊，而当时辛亥革命，反而大受牵连，原因就在于此。①

在晚清民国时代的金融业，既没有央行的再贴现以为金融救助，也没有银监会硬性规定金融政策，钱庄的风控，中坚力量就只有业内人士的这种自省和自律意识。

实际上，即使如美国，近代以来虽然发明了大量的金融业制度规范以防范危机，金融危机还是难免爆发。所以，正如金融史

---

① 再生：《钱业盛衰关系论》，《钱业月报》1921 年第 1 卷第 1 期，第 51～52 页。

学家金德尔伯格所说：自我反省而得来的风险意识，才是最珍贵的。①

3. 钱庄职业经理人风险意识的传承和文化熏陶

钱庄业内人士由经历和反省而形成的风险意识，会通过职业群体中的父业子承和学徒制度传承下去，形成一种职业性的操守。如果要说传统钱庄的经理人要比今天开地下钱庄的人更有文化，其差距大致就在这里。

首先，一个股东要开一家钱庄，必然要在既有的钱庄经理从业人员中，精心聘请有从业经历的、德才兼备的经理人。也就是说，钱庄的从业人员总是职业性的。在民国时期，各大城镇的钱庄从业者，都有百年以上的职业传承，其中很多人是父业子承。如上海钱庄业，钱庄经理人往往会把自己的儿子介绍给同业钱庄去做学徒，从头培训。

其次，钱庄经理人的培养，都依赖严格的学徒制度，这种学徒制度不仅仅是专业技能的培训，如写字、计算、记账、待客、点钞之类的，其中更渗透着一种精神上的规训，形成吃苦耐劳、不贪腐、守规矩、忠诚职业等职业素养。这些导致钱庄从业人员总会有一种特别的职业气质。

最后，或许是受山西票号文化的影响，各地钱庄，尤其是历史较长的钱庄，无一例外都有严格的号规，从掌柜开始就以身作则，对于违反号规的人员，更有严厉的惩罚和辞退制度，这些因

---

① 参见〔美〕金德尔伯格《疯狂、惊恐和崩溃：金融危机史》，朱隽、叶期译，中国金融出版社，2007，第4版。

素都使钱庄从业人员形成了沉稳内敛的职业素养。

以上一些，已经足以使我们把传统钱庄经理的内敛自律，与当代地下钱庄从业人员的自由散漫、投机成性、黑白两道通吃的素质低下的形象区别开来。

4. 经理人的风险意识与钱庄的人事制度

钱庄经理人之所以风险意识极强，还有一个更根本的动机，就是他们对钱庄和股东的责任心极强。如果没有这一点，则即使经历再多再大的经营风险，也不会内化为他们的风险意识。

（1）股东的无限风险与经理人的道义责任

这里首先谈谈钱庄股东的无限风险责任。

在中国传统社会，并不存在西方式的有限责任制，"杀人偿命，欠债还钱"是天经地义的道德信条，因此，所有开商号的，实行的都是无限风险责任。而对于钱庄业来说，则这个责任更加重大。因为钱庄的股本并不多，上海的大钱庄一般也就是几万两，但运营资金可能达到几百万两。这些运营资金，当然主要来源于吸收存款或者同业拆借。但是与实行有限责任的西方银行不同，对这些债务的偿付保证，并非区区几万两股本，而是股东要以自己的整个身家承担无限风险责任。所以，钱庄对储户的信用大小，并不在钱庄股本的多少，而在于股东的家底殷实程度，以及道德信用。

而传统的钱庄每当倒闭或者主动歇业时，一般都是股东先行出钱把欠人之款项垫付，而他人欠钱庄之款项，则慢慢追缴，追缴不上只能认倒霉。在这方面，钱庄不仅是地方上百业之首，而且是传统商圈讲信义的楷模。所以钱庄总是声誉卓著。

《钱业月报》有好几处文章可做佐证。

多有钱庄股东，在歇业一两年后，还坚持兑付钱庄开出的庄票，只要还有一点可能，绝不丧失钱庄对储户的信用。[1]

> ……关于钱庄股东之能承担无限风险责任，以事实证之，十年以来，汇划庄已宣告清理者，……一经宣布，股东能立时垫款至六十万两以上，即使有周转不灵而停业者，其清理结果亦能使债权人满意。
>
> ……又，1911 年橡皮风潮时，钱庄大半倒闭，但凡属钱业公会之会员钱庄，所有发出庄票者，没有一张不兑付者。[2]

而钱庄亏损，特别是清算的时候，所有债务损失都由股东一身承担。钱庄本身就是典型的高负债经营，资本负债率高达几十倍，遇到挤兑，则需要股东以自己的身家性命来负责赔偿。倒账发生时，人欠钱庄的债收不回来（因为追债目标分散，又确实没钱），钱庄欠人的个个催逼（因为追债目标显眼又集中），加上官府支持，一个钟鸣鼎食的富豪家庭，往往旬日之间便倾家荡产，沦为街头乞丐。[3]

---

① 参见久道：《钱业宜于兼营储蓄》，《钱业月报》1924 年第 4 卷第 3 期，第 83 页。
② 楚声：《读朱博泉先生〈上海之钱庄业〉》，《钱业月报》1929 年第 9 卷第 1 期，第 7～8 页。
③ 清末民初倒掉的山西票号，就是典型的例子。参见黄鉴晖《山西票号史料》，山西经济出版社，2002，第 499～502 页。

所以，经理人的经营，是在拿着股东的身家性命在博弈，责任重大，自然有一种高度的道义责任感。[1] 因此，经理人的风险意识，就不仅仅是一种风险控制的方针策略，更根本地是经理人对股东的道德信义。具体表现为：

放款的风险意识特别被强调，放款是钱庄风险的源头，放款稳健了，风险大大变小，便抓住了钱庄风险控制的关键。

不仅是放款，经理人在吸收存款的时候，也不会随意扩张。

第一是不接受陌生人的存款，只接受熟人存款。一是怕来路不明，如赃款；二是熟人不会随意抽走存款，导致钱庄措手不及。当市面上存在谣言的时候，也容易向存户做工作，不容易发生挤兑。

第二，不愿意随意扩大存款规模，是因为怕给股东增添负担。因为当面临可能发生的挤兑的时候，股东要首先垫付，歇业清理的时候，股东要负责兑付给存户现金。如果存款盘子大，放贷规模大，外部倒账的风险数额大，则股东可能倾家荡产也赔不上。[2]

（2）经理人的责任心与钱庄的人事制度

经理人对股东的上述忠诚责任心，又是来源于钱庄特定的股

---

[1] 因为是无限责任，钱庄在经营心理上，先天就十分谨慎。参见戴恩波《钱庄在上海金融业之优势》，《钱业月报》1928 年第 8 卷第 3 期，第 46～53 页。另，秦润卿说，上海钱庄，不如银行之贪做，如吸收存款，收够即停止，以免增加股东之负担。秦润卿：《上海之钱庄事业》，载孙善根、邹晓昇编《秦润卿史料集》，天津古籍出版社，2009，第 14～17 页。

[2] 久道：《钱庄宜于兼营储蓄存款》，《钱业月报》1924 年第 4 卷第 3 期，第 83 页。

权激励制度。

全国各地的钱庄，对正式经理人员，一般都实行身份股制度，即不投入股本，不承担经营失败的风险责任，但是可以基于对钱庄票号的勤劳，获得红利的分享权。就经理人团队整体而言，这种分成比例各地不同，山西票号的分成比例高达四成到五成，其他地方，如上海钱庄也要达到两成到三成，一般不会低于两成。

笔者曾经专门对这种股权激励方式进行过分析，将其中三点转述如下。

（a）这是一种非对称的股权安排：由股东搭建资本平台，供经理人施展其才能，钱庄亏损了，经理人不要负责任；钱庄盈利了，经理人却可以分享其利润。对于追求风险规避的职业经理人来说，这显然比自己办钱庄来得还要合算，自然会对钱庄有忠诚心，对股东有一种感恩和报恩的心理。

（b）拥有人力股的经理人，没有工资，没有业绩奖金，而是根据其长期表现获得的股权比例分享红利，这就会使经理人的个人利益与钱庄整体利益联系在一起，从而大大淡化钱庄内部的岗位职业矛盾，少有"以邻为壑"的"转移定价"问题。

（c）身份股根据职员在钱庄中的资历、贡献不断增加，而且其背后隐含着一种终身雇佣的默契，这使得经理人的个人利益与钱庄的长远利益也捆绑在一起。[①]

---

① 参见徐华《从家族主义到经理主义：中国企业的困境与中国式突围》，清华大学出版社，2012，第179～186页。

五 钱业公会对钱庄的规范和权力基础

在晚清民国时期，并不存在一个"中央银行"对钱庄进行监管，但是，在金融发达的地区，一般都有钱业公会对本地钱庄做规制，这也成为传统钱庄风控的必要组成部分。下面，就以影响最大的上海钱业公会为例，做一个简介。

1. 同业公会对钱庄的管理规范作用

金融行业不同于其他，由于其虚拟经济的特点，风险具有很强的同业传递性，如传染病一样。因此，对于一家钱庄来说，很多风险来自同行的作为。也正因此，钱庄业相互辅助、内部自律的需求特别强，而钱业公会，就是这种钱业内部相互辅助和行业自律性的组织。

在中国传统社会，凡是稍微大一点的城市，钱庄数量在十家以上的，大都有以本城为范围的钱业公会（或称钱业公所）。钱业公会可算是专门针对行业性风险而来的，防范行业性金融风险，可算是钱业公会的主要职能之一。[1] 具体有以下几个方面。

（1）设定行业进入壁垒，防止恶性竞争，并将潜在的害群之马屏蔽于行业之外

开办一家钱庄，需要得到钱业公会的允许。公会设定进入门槛的直接手续，就是同业举荐和申请者的资质审查。主要出于两

---

[1] 钱庄一旦加入钱业公会，信用就会大增，因为如有市面恐慌，则同业必将互相扶持。如民国十二年齐卢战争，银根紧张，同业中有三五家谣传不稳，经公会开会，议决同业通力协助，每家公垫银5000两，以防不测。此讯传出，立即转危为安，至今传为美谈。秦润卿：《五十年来上海钱庄之回顾》，载孙善根、邹晓昇编《秦润卿史料集》，天津古籍出版社，2009，第62页。

方面考虑。

第一，股东家道是否殷实，是否有承担无限风险责任的能力；所任用的经理人才能力、德行如何，是否有从业的资格。按照这样的审查标准，自然容易将滥竽充数者，甚至一些投机诈骗者，屏蔽出去。在史料中，我们可以看到，在一些没有钱业公会的小城镇，有时会有诈骗者冒办钱庄，吸收了足够存款后就卷款逃跑的情况。[1]

第二，要考虑行业的供求状况，不会任由会员数量过于扩张，导致严重的同业恶性竞争。钱业经营运作的不谨慎，一个很大的原因就是恶性竞争。在上海钱业，我们也可看到，采取比较冒险的操作手段的，往往是新开办的钱庄，急于打开局面，经营作风上就比较冒进。试想，如果同业过于拥挤，乃至恶性竞争的话，就更加难以避免出现全行业的投机冒险行为了，最终给全行业带来重大的风险。[2]

在山东临沂，还发生过这样的恶性案例，由于当地并没有有效的公会组织，结果当地商人滥办钱庄，滥发庄票，导致恶性竞争，最后造成全行业的崩溃。[3]

（2）制定内部规则，防止个别钱庄的风险行为危害群体利益

钱庄有了同业中的权力，自然可以制定内部的竞争规则和统

---

[1] 中国人民银行上海市分行编《上海钱庄史料》，上海人民出版社，1960，第458～459页。

[2] 中国人民银行上海市分行编《上海钱庄史料》，上海人民出版社，1960，第458～459页。

[3] 全国各地还有好多类似的案例，参见刘克祥、吴太昌主编《中国近代经济史（1927～1937）》，人民出版社，2010，第1996～1997页。

一的经营操守。①

秦润卿说："……钱业历史绵邈，成规故习，积久愈富。唯过去均口授心传，不立文字，自1923年，乃有上海钱业营业规则订立。"②

比如就存贷款来说，最常见的规定，是关于存贷款利率的商定，这可以大大地防范同业之间的恶性竞争。而在没有钱业公会的地方，就容易出现各家钱庄之间，或者各个钱庄帮派之间互相竞争，高息揽存、低息放贷，导致竞争失控，造成全行业的金融风险的情况。

钱业公会的规范，有些是道德劝谕式的软性规范，也有些则是硬性规范，一旦违反，则给予严厉的制裁。比如规矩最严整的上海钱业公所，就曾经规定公会成员的伙友不得参与做信交所经纪人，不得参与股票交易，一旦发现，则给以严厉制裁。这主要是针对20世纪20年代上海信交所投机盛行，给钱庄也造成巨大危害（信交风潮）的事情而制定的。③

2. 钱业公会的权力基础

钱业公会之所以能够制定上述行业规范，其权力基础，主要有两个力量的支撑。

---

① 如福州钱业公会称为"钱业研究所"的机构，以前没有此等的公会时候，钱庄经常发生倒闭挤兑，有了以后，则可以由钱庄说明情况，经过首肯以后，由钱业研究所出面互相融通资金，挤兑风波就可平息。参见沈祖彝《解放前福州的银行钱庄》，载《福州文史集萃》（上），海潮摄影艺术出版社，2006，第335页。

② 秦润卿：《五十年来上海钱庄之回顾》，载孙善根、邹晓昇编《秦润卿史料集》，天津古籍出版社，2009，第63页。

③ 中国人民银行上海市分行编《上海钱庄史料》，上海人民出版社，1960，第121页。

第一个，来自钱业公会本身所具有的"公共设施"功能，包括钱业公会的同业汇划功能和同业拆借市场功能。新进行的钱庄，不能成为公会会员，自然会被屏蔽于同业汇划和同业拆借市场之外，难以展开业务，或者只能流于小钱庄地位。[①]

此外，公会成员的社会信用高，容易吸收存款，容易有往来客户。总之，不加入公会，则难以展开业务，难以做大。[②]

由于加入钱业公会才能得到上述好处，而被开除会员资格，或者受到其他会员的集体放逐，就失去这些好处，则钱业公会自然会对违反行规的会员形成一种约束权力。

第二个，来自地方政府的支持。由于钱业涉及地方金融稳定，地方政府不可能不考虑。因此清后期各级地方政府往往要求开办钱庄必须向地方政府申请呈报。而审查的职能，则交由钱业公会处理。有了政府的支持，公会自然有了实权。在有些小城镇，钱庄不多，没有公会组织，则相关的职能只能由政府来承担。但是由于政府不了解实际情况，其审查效果就大打折扣。[③]

---

① 如，长沙规定放款手续，计提讨论形成决议，违反者罚金千分之五，再三违章，则革除公所，不准在所交易。参见《长沙钱业规定放款手续》，《钱业月报》1924 年第 4 卷第 8 期，第 168 页。

② 又如，1863 年，上海钱业公会发出告示：同业公会会员出庄票，非会员也出庄票，但往往信用不良，造成收庄票者损失。为此公会宣告，非会员钱庄开出的庄票，公会同业集体抵制，并倡导商界注意抵制此类庄票。参见中国人民银行上海市分行编《上海钱庄史料》，上海人民出版社，1960，第 21 页。

③ 比如，山东临沂的钱庄业，只有政府监管，而没有同业公会，结果在 20 世纪 20 年代的庄票滥发事件中集体倒闭。参见郑敬之《抗战前的临沂钱庄业》，载《临沂文史资料》第 7 辑，第 181～190 页。另一个例子来自江西景德镇，钱庄分为几个商帮，但是没有同业公会，各邦之间互不合作，各帮内部也互相倾轧，乃至一家遇到挤兑，同行不相帮助，造成倒闭。参见严惠、舒仙群《民间金融业——钱庄》，载《景德镇文史资料》第九辑，1993，第 16～22 页。

六　对钱庄信贷风控考察分析的总结

钱庄信贷的主流，是无抵押的信用贷款。这种信用贷款的风险控制机理包括两个方面。

第一个方面，是钱庄与商户长期化合作交往形成的交情。这种交情的背后，隐藏着无限重复博弈式的制衡关系。简单地说，讲交情、守信用的商户，得到输血，才能抓住商机；不守信用的商户，则被断血，资金链条立即陷入困顿。所以，这种看似建立在温情脉脉的交情轨道上的、道德化的、非强制的信用贷款背后，实际上暗藏着苛刻的制衡。

这种制衡机制的另一个体现是严密的事前调查和不轻易为了拓展业务而结交陌生商户。事前调查虽然涉及商户的方方面面，但核心是选择长期稳健经营的合作对象；不轻易为了拓展业务而结交陌生商户的道理是一样的。

第二个方面，是钱庄经理团队的自律精神，用现代话语讲，就是整个钱庄上上下下弥漫着"风险意识"，风险意识虽然是无形的，却是钱庄风控的灵魂。经理风险意识的生存论渊源有三个：①长期的从业经历通过学徒制的传承和行规的约束，内化为经理人的精神；②经理人对钱庄股东的责任心；③这又来自股东基于经理团队的身份股制度，使经理人将钱庄的发展与个人的职业发展紧紧地联系在一起。

另外，钱业公会也起到了辅助作用。

传统篇：美国

第五章

美国银行业百年风控史[*]

一 20世纪30年代以前的美国银行风控^①

前面说过，近代中国的银行，学西方银行的风控模式，只做抵押贷款，尽量不触碰信用贷款。所以笔者一直以为美国银行的风控模式就是抵押贷款。

但实际上，调查美国20世纪30年代以前的银行风控，才发现完全不是这么回事。当时美国银行的贷款类型，实际上有信用贷款和抵押担保贷款两种。^② 而且信用贷款是一种源自欧洲的、

很古典的模式——期票贴现。

1. 古典信用贷款——期票贴现——及其风控思路

（1）作为信用贷款的期票贴现

在 20 世纪 30 年代以前，美国银行的贷款，主流的模式是期票贴现，用于满足工商业短期信贷需求，一般有 30 天、60 天或者 90 天的期限。当时最典型的期票，大致包括两种。

一种是单记名票据，比如零售商从上游制造商进一批货，但是得等着商品慢慢卖出去才能付款。而制造商又等不及，需要赶紧拿钱购进原材料进行下一轮生产。怎么办呢？零售商可以向制造商单方开出期票，签字背书，承诺按期还款。然后制造商再拿着期票到银行贴现，零售商销售完成后，再按照承诺的日子，把钱还给期票持有人。

另一种是双记名票据，即上游制造商拿着零售商的期票到银行贴现的时候，在期票上再背书，其含义是，如果零售商不能按期兑现此期票，则由制造商负责兑付。[①]

美国银行的期票贴现和中国钱庄向商户的借贷，本质上并无什么不同，唯一的差别就是这种借贷形式，给人一种很重视契约的感觉。近代人总说，中国的票据业务不发达，实际上就肇源于此。另外还有一个小细节引人注意：期票上都写有明确的还款日期，但是上面还注明：银行持有的票据，必须在到期以后的数日之内前来兑现，否则背书人有权拒绝兑付。这个细节虽小，但透露出一点：借贷双方忠诚的对象，是契约本身，而不是签约人。

---

① 〔美〕霍斯华茨：《货币银行学》，张伯篪译，世界书局，1934，第 372～374 页。

如果照中国的商业惯例来解读的话，就会觉得这种做法有欠厚道了。

（2）信用贷款的风控思路

那么，期票贴现作为一种信用贷款，风控的手段是如何展开的呢？

20世纪30年代的信用贷款风控，重点是事前调查。美国银行的事前调查，给笔者印象深刻的，主要有以下几点。

第一，客户信息的获取来源及其真实性问题。

美国银行获取客户情况的最主要信息来源，居然是借款申请人自己主动填写的"借款人调查表"。在中国读者看来，问题在于，银行如何保证借款人主动提供的信息是真实的呢？

在霍斯华茨的讲述中，有关的保证主要包括这样几个：①有的银行要求借款人在报告上写一个誓言，保证报告的真实性；②在某几个州，法律规定用虚假报告骗取借款是犯罪行为；③有时候，银行会把借款人的报告表，拿给会计师审查。[①]

在这里我们看到，银行关于借款人调查表的真实性问题的监控，似乎并不是十分全面地覆盖的，从上述字眼来看，"有的银行""某几个州""有时候"，这说明，在美国社会，借款人一般都能如实填写被要求的信息，撒谎是偶然事件。而且，银行对撒谎者的威慑包括：要填写人"发誓"——这说明美国人诚信背后的支撑是宗教信仰；提醒借款人，"虚假报告骗贷是犯罪行为"，这说明法律对此种行为的法律援助是信实可靠

---

① 〔美〕霍斯华茨：《货币银行学》，张伯簏译，世界书局，1934，第375～376页。

的；再有，就是诉诸第三方审计。凡此种种，同时代的中国是没有的。①

当然，除了借款申请人主动报告的信息以外，银行还有其他的信息来源，当时主要是两家全国性的商业信用代办所，他们负责收集全国各地企业的信用消息。具体怎样收集的，材料中交代得不甚了了，但几乎可以肯定，这些商业信用代办机构不可能是派人去实地调查核实，因为那样的成本显然太高了。②

第二，信息的完备性和规范化。

这种报告表要求申请人填写的，主要是资产与负债情况。其内容包括以下各项：

> 资产：现款、商品（原材料和制成品）、应收票据、应收账款、应收承受票、房屋、机器设备、特权、国债。
> 负债：应付票据、应付账款、应付承兑票、股本、债券、抵押、贬损、纯值、纯利。

对于上述资产负债表，银行最看重的是这样一个比例关系：容易变现的资产/两种主要的负债——应付票据和往来存款，其比例大小决定着借款人的信用等级。银行认为，一块钱的负债，

---

① 〔美〕霍斯华茨：《货币银行学》，张伯箴译，世界书局，1934，第 413～414 页。
② 从邓氏征信公司的实地调查工作来看，仍然是以与调查对象的直接访谈为主。参见本书第九章第一节相关内容。

对应一块五或者两块钱的流动资产，是安全的比例。①

　　以上内容，当然都是涉及借款人履约的客观能力问题。说老实话，如果不是由客户主动配合并如实填写的话，银行去查证核实，还真是很困难，调查成本会很高。

　　资产负债以外的其他信息：除了资产负债信息以外，银行信贷调查员还要完备地采集以下信息：借款人的抵押、评估、转让、破产请求，以及与借款人有关的其他事件。另外，信贷员对于每个借款人的习惯、地位、过去与现在的金融状况，都应该熟悉。同时，对于商业的一般状况，也应该知道。

　　还有，企业的性质、组织形式、经营方法、竞争范围、票据兑付的速度、该企业的金融价值、向其他银行借款的数目、在一般人中的信用等方面的材料。

　　对于以上信息，信贷调查员都要尽可能提出实证材料，以备信贷审核人员进行决策参考。

　　第三，书面化的信息积累和汇集。

　　霍斯华茨讲述，当申请人申请新的贷款，或者以票据请求贴现时，必须提出新的报告。如果是常规借款人，则银行只需要他定期出具报告，每年一次、两次，或者四次。这样，银行在积累相当一段时期以后，就可以有系列报告，来追踪借款人事业的变动情况了。这是信息的积累。

----

① 〔美〕霍斯华茨：《货币银行学》，张伯篯译，世界书局，1934，第413～414页。

霍斯华茨的书中透露，在美国，早期的银行都是由收支部主任通过与客户的直接接触，就获取了客户的经营和财产信息。但是，最近（指二十世纪 30 年代），各家大银行都普遍建立了信用调查部，一切的正式报告、代办所报告、信件、备忘录，以及其他来源的消息，都会被信用调查部加以整理、分析，用容易参阅的方式，存入信用调查部。这是信息的汇集。①

由此我们可以知道，美国银行的数据积累和汇集，早在一百年前就开始了。

后面两点给人的印象是：美国信贷调查的内容，与中国钱庄大同小异，但是主要的差别在于：美国银行调查的重点，是偏向借款人的还款能力，并且强调用客观数据来实证。

由此又启发笔者一个新的认识：美国银行的"信用"（Credit）这个概念，其实更多涉及的是借款人的还款能力这个客观事实，②而不像中国人观念中，"信用"指向一种主观的道德操守问题。

2. 抵押担保贷款——作为信用贷款的替代物，抵押担保物本身就是风控手段

再来看看美国的抵押担保贷款。在当时，美国银行业的惯例

---

① 〔美〕霍斯华茨：《货币银行学》，张伯箴译，世界书局，1934，第 412～413 页。
② 霍斯华茨对"Credit"（信用）一词之界定是，"籍允于将来某时期交付同样价值之一种允诺或契约，而取得货物的权利。简言之，信用是一种支付款项的权利"。因此，在西方银行，信用在很大程度上指的是一种契约信用。也就是说，我信任你有意愿和能力执行此契约责任。参见〔美〕霍斯华茨《货币银行学》，张伯箴译，世界书局，1934，第 215 页。

是：把抵押担保当成信用风控的替代物，如果借款企业有信实可靠的抵押担保品，则信用调查就不重要了。

查抵押和担保的法律界定，答案是这样的：担保是总的概念，包括实物担保和第三方担保——也就是物的担保和人的担保，其中物的担保，就是抵押；但美国似乎少有人的担保，而主要是物的担保，而中国则主要涉及人的担保。

下面继续看看美国银行要求的抵押担保物都有哪些，抵押担保行为有什么特点。

当时美国银行的抵押担保物包括：股票、债券、应收账款、货物、不动产等。

（1）以股票债券为担保品的通知放款。对于证券市场经纪人，最常采用的是以股票债券为附加担保物的通知放款，所谓通知放款，就是随时可以收回的放款。一旦银行对经纪人的信用保持疑虑，就可能随时收回贷款。但经纪人对此并不在乎，因为其所持有的股票债券一般都在证券市场上具有高度的流动性，也正因此，银行很喜欢此类贷款。

（2）以企业债权为抵押物的贷款——以商业信用公司为中介。当然，银行对一般工商企业，也会有这种以企业债券和其他财产契据为抵押物的抵押贷款，但是不同企业债券的流动性各不相同。流动性越高，可变现性越强，银行越喜欢。

比如，一些商业公司会用自己开出的期票要求银行贴现贷款，而以自己所持有的某家大公司给它开出的期票做抵押物。因为后者的信用更好，流动性更强。

值得注意的是，一些公司出售货物，却没有得到对方的期票，于是就拿着自己的应收账款做抵押物，银行也给贷款。当然，这些应收账款，都是些大宗优良的应收账款。[①]

但是银行一般不愿意对小企业进行以此种应收账款为抵押物的放贷，主要是嫌麻烦。于是就催生出一些商业信用公司，这类公司专门收购这些小企业的应收账款，或者购买那些以分期付款方式出售汽车、留声机、收音机的公司之应收账款。

商业信用公司如何敢于收购小企业的应收账款呢？因为它们有细致的信用调查部，来考察每家小企业的地位，包括对它们的财务报告进行分析，考察其偿债能力。所以他们愿意承担这种风险，当然，回报就是"中介"收入。也就是说，他们主要是靠自己对小企业的信用调查能力来获得"中介"收入的。[②]

（3）汽车金融贷款。在霍斯华茨报告的当时（20世纪30年代），65%的小汽车和90%的货车，都是以分期付款的方式出售的。但是，当时处在萧条期，汽车价格下降太多，银行不愿意放款。于是就有了汽车金融公司，对汽车制造商进行放款，并以期票和汽车为抵押物。汽车已经（以分期付款的方式）出售给消费者了，汽车金融公司仍然对此汽车享有权利，但只能向汽车制造商而非消费者追讨。另，作为抵押物的汽车必须上保险，这样，

① 〔美〕霍斯华茨：《货币银行学》，张伯箴译，世界书局，1934，第377~378页。
② 〔美〕霍斯华茨：《货币银行学》，张伯箴译，世界书局，1934，第379~381页。

对于汽车使用过程中可能的损害从而给汽车金融公司带来的风险损失，就通过上保险给覆盖了。[①]

（4）不动产抵押贷款。美国银行界对房地产、土地的抵押贷款，好恶态度是摇摆的。在 1863 年以前，银行在房地产抵押贷款方面有惨痛的经历，当时不动产价值动荡不定，导致银行大受其害。当房地产价格下降的时候，不易变现，导致银行的流动性不足。不过，近年来西南部的银行又认为农用土地抵押贷款是个好资产。[②]

（5）农产品抵押贷款。在出售农产品（谷物、棉花、烟草等）的过程中，有许多中间步骤，每一步都要向银行贷款，因此产生了农产品抵押贷款。与近代中国钱庄相比，这一点特别值得注意。

在当时的美国，棉花、谷物临时存入栈堆，或正在转运火车轮船前往销售市场，则只要有适当的保证，放款便有了安全的基础。这些保证即寄存证、提货单。

寄存证是一种收据，代表商品存入商品交易所，或者政府管理的栈堆，它保证商品会以一定的数量和质量，将交给此寄存证的持有人（只要有一定的背书）。此种寄存证是可转让的，如拿到银行做抵押贷款，则要背书。

如此借款到期，而借款人不能还款，则银行可将抵押的寄存证领取货物变卖，以抵偿欠款。如在借款到期前，借款人已经将

---

① 〔美〕霍斯华茨：《货币银行学》，张伯箴译，世界书局，1934，第 381 ~ 382 页。
② 〔美〕霍斯华茨：《货币银行学》，张伯箴译，世界书局，1934，第 386 ~ 388 页。

部分货物变卖，则需要补充抵押物，或者偿还部分款项。

1916年，美国国会通过了《联邦栈堆条例》，此条例之目的在于，对棉花、谷物、羊毛烟草，等等，建立标准化的寄存证票，使之便于转让，作为授受的票据与向银行借款的附加担保品。

为达到此目的，一切栈堆必须请领执照，且必须服从一定的规程，以保证其寄存证票的统一，使得此收据可以成为寄存货物之质、量、所有权等的证据。此条例规定农业部长可以检查这些货物堆存与分类的情况，每年发放成立堆栈的营业执照。非经营堆栈的人，也可以领取执照，租赁由州政府所有的堆栈，以从事寄存农产品业务。

提货单是正处于火车、轮船转运过程中的货物提货单，有可转让和不可转让两种，后者可作为有效的银行贷款抵押物。

提货单与汇票常常在一起使用，用于向银行抵押贷款，一般来说，此种抵押贷款是很保值的。如，纽约的某甲向芝加哥的某乙发货，然后甲开出汇票和提货单，并将二单向纽约A银行抵押贷款。A银行将二单交给芝加哥的B银行，B银行通知乙，乙开出承受票，方可取得提货单。乙开出承受票以后，B银行通知A银行，A银行再贴现给甲。假如乙到期不兑现承受票，A银行还可以向甲索赔。[1]

对于美国银行的抵押担保贷款的几点解读如下。

（1）美国商人对银行贷款之抵押要求，态度非常理性，并没

---

[1] 〔美〕霍斯华茨：《货币银行学》，张伯箴译，世界书局，1934，第383~386页。

有中国人心中的那种耻辱感。

（2）抵押担保的信实可靠，不仅在于抵押物，而且在于附加于其上的一系列契约、手续的规范完备，归根结底，是当事双方对契约的尊重，或者认为值得尊重，否则的话，抵押物，比如处在储运销售过程中的农产品，甚至处于消费磨损过程中的汽车、收音机，是很难有什么"可靠"可言的。

相比之下，中国的钱庄认为，对商贸企业进行抵押贷款不可能，因为商贸企业的货物都处于储运销售中。但在美国，同样的情况则可以处理，其中的差异，就在于这套完备的手续、契约和对契约的尊重。

（3）将美国银行业对信用贷款的调查重点——资产负债比，和抵押贷款合起来看，尤其容易得出这样一种印象：所谓的借款人的"信用"，指的主要是客观的还款能力，而不是还款意愿。还款意愿实际上被隐藏在对契约的尊重上了。也就是说，在一个普遍尊重契约、手续，一切都靠契约来说话的社会里，还款意愿不是问题，我怀疑你的，只是怀疑你有没有能力，有多大能力兑现这个契约?! 而不是怀疑你愿意不愿意兑现契约。

二 20世纪70年代以前的银行风控[①]

1. 工业社会的长期贷款的风控：现金流管理

在这一时期，美国银行风控的看点是，美国工业革命（美国

---

① 本部分主要来自〔美〕迈耶的《银行家》（1976年原版；中译本，商务印书馆，1982，杨敬年译）一书的解读。

于 20 世纪 20 年代完成了第二次工业革命）以后，已经主要是一个工业化社会了，银行贷款的重点环节，不再是仅仅满足企业的短期流动资金需求，而是长期性的固定资产投资资金需求，借贷需求长期化了。

此前，银行也会偶尔发放长期贷款，方式主要是以"短借长贷"和抵押贷款的方式为企业提供长期融资。尽管法律禁止这种做法，但一般的银行仍然在用活期存款从事长期抵押贷款。但是抵押物的安全性和流动性比较差，结果，在 20 世纪 30 年代初，大量银行因对土地价格高估而倒闭。

1934 年，由塞米连科发放了第一笔真正不必"挂羊头卖狗肉"的长期贷款。塞米连科发明开创长期贷款以后，银行业纷纷效仿，后来的长期贷款可以长达 10～15 年，绝大多数都没有担保品而是靠公司的信用。

那么，对于长期贷款，塞米连科又是怎样应对其中的风险呢？

一个最重要的创新就是现金流管理。其还款来源不是来自特定的交易收入，也不是来自利润，而是企业的现金流——企业超过实际流动生产成本（材料、劳动工资、销售折扣等），在扣除折旧以前的收入。

在这里，关键是折旧，折旧代表着企业固定资产的磨损，是对磨损价值的计提，如果企业固定资产是靠银行贷款而来的，其还款的资金来源，当然就落在这个折旧上面。

问题的难点是，在年复一年的磨损使用过程中，怎么保证企业的折旧都能够顺利地被"计提"呢？这就使得银行的风控，延伸到了企业的日常经营管理中了。①

2. 现金流管理在风控上的特点

相比于原来的信用贷款风控，现金流管理的特点在于，它不看企业的销售结果，而是看企业的生产经营过程。但实际上，并不只是"看"（监督），而是要上手"干预"企业的生产经营过程（控制）。具体做法如下。

（1）工业企业

在长期贷款中，银行给予或者拒绝放款的理由，变得越来越主观了，因为评估企业的现金流，比评估担保品更难。

由于大多数商业信贷是重复进行的，所以银行档案中藏有借款人和其企业的历史，贷款人员编制了"扩大的资产负债表"，包括5～10年的特大表格，来证明每一笔放贷请求的可靠性。银行放贷员还可以从参考书中找来数据支持他的判断，还可以从信用机构获取信息，了解这家企业最近到底发生了什么不寻常的事情，从而可以知道这是无限重复博弈中的一次，还是有限重复博弈的末尾。

但塞米连科现金流管理的重点，不仅仅是评估，而是对企业的全面监督，甚至干预，甚至操控。

他要求企业对长期贷款必须有一个还款计划，他还参与企业的改组督导，使得濒临破产的公司变成可放贷的公司。塞米连科

---

① 按：这里的所谓现金流，也就是当代财务理论所说的"经营性现金流"，涉及企业的经营管理状况。

对企业的控制，甚至达到干预企业人事权的程度，他坚持银行对贷款企业的经理部门的任何变动均拥有否决权。

贷款人员的干预之手，不仅涉及借款人的企业，而且要了解其个人生活，借款人的妻子也要在合同上签字，有时候还要有一个共同负责人。①

（2）对小企业和自由职业者定期贷款的全面监控，就更加典型

长期贷款的闸门被打开以后，并不限于对大型工业企业的长期贷款，而是扩展到小企业甚至自由职业者（相当于中国的"个体户"），而现金流管理的风控思路，在这些授信对象身上表现得变本加厉。

过去，银行不向小企业和自由职业者贷款。现在，定期贷款已经成了小企业和自由职业者的生活必需品了。但是这类借款人，要忍受银行种种严格的限制条件。典型的包括：

第一，借款人必须向银行定期报告营业情况。

第二，借款人必须同意，不经银行许可，不得向其他任何人借款。

第三，万一借款人的资产不够还款，而又有其他债权人，则银行必须是最优先的还款人。

第四，不经银行允许，借款人不得增大自己的报酬和开支，

---

① 〔美〕迈耶：《银行家》，杨敬年译，商务印书馆，1982，第51~52页。【按：因为企业的利润也是偿还固定投资贷款的一部分，而利润是企业主可以自由支配的，和私人生活联系在一起的，所以才需要了解他的家庭生活情况，甚至要他的妻子签字。这是一种更加扩展的介入。】

不得对自己的股票支付利息。

第五，对于任何重要的雇佣和辞退决定，银行有否决权。

第六，必须在企业中维持一定水平的流动资产，并迅速支付借款人的各种账单。

第七，必须提供借款人本人或企业的保险凭证，其数额在遇到企业或借款人本人发生意外的时候，足以偿还银行债务。[①]

（3）农业贷款也呈现出银行监控加强的趋势

20 世纪 70 年代，美国农场主贷款需求的 4/5，仍然由地方小银行来满足。农业放贷，3/4 都有抵押品，大多数抵押品，都是农产品——谷物或者牲畜，只有很少的情况是土地。但是，这并不意味着银行对农户抵押贷款的监控可以松懈了，而是加强了。

（a）强迫贷款农户编制生产和生活预算，并定期评估和检查。放款以后，银行会给农民开一个往来账户，农民用钱就去取，用多少，还多少。然后由放贷人员以及另外的估价人，检查借贷农民的预算，看他是否按照计划执行。向银行借过两次钱以后，农民就有了大致的预算，有时候是由银行人员帮助他们编制一个完全的预算，其中包括他们的生活费。

（b）将农民的生产经营活动数据化，并分析这些数据，以便把握农民的信用情况。在有些州的银行，坚持要求农户借钱必须向银行呈交完整的记录。老农户不愿意配合，但是年轻开放的新农户愿意这么做。

---

① 〔美〕迈耶：《银行家》，杨敬年译，商务印书馆，1982，第 174 页。

有些更先进的银行，配置了计算机，实行集中管理，农户把自己开的每一张支票，都要按照用途编列号码，使这个计划易于推行。银行要求农户编制现金流动计划。银行对农户的放贷是对个人放贷，对每一个顾客都编制一个信用档案，记录其与银行的全部往来历史，这样银行就会对小镇子里的每一个人都很熟悉。[①]

（c）通过数据积累和分析，把握农业生产经营风险。给农民放贷的利率，每一笔都不一样，这是根据每笔放贷的风险而区别的。风险的来源，一个是借款人的因素；另一个是农作物的因素。另外，还有市场风险，给农业放贷的利率波动小，而商业放贷的利率波动大。

农业生产不确定，无法预测收成，无法预测病虫害。但是经过几年以后，坚持这样做，就可以得到一个平均数，然后估计其经营利润的大小，抓住这一点，就差不多了。

随着农业技术的进步，一方面大大增加了农户的信贷需求；但另一方面也大大减少了农业贷款的风险，化肥、良种以及其他的因素，使得农业生产的产量更加可控了。

银行发放农业贷款的放款员，本来只是精通放款的专家，却不是农业专家，但经历一段时间以后，他们会变成精通农业的专家。这些人，或者来自农村，可能是自学成才的农民，或者是附近农业大学的学生。[②]

---

① 【注意：也就是说，区域银行对区域农户的熟悉，是靠数字化的档案来进行，而不是靠直接接触。所谓的信用档案，就是一堆数字。】
② 〔美〕迈耶：《银行家》，杨敬年译，商务印书馆，1982，第164~169页。

3. 银行风控部门对企业所在行业的了解和监控

除了对借款客户本身的严密监控以外，银行风控部门，对企业所在的行业经营环境和变动趋势，也强化了解，放贷员甚至成为行业专家。这是本期风控的另一大特色。

放贷员必须了解放贷项目和项目所在行业的运行规律。不仅如此，放贷员还往往给借贷企业提出建议，并且以专家的角度监督管控企业。

举例一：大多数银行都强调他们的贷款员能提供经理顾问服务，为放贷企业提供一些有益的运营建议。比如一个放贷员如果看到其所投放贷款的企业产品有可能会有国际市场，他就会鼓励这家企业将其产品出口。

举例二：当你了解并精通自己客户的业务时，你就敢于在别人不敢贷款的领域放贷。比如对电影业的公司放贷，20 世纪 60 年代，20 世纪福克斯电影公司遭遇了困难，与它往来的银行都要审核它的剧本。而有的公司就不用审核，他们明白，如果制片商的领导都不知道剧本的好坏，就不应该给其贷款。

举例三：第一花旗银行有五百名信贷员，它的总经理说，我们有采矿工程师、化学工程师、石油工程师，都是全职的，他们是一个地区银行家的参谋人员。顾客公司职员转到银行工作的比较少见，但是银行专员转到顾客公司工作的则比较多。

举例四：要缩小银行与潜在的借贷客户的距离，可以雇用不同类型的信贷员，至少要让他们从事专业工作，以获得对整个行业的了解把握。波士顿银行向电影业发放了很多贷款，因为他们的经理知道观众都喜欢什么电影；波士顿银行后来又给早期电子行业发放了很多贷款，因为当时的麻省理工学院和哈佛大学是这个行业的先驱和保护神。①

举例五：信贷员已经变成管理咨询专家，他们能够帮助确保会计报表符合要求，并向所有借款人传授最佳管理经验。在20世纪70年代，花旗银行还收购了一家管理咨询公司。

一家杂志在赞扬小城镇里的银行家帮助发展小型企业的时候，非常强调银行对借款人的管理咨询作用。她说：一个小区业主需要的不仅是一笔贷款，而且需要银行家有极高的工作效率，有丰富的知识，态度慷慨耐心，愿意提供支持、保护和建设性意见，容易接近，让人感激，服务价格合理。②

对第二阶段美国银行风控的感触和评论。

本阶段的时间，主要在20世纪上半叶，这是美国机器大工业时代，美国也因此成为世界工厂。在此背景下，固定设备投资的长期资金需求，以及相应的贷款风控，成为银行需要面对的突出问题。

从比较的角度来看，本期发明的现金流管理的风控特色有一点值得注意，就是银行对企业的监管。

美国的银行声称，给企业借长期贷款不要抵押担保，而是靠信誉。但是，塞米连科的做法，实际上是对企业的强监控，而不是什么信誉。由此可见，所谓的长期信用贷款风控，着力点还是

---

① 〔美〕迈耶：《银行家》，杨敬年译，商务印书馆，1982，第170~172页。
② 〔美〕迈耶：《银行家》，杨敬年译，商务印书馆，1982，第179~180页。

企业的偿还能力，企业的信誉就是还款能力。

相比之下，中国的钱庄一般是不去干预放贷对象的，即使是后来的中国银行，也有因近代化工业放贷而对企业进行监管的情况，但是被监管企业的态度与美国迥异。当时的大企业家荣德生、刘鸿生等人，就对银行的监控抱怨不已。[①]

三 20 世纪 80 年代以后的新变化

1. 银行分配资金的垄断地位被打破

银行之所以能够给企业发放贷款，关键在于它掌握借款人信息。当借款人在银行开设账户的时候，就意味着他不能隐瞒关于如何使用这笔钱的全部隐私，因为银行发放这笔贷款的时候需要这些信息。银行与企业之间保持着紧密的关系，紧密地监控着企业。一位出色的信贷员，每月都要花点时间来浏览借款人的账簿。

正是区域性的或者专业性的信贷员掌握着企业的详细信息，从而敢于给企业贷款，而投资机构也才可能跟在银行后面做分散投资。

但是，在 20 世纪下半期，银行的这些优势加速消失：只要付出极小的费用，任何人——大银行家、小银行家、非银行家——都可以坐在办公桌前，就可以得到当日的市场信息、判断一家公司（极小的公司除外）信用所需的统计信息。

于是，其他金融机构——保险公司、投资公司、共同基金、

---

① 参见上海社科院经济研究所《荣家企业史料》，上海人民出版社，1962；《刘鸿生企业史料》，上海人民出版社，1981。

抵押贷款人、电子支付服务商——都参加进来，与银行进行直接的竞争。

（1）首先被排挤出去的是汽车金融行业。汽车制造商发现，他们不再需要从银行获得贷款，而可以通过直接销售商业票据给有闲散资金的居民和企业。

（2）传统的短期贷款——商业票据贴现。随着信息条件的改善和商业票据经纪人的增加，比规模制造商小一些的公司，发现他们也可以像汽车制造商一样通过销售商业票据来获得资金来源。

到了 20 世纪 90 年代中期，商业票据融资余额达到 5500 亿～6000 亿元，与银行贷款余额已经相差无几了。由于商业票据融资代替了银行对企业的短期贷款（这本来是银行的最优资产），因此银行不得不增加长期贷款的比例。

（3）住宅抵押贷款变得越来越重要。但是，随着政府担保的抵押贷款公司的发展，银行在住宅抵押贷款方面又不得不大大收缩战线。

（4）中型企业贷款。对于那些本来需要从银行贷款的中型企业，米尔肯也帮助他们找到了从金融市场上筹集资金的方法，就是发行"垃圾债券"。[1]

---

[1] 迈克·米尔肯，美国 20 世纪 80 年代垃圾债券大王。父亲是会计师，他给父亲打工的时候，父亲教育他，企业的贷款依靠信誉，而信誉来自良好的会计报表。但是，米尔肯却盯上了那些在市场上低等级甚至无等级的小企业销售垃圾债券，这些企业要么是新兴公司，要么是从事高风险的生产研发项目，所以，米尔肯总是能够获得高收益。米尔肯因此获得了"小公司天使"的美誉。事实上，米尔肯为美国光纤维产业和移动通信产业的发展做出了贡献。［按：米尔肯的垃圾债券成功似乎说明：在高利息回报的诱惑下，居民户更愿意用钱直接购买企业债券，用高收益匹配高风险。结果，银行过去通过承受风险来获取利差的中介职能就被替代了。］

很快，大银行就发现他们已经被挤到"高风险融资"的角落里去了，在这些垃圾债券被销售给最终居民和企业之前，大银行先行承购米尔肯式的垃圾债券。结果，在 1990~1992 年，从事"高风险融资"的银行体系出现了危机。

（5）大型项目贷款——辛迪加贷款和高杠杆交易贷款。在 20世纪 90 年代中期，银行再次进入"高风险融资"高潮。这次，大银行与投资银行展开竞争，竞争工具主要是巨额辛迪加贷款——银行组团贷款给某一个大型企业的巨型信贷需求项目，也就是所谓的没有任何流动性的垃圾债券。但是，从另一个角度来看，高杠杆交易贷款比证券的流动性更高。[①]

（6）小企业贷款。投资机构的竞争，导致银行的传统放贷领域大大收缩，导致银行不得不把业务重点放到了消费信贷和小企业贷款上。到了 1995 年，在美国企业借款整体中，只有 1/5 来自银行贷款；但小企业的贷款中，有一半是银行贷款。也就是说，银行贷款不仅大大下降，而且被压缩到小企业贷款方面了。小企业之所以更加依赖银行，是因为他们对外界的信息沟通存在障碍，所以无法从其他渠道融资。

微小企业贷款，曾经一直是银行业务的核心。但是，随着银行的合并，微小企业得到小额贷款的可能性越来越小。

于是，美国货币监理署决定把资金引向小企业，将小企业贷款组合成证券，以证券来应对这些贷款的未来本金和利息的分期

---

① 杠杆贷款是指企业先给银行存一笔定期存款，相当于保证金，然后银行允许企业使用相当于保证金的 5~10 倍的贷款额度。

偿付。由于小企业贷款被组合，单笔贷款的风险被分散了。其中，政府并不承担贷款担保人的作用，而是通过检察官签发一份报告，保证每家参与的银行自己对它所发放的贷款风险度的测量得到了准确的披露。小企业贷款各种组合的证券化，在1981年开始正式运行。每一笔贷款都有一个信贷员负责，这笔贷款就由这个信贷员代表，参加到整个贷款组合中。

美国货币监理署之所以提出这样的小企业贷款组合方案，是因为，银行不愿意用从市场上得来的高成本融资发放工商业贷款，因为发放工商业贷款需要大量的事前调查、贷中监测、贷后重新谈判签约等，交易成本很高。银行只愿意用廉价的资金来源——交易账户余额（客户为了满足日常开支需要而不得不留在账户里的活期存款）和政府担保的储蓄存款——从事工商贷款。但是，这种廉价资金的来源日益减少了。

廉价的存款资金都去了哪里呢？答案是，存款像发疯一样地奔向了共同基金。①

随着银行分支机构的日益减少和贷款职能的日益集中，小企业从银行贷款变得更加不方便，不得不寻求其他贷款来源。其中比较重要的是代理融通商。

代理融通商不是企业的贷款人，而是企业应收账款的购买人，实际上等于是向企业商品的买家发放了（消费）信贷。在美

---

① 共同基金，又称信托基金、投资公司或者投资基金，由基金经理管理，向社会募集资金，再投资于证券市场，购买股票、债券、商业票据、商品或衍生性商品。

国，20 世纪 40 年代理融通商业务合法化，20 世纪 60 年代颁布法令准许银行收购代理融通商，20 世纪 70 年法令允许代理融通商成为银行持股公司的子公司。

到 1992 年，美国 94% 的代理融通业务，都是由银行持股公司下属的代理融通商做的。

有了代理融通商，处于成长阶段的企业就不必再从银行借款了，相应地，评估客户信用和收取应收账款的任务都由代理融通商来做，这对银行造成沉重打击，银行的大量分支机构被撤并，或者分支机构的贷款权限被上收。[①]

2. 银行的合并所引起的银行体制变革和风控技术的变化

上述融资机构的竞争，导致银行的业务大大萎缩。银行的应对策略包括：

第一，裁员和银行合并。

第二，将小企业和消费贷款作为放贷的核心。

第三，将资本市场中介和手续费业务当成主要收入来源。在 300 家最大的银行中，成功的盈利结构是：40% 的利润来自银行业务；20% 来自资本市场（证券化、证券交易、金融工程）；40% 来自手续费业务（消费者融资、投资管理、抵押贷款、信用卡业务）。[②]

而这些趋势变动，又引起了银行风控技术的一些新的变化。

---

① 本小节对美国银行信贷业务受到竞争、挤压的介绍，来自对马丁·迈耶《大银行家》，何自云译，海南出版社，2000，相关内容的编辑整理。

② 〔美〕马丁·迈耶：《大银行家》，何自云译，海南出版社，2000，第 243 页。

（1）银行合并引起的总分行制改革

在美国历史上，政府为了反垄断和避免资金外流，比较反对银行设立分支机构跨区域的银行，所以，单一性区域银行遍地，曾经是美国银行业的特色。但是，20世纪80年代的竞争引起的银行并购，使得总分行制流行起来。这一趋势又对银行的风控产生重大影响。

以巴特莱银行持股公司为例。它一口气收购了60家单一银行。一开始，在这种持股银行公司的框架内，每一家原单一银行，都有自己的董事会和总经理，各自为政，经理人也很难更换。而且直到1971年，没有一家银行做年度预算计划，没有一个统一的系统来处理这些问题。

1976年，巴特莱银行持股公司对这60家银行进行了重组。重组的基本变化，就是把持股银行各自独立的董事会和总经理制度，改为总分行制度。

（a）设立奖金和业绩奖惩制度。总部让各家银行制定年度计划，并设立奖金制度进行奖惩。

（b）各家分支机构既有限定额度的独立审批权，中央总部又对其保持严密的监控。目标确定以后，各家分行就得到足够的自主权，总经理可以自主选聘分行经理，分行可以在事先商定的额度以下贷款，不用向总部征询意见，但各分行必须每月向总部提交业绩报告，倒数的几名要遭受审查。

巴特莱有着非常严格的中央系统，所有信息都由机器输出，每个分支行上个星期放出了多少笔消费贷款，总部都能立即知道。①

总分行制下的巴特莱银行，一开始仍然保持了原来单一银行与当地社区客户关系密切的传统。巴特莱银行的业务重点是消费贷款，达到总贷款的63％。由于与客户的关系密切，总经理工作生活都在社区里面，对社区的宗教信仰、所属社会团体都非常了解，这可以大大保证其风控质量。

（c）但是，后来，连分支行的部分贷款审批权也被上收了。巴特莱业绩扩张的一个难点在于成本，如果能够把各单一银行所拥有的贷款审批权收回，则能够在短期内大幅度降低成本。于是巴特莱在ATM上进行了巨额投资，20世纪90年代，巴特莱银行又对其信息系统进行了全面改进，结果是：原来下放给分支行的部分定价权和贷款权限被上收了，小企业贷款申请将由机器打分，与客户的经常性联系将主要通过电话进行，而不是在分行面对面交谈。②

在巴特莱银行实行总分行制度以后不久，美国的银行持股公司也开始纷纷放弃原有的制度，改行总分行制度。而随着银行集中化的发展，也开始启用贷款打分制度程序。

西雅图第一银行还设计了信贷工厂制度，他们做家庭抵押贷款、消费信贷、汽车贷款，在美洲银行所属的80个分支行里，每个人都销售同样的产品，提供同样的信息。信贷部门全都是在线

① 〔美〕马丁·迈耶：《大银行家》，何自云译，海南出版社，2000，第219～221页。
② 〔美〕马丁·迈耶：《大银行家》，何自云译，海南出版社，2000，第222～226页。

服务的，有一个抵押品评估中心，对家庭抵押品进行独立的审查，汽车贷款能够在一两个小时以内获得审批，家庭贷款的周期则要两到三个周期，这是因为美洲银行自己只做少量的调查和评估工作。1994 年，所有这些工作都是通过打印机打出来的文件来进行操作的。但是银行高层已经在考虑设计一个自动化的处理程序了。[①]

按：银行并购引起的总分行制，核心是促进效率，节约成本。巴特莱银行的案例表明，正是在这样的指导思想下，促进了打分制的风控模式的引入。这实际上是在用机械化和信息技术来节省人工，以达到降低成本的目的。在这一指导思想下，原来社区小银行的关系贷款中隐含的人工风控模式逐渐被消解了。

（2）对小企业贷款的风控技术变化：打分制

在 20 世纪 90 年代中期，小企业贷款朝着证券化方向发展的努力，使得银行对小企业贷款的风控技术也发生了根本的变化。

银行改变了过去花大量时间精力去了解小企业主和企业的运作的做法，转而开始采用过去为汽车贷款和抵押贷款"打分"的办法，设计出用铅笔画勾、能够用机器阅读的标准表格，来为小企业贷款打分。如果一笔贷款能够达到一定的质量标准，银行就发放，反之则不发放。一些银行还把小企业贷款和个人信用贷款合并在一起，也用上述方法审理。

在打分制下，银行的工作方法是，通过给客户打电话了解相

---

① 〔美〕马丁·迈耶：《大银行家》，何自云译，海南出版社，2000，第 229~231 页。

关信息，然后在办公室里填写表格打分。客户可以直接给银行打
电话申请贷款，德州商业银行在一个月里，被打进 23 万个电话，
收获了 2300 个贷款申请，最后审批通过了 650 笔贷款。

当然，这种方法的前提是："诚实是信用的基础"!

在实行打分制的同时，银行也不排除实地勘察。但总的来
说，打分制降低了企业的风控成本，使得给小企业贷款变得有利
可图。[①]

打分制旨在降低银行的人工成本，但是，它显然存在两个
缺陷：

第一，风控质量的下降。老的银行家非常憎恶贷款证券化和
这种打分制——"规范化贷款"。他们认为，一笔贷款发放出去，
然后作为一个贷款组合被销售出去以后，就不会有人去监督企业
的经营，也没人愿意改变这笔贷款的条件，也没人来解决企业在
贷款使用中可能出现的问题。但不幸的是，这种趋势，随着银行
的重组而被进一步加强。[②]

按：老银行家的憎恶意味着，打分制虽然降低了银行放贷业
务的成本，但是风控质量也可能大大下降了。

其实，这种"规范化贷款"引起的风控质量下降问题，就在
美洲银行身上有过预演。这家银行是由一系列社区银行合并而成

[①] 〔美〕马丁·迈耶：《大银行家》，何自云译，海南出版社，2000，第 201 ~ 202 页。
[②] 〔美〕马丁·迈耶：《大银行家》，何自云译，海南出版社，2000，第 202 ~ 203 页。

的，分行的经理们（也就是这些社区银行家们）对本地企业的信用能够做出准确的判断，并且可以自己独断地做出贷款决策。但是，后来总部设计了一种僵化的报告格式，以便掌握下级支行都在干什么。这种范式还受到了美联储的高度推崇，将这种《标准业务程序手册》看成美国银行业学习的范本。

一开始，这种改革还没有什么问题，但是后来，一些没有受过专门培训和教育的人，被提升到总览银行决策大权的地位，他们没有多少经济学知识，都是从信用分析学校出来的，只知道一些数据——昨天的数据。结果，美洲银行在 20 世纪 80 年代衰落了。[①]

第二，打分制的另一个缺陷是，它使得高风险的创新型小企业将得不到贷款，或者只能得到高利息贷款。银行原有的信息密集型贷款不存在了，因为技术永远地改变了信息与风险之间的关系。贷款将以机械的方式打分，结果，打分低的企业贷款项目将不得不支付过高的利息，于是，有更多的企业贷款将得不到满足。而实际上，这些企业未必是风险过高，而只是其项目信息不能方便地被机械式打分进行有效识别，而在专家主观判断的情况下则能够被识别。[②]

硅谷的发展经验表明，小企业的信贷需求中，很多属于高科技创新企业，他们往往因为没法符合标准化的打分要求而被拒之

---

① 〔美〕马丁·迈耶：《大银行家》，何自云译，海南出版社，2000，第 181 ~ 182 页。
② 〔美〕马丁·迈耶：《大银行家》，何自云译，海南出版社，2000，第 445 ~ 446 页。

门外了。[①]

（3）银行信贷资产的证券化、市场化与风控

贷款业务的风控思路转向：债权打包销售，把风险甩出去！

传统上，银行（或其他金融组织）对信用的评估操作，非常类似于裁缝对顾客量身定做服装的过程，他们要仔细度量顾客的需求和还款能力，以确保一笔贷款能够合理地按其能力满足其需求。

为此，银行特别喜欢和关系客户打交道，即所谓的关系借贷。

随着市场的发展，其他的资金供给者——债券融资、股权融资、商业票据等等——逐渐侵蚀了银行的业务，因为后者的融资成本只有银行的 1/4。[②]

到了 20 世纪 90 年代，由于监管者的压力、贷款的动态交易市场的出现，以及为了追求股东权益最大化的内部目标的驱动，贷款机构本身也出现了一些新的动机：他们不再想持有一笔贷款的头寸直至这笔贷款的生命期末。

结果，银行更愿意通过交易出售其信用风险。尽管可供银行出售其信用风险资产的市场还很小，但正在扩大中。结果，商业银行及其交易对象，都在不遗余力地搜寻可依据一定的合理标准

---

① 〔美〕马丁·迈耶：《大银行家》，何自云译，海南出版社，2000，第 194、第 447 页。

② 〔美〕约翰·B. 考埃特、〔美〕爱德华·I. 爱特曼、〔美〕保罗·纳拉亚南：《演进着的信用风险管理：金融领域面临的巨大挑战》，石晓军、张振霞译，机械工业出版社，2001，绪论，第 14 页。

对贷款进行评估和分析的方法。①

（4）适应银行信贷风控新思路的技术支撑

在 1989～1991 年，以及随后在欧洲、亚洲出现的房地产危机和金融危机中，银行日益认识到信用风险集中是一个需要处理的关键问题。

而当时的社会，已经发明出各种可用于信用风险管理的创新产品和结构。

比如，有担保的抵押贷款，有资产保证的证券。这些工具可以集聚资产，并将原始持有者的信用风险全部或者部分地转嫁出去。

比如，交易所和清算公司。它们给交易带来了方便。

比如，信用衍生工具。它可以层层剥离标的资产的信用风险，从而改变标的资产的整体信用风险特征。尽管金融衍生工具市场仍然很年轻，但以令人瞩目的速度在发展。

贷款者，如果不想继续承担一项资产的信用风险，不必彻底出售这项资产的一切权利。人们正在设计这样的金融工具，它能产生出某种保险机制，将违约风险转移出去。有了这样的工具，人们可以依据对风险大小、时期、信用风险事件的类型等的要求，对信用风险定制组装，然后进行买卖。信用衍生工具，将以

---

① 〔美〕约翰·B. 考埃特、〔美〕爱德华·I. 爱特曼、〔美〕保罗·纳拉亚南：《演进着的信用风险管理：金融领域面临的巨大挑战》，石晓军、张振霞译，机械工业出版社，2001，绪论，第 19～20 页。

一种几年前无法想象的方式,改造信贷行业。

随着金融创新的发展,信用风险在很多方面都发生了变化,以优先证券和次级证券为例,信用风险被分割开来,并重新分布。为了防止某个单独的分割小块中的业绩表现欠佳,而导致整个发行都得降级,这些结构被分解为单独的等级。就好像在奶品厂里,牛奶被分解为不同的组成部分,然后再依据顾客要求,重新配成不同等级的牛奶:低脂肪的、高脂肪的、低乳脂的等。与此相类似,金融创新过程就是将风险分解开来,再重新组装成适合不同类型投资者偏好的新产品。通过这种方法,一次发行就可以吸引到不同类型的投资者。[①]

3. 当前美国的两种银行风控模式

一种是仍然保留着的传统社区银行,这种银行虽然正在被不断淘汰,但留下来的数量仍然不少,比如创建者银行。这家银行只有一个营业点,规模不大,存款只有 8500 万美元,其核心理念是:我们只想为我们认识的人提供银行服务。客户在银行开户和贷款一样都要受到详细的信用审查。老板认为,一家银行应该是一群相互帮助的人组成的网络,银行会将自己的客户互相介绍,以便满足相互之间的各种需求。

该银行虽然也收取银行服务的手续费,但是其手续费收入占比远远低于银行业平均水平。该银行不愿意向客户随意收取服务

---

① 〔美〕约翰·B. 考埃特、〔美〕爱德华·I. 爱特曼、〔美〕保罗·纳拉亚南:《演进着的信用风险管理:金融领域面临的巨大挑战》,石晓军、张振霞译,机械工业出版社,2001,绪论,第 21~23 页。

费，人们会感觉到从这家银行获得的是个人服务，从而这家银行也能够通过发放贷款来维持生计。

该银行也引入了两个现代化合作伙伴，一个是帮助他们处理客户的数据，另一个是帮助银行为客户通过通信手段快捷地调取相关信息。

这种银行的资产中，贷款占60%，但是坏账率极低，几乎没有。当然，大多数借款人都是经过精心挑选的。①

另一种是银行合并以后形成的大型银行，比如，威尔士银行，它有400个分行，另有超过750家营业网点，都设在超市里。营业点一般只有1~2台ATM机，有两名销售银行产品的职员，其中有一些营业点的规模可能稍大一些，也不过6~7名职员，各地的职员可以互相调换，因为他们受到了帮助客户填写表格一类的标准化培训，提供的服务很简单，也不需要做什么决策性的工作。比如说帮助介绍一笔住房抵押贷款业务，收取手续费而已。

在申请贷款方面，营业网点以某种通信方式传送到中央计算机，计算机会在没人接触的情况下为这笔贷款打分，并做出贷与不贷的决策。而且，银行还开通了热线电话和网站，小企业能够在不会见任何银行职员的情况下就获得一笔贷款。

这种银行声称要以手续费业务为主要的盈利增长点，但实际上盈利水平的改善主要来源于在既定业务基础上的经营成本的下

① 〔美〕马丁·迈耶：《大银行家》，何自云译，海南出版社，2000，第420~423页。

降，人员减少了，运营更有效率了。

电子银行业务的主要作用在于精简人员，并且降低经营对人的依赖。银行合并以后，人员精简了 1 万人，而且女性职员占比在不断提高，与客户直接打交道的职员也都经过了麦当劳式的一周培训。[①]

四　总结：美国银行业百年信贷风控史中的变与不变

本章介绍的美国银行风控史大致分为三个阶段：1920 年以前的农商时代；1930～1970 年的机器大工业时代；20 世纪 80 年代以后的信息时代。

1. 美国银行风控技术和思路的"变"

（1）从农商时代到机器大工业时代的变化，包括两点：

第一，银行由仅经营短期流动性贷款，扩展为长期固定资产贷款。在此过渡中，银行对贷款企业的事中和事后监控强化了，不仅仅是监督，还有干预。

第二，银行的风控视野也随之扩展，信贷人员不仅要严密监控企业，而且需要了解行业市场与企业管理，成为行业经济学家和管理咨询专家。而这也是为长期贷款风控服务的。

（2）从第二阶段向第三阶段的变化：

如果说第一阶段到第二阶段的变化，主要是银行信贷业务的扩展和风控力度的强化的话，那么第二阶段到第三阶段的变化，就是颠覆性的。主要包括三个方面：

---

① 〔美〕马丁·迈耶：《大银行家》，何自云译，海南出版社，2000，第 423～427 页。

第一，传统放贷，还是一种"关系信贷"，需要信贷员与客户进行面对面的接触，并且更喜欢和熟客打交道，可以通过增进了解来打通银企关系中的信息不对称屏障。

而现代则采用了打分制和信贷工厂制度，这是一种旨在通过机械化手段替代人工，从而达到削减人员来降低风控成本的技术，但同时也降低了风控的质量。

第二，但是，这种风控成本与风控质量的置换，并没有让这样做的银行陷入一种两难处境，原因是银行的风控，在根本思路上，有了一个彻底的颠覆：即，传统银行实际上是信贷风险的承担者，而现代银行，则成了信贷风险的转嫁者。信贷债权被证券化，用金融衍生工具切割、重组，打包出售给投资人。或者银行直接就像其他金融机构一样，仅仅做一个承购再承销的中介人。就这点而言，银行变得更像券商，间接融资变得更像直接融资渠道了。

第三，正是由于上述风控思路的变化，机构投资人对信贷项目的信用评估，有了高度的量化评估需要，于是，各种量化风控技术被发明出来，这也就是所谓的"量化风控模式"。

2. 美国风控史中的"不变"

第一，通过增强市场流动性来转嫁风险的思路没变。早在农商时代，美国银行的抵押贷款，就十分注重抵押物的流动性，包括抵押物的标准化、价值评估、物权手续的规范完备，等等。从这个意义上来讲，现代银行利用金融衍生工具切割和打包销售债权，可以看成原来思路的扩展。

第二，契约主义的形式没变。虽然银行对授信企业的监控，从第一阶段的弱化，到第二阶段的强化，再到第三阶段的弱化。但是整个过程中，都采用了契约化的手段。第二阶段监管的强化，看似"面目狰狞"，但都是在事先订立的契约框架下执行的；而第三阶段，看似对企业的监控弱化了，但所有的金融衍生工具，如果没有债权债务双方权利义务的契约化，则只能是天马行空。

第三，量化风控有其历史渊源。用量化的方式为借款人或者一笔债权评级打分，已经成为当代美国金融业风控的显性特征。但是，站在当代回望历史，可以看到，即使是在一百年前的农商社会时代，所谓的关系贷款时代，信贷员和信贷部门，已经十分注意客户信用资料的积累和数据的分析。关系贷款中，信贷员对客户的信用并不仅仅是"长期打交道，心里有数"，而是靠数据，靠实证说话的。今天的量化风控模型，高度地依赖于百年积累下来的数据，但百年之前，银行并不知道积累这些数据，是为了以后搞量化风控模型用的。

第四，风控的诚信基础没变。早在第一阶段，我们就看到，银行对客户的事前调查，高度依赖客户的主动申报，包括征信机构也是这样。中国的读者很容易明白，这种信息采集方式，所依赖的社会诚信基础该有多么重要。而在现代，打分制和信贷工厂模式下，量化风控所需要输入的客户信用信息，甚至只是在办公室里打电话，显然，这对客户诚信的依赖度更高了。

第五，美国银行业所谓的"信用"这个概念，主要指的是还款能力，这一点没变。在第一阶段，银行对客户的信用调查是全面的，但最核心的内容是资产负债表，也就是客户的还款能力。在第二阶段，银行的所谓现金流管理，对贷款企业事中的监控，更强化了对客户还款能力的监控。到第三阶段，仅仅靠各种复杂的契约绑定契约责任就好了，谁管你的还款意愿?!

3. 关于几个关键词的联系

最后，想从美国银行风控的本质特征的角度，说说"契约"、"书面化"、"量化"、"市场流动性"和"还款能力"这几个关键词之间的关系。

笔者以为，在所有这些关键词中，"契约"是个关键，所有的借贷双方之间，总是涉及互相的权利义务，而美国社会的特点，是将双方对彼此的权利义务契约化，也就是确定尽可能明确无疑的权利义务边界。

因为"契约"必须是明确的，所以，写在书面上，形成正式的文本，也就是"书面化"是很自然的。所以，相比于中国社会，我们就可以理解，为什么西方人有那么多的书面文件、那么细致的条款。

同样，由于契约主义要求明晰的责任权利边界，它必然是规范的，所以才好做量化处理，才好进行量化模型的分析。

责任权利和信用评级被量化处理了，也就是标准化了，市场流动性才容易展开。

另外，为什么美国的"信用"主要涉及还款能力，而不是还款意愿？因为纸面上的契约，隐含着所有当事人对契约的尊重，契约必须被不折不扣地执行。因此，银行对企业的考察，中介机构对一笔债务的信用评级，主要就不涉及当事人的还款意愿问题，而只是还款能力问题。

　　而对美国银行风控的更本质性的解读，需要与中国的钱庄风控做比较，并结合两种文明的文化差异来展开。

比较篇

第六章

两种风控模式的文化基础

前面的章节，给我们呈现了中国的钱庄和美国的银行，两个不同的信贷风控模式。本章想要进一步呈现给大家的是，不同的风控模式，不仅仅是两种不同的制度或者技术，而是基于两种不同的文化藤蔓所生出来的瓜果。当然，任何一个风控模式的影响因素都是多元的，本章的立场不是文化决定论，而只是提请读者注意多元分析中的文化这一维度。

一 契约主义和关系主义：两种风控模式的文化归因

（一）中美信贷风控模式之比较差异

我们先把两种不同风控模式的细碎之处罗列如下。

1. 信用调查之差别

（1）调查内容之比较差异：二者的调查内容差不多，但是中国的调查重点，是股东经理的人格及其还款意愿，认为这些相对主观的因素对企业还款的影响更大些。

而美国重点调查以资产负债表、现金流量表等客观物证为主，偏重客户的客观还款能力。

（2）调查方式的差别：中国重侧面了解，旁敲侧击；美国重单刀直入，要求客户主动申报。

（3）调查规范的差别：中国钱庄主要凭跑街和掌柜的感觉经验，客户的信用度存在经理人的心里。美国重标准化、规范化、量化分析，进而客户的信用变成可以量化分析的一堆数据。

2. 对贷款人的控制手段之比较差异

美国对长期性贷款一度有严密的监控，包括直接插手干预授信企业的经营运作；抵押贷款也可以看成事中、事后控制的一种制衡策略。

而中国始终没有，中国商户是反对监督和控制的，更视抵押贷款为耻辱；中国更加看重主客的长期关系，及其背后的隐性制衡。

3. 信贷资产的流动性之比较差异

追求信贷资产的可变现性，从来都是美国银行重要的风控手段，更是当代美国金融机构风控的主流模式；而至少在钱庄时代，中国信贷资产几乎没有啥流动性，风控也不靠这个。

把上面罗列的细碎内容整理起来，总结一下：西方的风控模式，依赖的核心，是契约主义；而中国的风控模式，核心则是关系主义。

（二）美国信贷风控模式的定位：契约主义

首先，笔者对契约主义的界定，有三个维度：第一，当事双方的责任对象，都指向契约，契约是最高权威，双方都只向契约负责，而不向契约背后的对方（人）负责。第二，契约构建的合作框架，是当事双方互相对抗或者制衡而形成的。第三，契约中，双方责权利的边界是清晰的，可量化的。

其次，为什么说美国银行的风控模式，是契约主义的？

（1）在美国百年风控史中，我们看到，早在百年前，甚至更早的欧洲近代，欧美的最典型信贷手段就是期票贴现。从经济学的角度讲，期票贴现本质上是一种信用贷款，但是偏偏采取这种形式，这本身就是契约主义的体现。期票不仅约定还款日期，而且约定银行到期不及时收款，则债务人有权不再支付。笔者说过，这个小细节，体现了双方是向契约负责，而不是向对方负责的。与之相比，中国的钱庄，都尽量想客户之所想，以忠恕为本，至于说"不及时收款就不再履行支付义务"这样的事情，在钱庄是不可能有这样的道理的。

不仅仅是期票贴现，即使是抵押贷款，其相关手续、法律文本，都交代得清清楚楚，环环相扣，说明抵押贷款也是仅仅依存于契约主义这个轨道的，整个的借贷关系，没有契约，就无从依附。

到了现代，银行和非金融机构盛行债权资产的证券化，由此形成的金融衍生工具，对债权进行分割重组、打包销售。分割的是什么？重组的是什么？打包销售的又是什么？一言以蔽之，契约——契约权利和契约责任。

（2）由于契约的界定，必须责权利界限明晰，所以很容易被书面化、规范化，最后走向量化分析，也是水到渠成的，用数学模型进行信用评级也就是自然的了。而有了这个基础，资产的证券化，以及债权的打包销售，通过市场流动性来实现风险转嫁的风控模式，才成为可能。

（3）契约总采取对抗的形式，或者互相制衡的形式。所以西方债务人不避讳抵押贷款，不避讳银行对长期贷款方的财务隐私进行审查，甚至对债权人订约干预企业的经营管理事务也不在乎。更广义地讲，西方契约之所以总是细密的，责权利条款总是条分缕析的，手续总是环环相扣的，也是由契约背后的银企双方权力伸张的对抗性决定的。

（三）中国信贷风控模式的定位：关系主义[①]

笔者对关系主义的界定，也有三个维度：第一，当事双方都对对方的利益负责，呈现为人情化的交往。第二，双方都不在乎契约文本，不计较一时的得失，而重视和谐关系之维持。有了关系，合作关系中的潜在责权利纠纷都可以化解。第三，双方的责权利边界模糊，可感知而不宜明说，明说则失掉关系中的势能或张力。

为什么说中国钱庄的风控模式是关系主义的？

---

① 按：中国本没有"关系主义"这个词，西方人为了比较的需要，发明了"Relationalism"，这里不妨借用一下。相关资料线索，可参见以下两篇文章的文献评论：金耀基：《关系和网络的社会学建构：一个社会学的阐释》，（香港）《二十一世纪》1992年8月号；《家族主义与现代台湾企业》，《社会学研究》1995年第5期。另有一本专著专门讨论关系主义，见黄光国《儒家关系主义》，北京大学出版社，2006。

（1）中国的钱庄和其他放贷机构，向来不重视契约，风控的基础一直是建立在双方的关系——长期化的交情基础上的。

当讲交情成为一种普遍的社会风气的时候，有交情有人脉就有金融资源，抓住商机，发财致富；失掉了交情就失掉了金融资源，一败涂地。这就是最厉害的制衡，是钱庄信用风控最重要的基础。

（2）钱庄之所以更重视对商户的人的因素的考察，说白了不过是看看商户的控制人适不适合被纳入上述人情轨道上进行交往。由于"天赋"之品德的原因、家教的原因、后天各种压力和诱惑的原因，难免有人会中途"背信弃义"。

钱庄之所以不重视对还款能力的考察，是因为中国并不存在西方那样的法制契约社会，不存在资产负债表那样严格的外在行为规范，债务人"打油的钱可以买醋"，可以灵活地、随机应变地调动自己的财产，则还款不还款，更多地取决于他的主观意愿，所以，与其考察他的还款能力，不如考察他的还款意愿。

（3）在长期化的交情中，双方的利益和责任，并非总是在交往的每一个回合中都必须是对称的，而是相反，每个回合中双方的责任权利往往是非对称的，而恰恰是这种非对称、不平衡，表达着一方对另一方的情谊，并"诱发"对方对自己的回报，此所谓"投桃报李"。今天你缺乏资金，我给你透支额度；激发你明天惠顾我，在我这里存款。同时，根据对对方回报的观察，也随时在考察着对方是不是一个讲情义的人，是否值得继续合作下去。

所以，钱庄的信贷风控，在其交情逻辑上是排斥抵押贷款的，也排斥债权人上手监控、干预债务人的经营运作。因为那样做等于是"掐死"了对方主动表达善意的机会，失去了在非对称的交往轮回中互相默契地"建构"交情的可能性。

（4）这种"投桃报李"的互动模式，显然无法明说双方的责权利，无从准备正式的书面化的信用资料，而只是双方"心中有数"而已。所以，客户的信用，是不可量化的。

以上，将中美两种风控模式，抽象为契约主义和关系主义。但是，如果不澄清两种制度背后的深厚文化渊源，则人们很容易基于中美经济发展的现状，对两种模式从制度技术层面进行功利主义（即孰优孰劣式）的比较。尤其是在当代中国，经历1840年以来噩梦式的外部军事打击和五四运动"刨祖坟"式的文化自虐以后，国人早已失掉文化上的自觉和自信，就特别容易从功利主义的角度，做猪鼻子插葱式的"拿来主义"臆想：西方的风控模式好，为啥不"拿来"？！西方的契约精神就是优越，为啥不好好学习？！

什么是文化？文化是一个文明中的人们的思维方式和行为方式，早已通过长期的历史演化过程中被潜移默化，形成人们理所当然的本能反应。而各种制度则是文化藤蔓上结出的果实，二者存在着有机联系，不可以随意做技术性的调换。

二 西方契约主义的历史渊源和文化解读

契约主义是西方法律文化的一个分支，是在近代资本主义兴起过程中才逐渐生成的。因此，阐释契约主义的历史渊源，首先要阐释西方整个法律文化的演进。

（一）契约主义的法律文化渊源

从历史生成的角度来讲，西方法律文化有三个历史源流。①

1. 基督教源流——西方人为什么尊重法律契约？

在历史上，对构建西方法律文化最能动的因素，是基督教信仰。伯尔曼认为，西方近代法律文化的历史生成，起源于 11 世纪教皇革命。

教皇革命是怎么回事？它又怎样促成西方近代法律文化的生成呢？

这需要简单回顾一下西方基督教发展史。

众所周知，基督教由耶稣基督首创，后来在古罗马帝国逐渐流行，并最终变成古罗马的国教。公元 5 世纪，西罗马被日耳曼人彻底冲垮，野蛮的日耳曼人毁灭了古罗马的几乎一切文明成果，但是，唯独留下了基督教，可以说，罗马帝国被日耳曼化了，而日耳曼又被基督教化了。

据说，日耳曼人之所以接受基督教，原因之一是基督教的一套神话说辞很精妙，比他们粗俗的历史传说更完美，所以接受了。原因之二是，蛮族首领们需要基督教，因为蛮族首领们缺乏一套有效的纲常伦理来维系自己统治地位的合法性，而基督教神父们和这些首领达成了一笔"交易"：神父们声称蛮族首领们在基督教中有比一般信徒更高的地位，从而在基督教中给予其统治

---

① 本小节的内容，基本上是把伯尔曼关于西方法律传统的论述，按照笔者自己的理解加以叙述，故不再一一点出相关叙述在原著中的出处。有兴趣的读者请参见〔美〕伯尔曼《法律与革命：西方法律传统的形成》第一卷，贺卫方等译，法律出版社，2008。笔者的叙述主要参考该书前五章的内容。

的合法性；另一方面，蛮族首领们操纵神职人员的人事安排，并给予他们大量的世俗特权和丰厚的不动产。

这样的状况维持了大约 500 年，事情发生了变化。从基督教义的角度来说，肇始因素是炼狱说的广泛流传。这要首先说到基督教著名的末日审判说，对此很多人都了解，就是耶稣认为人人都有原罪，需要在世俗社会受苦受难，然后等到耶稣再次降临的时候，要进行末日审判：所有活着的人和曾经活过的灵魂（那个时代的人们，坚信灵魂不死），都要经历耶稣的审判。凡是遵从耶稣教导的，上天堂；凡是不听耶稣教诲的，下地狱，永世不得翻身。

可是，耶稣重新降临的日子一等也不来，二等也不来。久而久之，人们心中难免松懈：末日审判说大概是骗人的吧。

所以，早在公元 5 世纪，就有人暗暗地补上了这个短板，发明了炼狱说：说每个人死后，他的孤魂野鬼并不是慢慢游荡着等等遥遥无期的末日审判，而是立即下炼狱，如果是听从耶稣话语的，轻轻在油锅里炼一下，就可以放在一边了，等到末日审判的时候，不再审问，直接进天堂；而不听从耶稣教诲的，就要在炼狱里面狠狠地炼着，末日审判不来，就一直炼着，等到末日审判来了，也不用再审了，直接打到十八层地狱。

这个意思，就是在一个人死后，直到末日审判之前这一段无法确定的日子里，加上了一个炼狱。炼狱相当于拘留所，地狱相当于监狱。

炼狱说发明后，并不流行，但是到了 11 世纪教皇革命之前，忽然加速流行了起来。而且，我们知道，越是普遍信仰的东西，越容易被信仰。自己本来将信将疑，可是看到身边的人都信，于是也就坚信不疑了。

炼狱说的流行，等于给活人的心里，上紧了发条。原来只有末日审判说，可是末日到底啥时候来？总也等不来，人们难免生出苟且之心。现在加上炼狱说，死后立即下油锅，恐惧就在眼前，变得很有现实紧迫性。

于是就激发出人们的一种强烈的心理动机，要做一个遵循基督教导的好信徒，在世做好事，死后灵魂才不受苦。

另外，对于世俗社会的各种违反教规的东西，自然也变得不能容忍。于是，以基督教社会中信仰最纯粹的修士会为先锋，以罗马教皇为首领，发起了教皇革命。教皇革命原初的目标，是教会要从世俗君主军阀手中夺走一切权力，掌控和规范信徒的一切行动，这自然引起世俗君主的反抗。经过 100 多年的拉锯战，双方逐渐达成妥协：教会掌管会众涉及宗教方面的生活，而教徒的世俗生活方面，仍旧归世俗皇帝国王们掌管。这就是著名的"两剑说"：上帝的归上帝，凯撒的归凯撒。

教皇成功地夺得了教权以后，立即要着手解决炼狱说给信徒们带来的心理焦虑问题：怎样在当世做个遵从基督教导的好信徒，死后才不至于在炼狱中遭遇悲惨的命运呢？

于是，教皇就颁布了近代意义上的第一部立法《教会法》，用来指导人们涉及神事的生活。

但是，仅仅《教会法》，并不能完全满足人们内心对炼狱的焦虑。听从基督的教诲，显然不限于结婚、生孩子、丧葬仪式、定期祈祷这些事情，而还有大量的生活领域怎么办？教会管不着。

但是世俗君主们也有内心的恐惧，于是，由世俗君主们牵头，又逐渐生成了《王室法》《封建法》《庄园法》，乃至于由商人共同体牵头搞的《商法》《城市法》等。总之，所有神事和世俗生活，各个方面，力求全面覆盖，一切都要遵从法律。在当时，法律就是上帝的教诲。

所以，从这里我们要明白，近代西方法律社会的直接生成（笔者指的是在人们的心中扎根，拥有权威性，让人们自觉自愿地遵从，真正做到中国人所谓"君子不欺于暗室"的那种意义上的遵从），是来自于基督教信仰，来自于炼狱说的推动。从这里，我们也可以看到，当时的人们，遵从法律，首先想到的绝不是什么后来的法治社会、物质文明成果之类的好处，他们关心的终极原因是对炼狱和地狱的恐惧，是对自己来世灵魂的安顿。

2. 古希腊理性主义——西方契约为什么是规范的、界限明晰的？

西方法律文化的第二个渊源，是古希腊的理性主义。正是这个原因，使得西方法律带有理性主义的特色，也就是逻辑推理和实证的特色，而不像中国这样，规范来自某个圣人的感悟，让俗人只知其然，不知其所以然。

这又是怎么做到的呢？

原初，在教皇制定第一部《教会法》的时候，颇费周折。人们的欲求，听起来很简单：就是要遵从上帝的教诲。但是，上帝莫须有啊。怎么办呢？

那就听从《圣经》的启示。但是麻烦在于，好比《圣经》里面有个著名的七戒，里面有个戒除贪欲。可怎样算是贪心呢？说具体点啊。好比放高利贷算是贪，那设若一个寡妇带一帮孩子，拿着丈夫留下的一笔钱，只能靠放贷度日，不收利息的话，怎么生活啊？如果放贷收利息的话，收多少算贪婪，收多少不算呢？

这些琐事，落实起来都不容易。圣经上肯定不能说这么详细。

于是教皇就想了个办法。当时十字军东征，从保存古罗马文明比较完好的东罗马帝国带回来一部罗马法典，叫《查士丁尼法典》。这个法典，在人们心中具有权威性。因为，前面说了，基督教曾经成为古罗马的国教，罗马皇权支持基督教，基督教也维护古罗马的统治秩序，落实到具体事情上，就是要信徒遵从罗马法典，就算是听从上帝的话语了。所以，《查士丁尼法典》在教徒心目中具有权威性。

但是还是有个麻烦，《查士丁尼法典》没有抽象的原则，都是具体的规定。但是 11 世纪以后的当下社会生活，毕竟在很多地方上和古罗马有出入，没法简单套用，咋办呢？

教皇就雇用一批罗马法研究专家，这些专家就采用希腊的理性主义方法来研究，简单地说，就是从几个具体的法条中，抽象出一个一般原则，从几个原则中，再归纳出更一般的原则。然后，把这个一般原则再落实到当下的社会生活实例中，推理一下，看看该怎么办，算是服从上帝的教诲。

所以，《教会法》并不是教皇根据自己的感悟得出的教条，再借上帝的名义要教徒遵从，而是由罗马法学家用逻辑归纳和推理的办法研究出来的。

《教会法》出台以后，世俗君主、商会有样学样，结合当时的社会实践，雇用罗马法学家，用逻辑推理的办法，也搞出了各种立法。

所以，我们看到西方今天的法律样式，都有逻辑推理的特色，讲求实证，逻辑推导，都可以形成书面化的规范语言，没有歧义。这都是理性主义的结果。①

3. 日耳曼传统——西方契约中的责权利关系为什么是对抗性的？

西方法律的第三个渊源是日耳曼传统。前面说过，公元 5 世纪以后，西欧的人们已经被日耳曼化了，这意味着西方此后任何文化的生成，都要以日耳曼人这个"基质材料"为基础。

日耳曼人是野蛮人，但不等于没有文化传统，笔者这里的所谓文化，实际上就是人们的思维方式和行为方式，因此，就如同狼群和蚂蚁一样，它们也是有文化的。

从这个意义上讲，日耳曼传统有很多，但是与我们要讨论的内容切题的，主要涉及对抗的传统，或者制衡的传统。在古老的日耳曼社会生活里，充满了对抗，最典型的，是血亲复仇和争讼。可以理解为，前者是武斗，后者是文斗，但实质都是争斗。

据说在古老的日耳曼文化里，存在对荣耀的崇拜。但是一个人，或者一个家族的荣耀，怎样获得呢？不是大禹治水式的，牺牲自己为宗族利益做出重大贡献，或者孔融让梨式的，宽容忍让保持风度，而是正好相反。

---

① 关于理性主义在西方文化中的地位，以及对西方量化风控模型的应用所起到的社会基础作用，将在本书第八章进一步展开介绍。

日耳曼人的荣耀，据说是，如果我家人偷了你家一头牛，我家便获得了荣耀，你家就失去了荣耀。你家怎样夺回荣耀呢？那就是杀掉我家偷牛的人。于是，我家又失去了荣耀，恢复荣耀的办法是杀掉你家两口人，如此以往，这就是血亲复仇。据说在野蛮的日耳曼人社会生活中，充满了这种争斗。家庭与家庭、宗族与宗族，成天打仗。直到 11 世纪，教皇为了平息这种内斗，干脆把祸水引向异教徒，于是有了数次十字军东征，去伊斯兰世界那里争夺荣耀去了。

再说文斗，就是争讼。日耳曼人如果不采取血亲复仇的办法，就采取争讼的办法。但是，这个争讼，和现代各种方式都不一样，尤其和中国人想象的不一样。在中国人眼里，争讼的话，你总得有个主持正义的人吧？但是人家就没有。首先，要争讼的话，必须双方都愿意争讼才行，有一方不愿意，那谁也拉不住。其次，争讼也没有高高在上的法官，就是诉诸神明审判和水火审判，比如用水火审判，你家说我偷牛了，我家说没有。怎么办呢？空地上支一口大锅，烧上开水，水里放个铜钱，两家派代表来抓钱，谁家伸手到开水里抓到钱，手还不受伤，谁家就赢了。

按照现代的看法，这样的做法，就是拼勇气加赌运气，和血亲复仇差不多，都很野蛮，没有什么是非曲直可讲。

日耳曼人皈依基督教以后，尤其是教皇革命以后，这些野蛮的办法，当然都逐渐被废止。但是，一种外来文化对原生人群的习俗，不可能是彻底割除，而只能是改造。而改造意味着，原生民族的某种习俗，背后隐藏的思维模式，或者行为模式，总是改头换面地呈现出来，而且似乎谁也没意识到，就是那么理所当然的。但是外人一看，就很容易发现包裹在文明背后的对抗性和愿赌服输的文化本性。

这在早期的立法中就有所体现，比如《庄园法》。《庄园法》的主体内容，涉及庄园领主与农奴的关系，按照中国人的思维，就是领主剥削农奴，暴施淫威就好了，还要啥立法?!

但是教皇革命以后的封建庄园，是把农奴的义务都通过立法确定下来，每年该交三斗租子，就是三斗租子，你要多要，就是侵权。要是年成不好，农奴交完租子吃不饱怎么办？庄园主可不可以根据人情和客观条件，来点儿"仁政"啊？不行，愿赌服输吧你。

这种东西，在后来的契约法里面，也就是中国人所谓的西方契约精神里面，表现得就更加淋漓尽致了。

下面就分析西方的契约精神。

（二）西方契约精神详解

早期的立法，大都是自上而下的，如《教会法》《王室法》《庄园法》《封建法》等，虽然这些立法也不是权贵人士按照自己的意愿随便说的，而都是按照严格的逻辑推导过来的。

但是《商法》的情况就不一样了，因为涉及大量的商人交易活动，它是一种横向的交往，当事人的交易，是一种合作，彼此的责权利关系，犬牙交错，全靠契约来弥合。

到了后来，商业越来越发达，商业交往越来越发达，民间订立的契约也越来越多，于是契约法就逐渐发展起来。

在这里，我们特别要注意两点：第一，契约的诚信基础；第二，契约责任的坚决执行。这也就是我们中国人特别羡慕的所谓西方契约精神。

1. 契约的诚信基础

在基督教的早期文献里，本来就有关于契约的神圣性表述，如说：信仰基督教，就是和上帝立约，你把你自己交给上帝，按照上帝的话语做事，上帝则负责你的来世前途。[①]

那么，设若你事先隐藏了信息，就是向上帝撒谎；你事后隐藏了行动，对上帝偷工减料，那上帝也对你"偷工减料"。你"小人欺于暗室"，那对不起，死后就等着下地狱吧。

所以，契约以诚信为前提，而诚信的最高保证又来自信仰。

在这样的信仰基础上，民间的契约，自然有了宗教信仰基础，谁也不想因为欺诈而下地狱。

契约的诚信基础，还与基督教对自由契约的倡导有关。这里面有两层意思。

第一层意思比较表面化，教会规定，契约具有神圣性，但有个前提条件，就是当事人不能是在被强迫或者被欺骗的条件下签约，否则契约无效。[②]

也就是说，契约必须是在自愿的前提下订立的。如果签约人在订约的时候隐藏了信息，那么，对方可以毁约，这样的话，撒

---

① 〔美〕伯尔曼：《契约法一般原则的宗教渊源》，载〔美〕小约翰·威特、弗兰克·S. 亚历山大主编《基督教与法律》，周青风等译，中国民主法制出版社，2014，第114～115页。

② 〔美〕伯尔曼：《契约法一般原则的宗教渊源》，载〔美〕小约翰·威特、弗兰克·S. 亚历山大主编《基督教与法律》，周青风等译，中国民主法制出版社，2014，第116页。

谎的人等于搬起石头砸自己的脚。所以，这种自由契约的游戏规则，也导致订立契约的人不得不诚信。

第二层意思是，基督教给予了个人伸张权利的合法性，使得撒谎变得没有必要。在很多情况下，人们之所以说谎，并不仅仅是为了恶意欺诈别人，想占他人的便宜，而是觉得不好意思伸张自己的一些私欲，于是，为了给自己的私欲一个伸缩空间，只好说谎。这在中国人中间是常常发生的事情。

但是在西方，这不是个问题。首先，我们说过，日耳曼人原本就有血亲复仇和争讼的传统，他们没有互谅互让的美德。而基督教在与世俗社会争夺权威的时候，又加强了日耳曼人的这个特点，也就是说，通过"自由选择权"，给人们伸张自己权利的欲念披上了宗教合法性的外衣。

在历史上，西方的"自由选择"来源于教会与世俗权威的争权夺利，基督教关于"自由选择"的本来意思，是要人们顶住世俗习惯的压力，听从自己内心的宗教召唤，"自由地"选择去做对教会有利的事情。好比一个人快死了，按世俗惯例，遗产本来应该继承给亲友的，可是神父来了，告诉你有个"自由选择"的机会，是选择留给亲友，还是选择捐给教会？想想谁跟你更亲啊？亲友只和你共同生活几十年，而你的来世，千秋万世，都握在上帝手里。自己选择吧！[①]

基督教早期的这种"自由选择"的熏陶是不是近代西方自由

---

① 参见〔美〕伯尔曼《法律与革命：西方法律传统的形成》第一卷，贺卫方等译，法律出版社，2008，第225～226页。

主义精神的历史渊源，笔者未及考证，但是，和西方人交往的时候，我们一般都能感受到西方人的直率，不大会因为在乎他人的感受而说违心话、做违心事。这和中国人是非常不一样的。

于是，在订立契约的时候，这个精神就表现为，对自己的权利大胆伸张，对自己的责任拼命免除，没有啥好客气的，没有啥好内疚的，这里既有日耳曼人潜意识里的对抗精神，又有基督教信仰的鼓励。

那么，我们想想，如果一个人，有任何不好说出口的欲求，都可以大胆伸张，寸土必争地表达出来，没啥好掖着藏着的，都可以写到契约里面正常执行。这样做，既问心无愧，又没有社会压力，甚至还挺正义。那干嘛还需要说谎呢?!

2. 契约的绝对责任原则：愿赌服输

在诚信和大胆伸张自己权利的情况下，自己想要的东西，契约都给保证了，当然就大大免除了个人想毁约或者"偷工减料"的欲念。

但是还不够。因为人的理性是有限的，当时看着合适，没想太多，签约了，但是到了执行环节，又发现这样那样的不合适，又想缩回去了。或者当时看了半天觉得合适了，没想到后来情况又发生了不利于自己的变化，于是想毁约了。

这是常常发生的事情。对这种情况，基督教怎么处理呢?

根据伯尔曼的阐述，从基督教革命（11世纪）以后，到新教革命（16世纪）之前的一段时间里，教会和司法界讲求契约的相对责任。

也就是说，教会要求，合法契约除了必须是自由签订的外，还必须是符合社会公共领域的道德规范的。

在现实中，在一个契约落实的过程中，如果真的发生当事人没预料到的情况，导致契约向着明显不利于当事一方的情况发展的时候，明显不公平，明显有一方太吃亏的时候，法律还会给予救助，也就是给你毁约的机会。

在英国，有个衡平法院，就是做这事情的。契约的当事一方，在契约执行过程中，发现执行下去对自己太吃亏了，可以向衡平法院上诉，要求救助。而衡平法院大法官，一般都是高级宗教人士，可以根据自己的良知，做出自认为公正的裁决，让太吃亏的一方挽回一些损失。①

但是，到 16 世纪新教革命以后，上述做法遭到了新教徒猛烈的抨击。

伯尔曼举例说，当时英国有个著名的判例。一个房客租了房子，却拒绝交租金，被房东告上法庭。房客就对自己做了辩护，说不交房租是因为当时来了英国亲王的部队在那里驻扎，导致房客实际上无法使用这个房子，所以不交房租。房客还引用了很多相关法条，为自己的行为做辩护。

结果，法院却判定房客败诉，法院给出的理由是：作为当事人，你应该为自己的行为负责，为此你应该事先详细地考察未来可能发生的各种不利情况，并把这些情况都纳入自己的契约免责

---

① 伯尔曼：《契约法一般原则的宗教渊源》，载〔美〕小约翰·威特、弗兰克·S. 亚历山大主编《基督教与法律》，周青风等译，中国民主法制出版社，2014，第 110 ~ 111 页。

条款之中。

法官还对英国衡平法院的做法大加指责，主要包括两点意思：第一，衡平大法官的"良知"没个客观标准，无从把握。第二，这样的做法，很容易纵容无赖，鼓励大家都违约。

这个判例，奠定了近代以来《契约法》的绝对责任原则。也就是说，一旦签订契约，必须无条件遵守。它还大大地铸造了后来西方人的所谓契约精神。①

在这里面，我们可以仔细品味三点。

第一，契约中的理性主义精神。也就是说，西方人总是不信任"人治"，要尽可能地把人治的成分赶尽杀绝，一切都要有先定的明确的标准。

第二，契约中的对抗或者制衡精神。上述判例，对绝对契约责任的肯定，等于给当事人心中上紧了发条，我们把自己的心代入这个判例，设身处地地感受一下：那就是，我们必须睁大眼睛，开动脑筋，拼命地伸张自己的权利，拼命免除自己的义务。争取对自己最有利的，摒除一切对自己不利的。

第三，愿赌服输。有人问了，人的理性是有限的，在契约签订时，尽管笔者绞尽脑汁，但是会有好多实在预料不到的意外怎么办？对不起，只好愿赌服输了。

对于西方契约精神中隐含的愿赌服输原则，我们不妨再引用一个小故事来感受一下。故事是笔者从网上看来的，说北京的出

---

① 伯尔曼：《契约法一般原则的宗教渊源》，载〔美〕小约翰·威特、弗兰克·S. 亚历山大主编《基督教与法律》，周青风等译，中国民主法制出版社，2014，第113～114页。

租司机，经常遇到西方乘客。说他们有个好奇怪的特点：就是认死理，一旦事先说好的价钱，必须坚决执行。

有的时候，出租司机因为前方堵车，不得不绕道行驶，多费了不少里程和油钱，想让老外多掏点钱给补偿一下，可老外坚决不干。

而有的时候，出租司机故意坑人，利用信息不对称，明明 20 块钱的路程，却要价 100 块钱。有些坑人的司机内疚了，就故意兜圈子，老外似乎也无所察觉；而有些不爱掩饰的司机不兜圈子，直接开过去，很快到了，老外应该明显感觉到自己被骗了，但也安之若素，上车轻松地与司机聊天，下车愉快地掏钱道谢。[①]

3. 西方契约精神作为西方风控模式的基础作用

以上我们讨论了西方契约精神的两个要点：一个是契约的诚信基础；另一个是契约必须被坚决执行。

在此基础上，我们再回顾一下我们的主题。

第一，当代西方资产证券化的风控模式，来源于量化风控模型对债权债务的精准信用评级。

而量化风控模型对信用评级的信息来源，又必须是以借贷申请人真实准确的信息为条件的，否则的话，各种复杂的量化风控模型，必然是无源之水、无本之木。

而获取信息源最方便的办法是当事人的主动如实申报，否则的话，银行尽职调查的成本必然居高不下。

---

① 王开东：《中国人为什么没有契约精神》，http：//pit.ifeng.com/a/20160704/49289752_ 0.shtml。

而这一切的一切，必须是以当事人的诚信为本。

也就是说，证券化、量化风控模型、信用评级打分，这一系列代表美国最现代、最先进的风控制度模式，其基础正是西方的契约主义精神。而这种契约主义精神依托的法律文化，实际上是西方历经几千年文化积淀的产物。

第二，从早期的期票贴现、抵押贷款，到后来的现金流管理对企业的严密监控，再到当代的金融衍生工具对债权资产的切割重组打包，整个的过程中，全都是以契约合同为轨道，否则无从监控、无从量化、无从切割、无从打包、无从销售。而这一切的基础，就是契约的绝对责任原则！

想象一下，如果人们都不忠诚于契约责任，谁还会把契约当回事?! 如果麻袋里的米，总是可以随意漏掉的，谁还敢只靠数数麻袋就来执行交易呢?!

三　中国关系主义文化解读

前文说过，关系主义这个词，来源于西方学者 20 世纪 80 年代对华人社会的观察，后又流行于港台乃至大陆社会人类学者的文献。但是，这个基于西方视角的观察，把华人社会的关系主义当成了一种异类现象，自觉不自觉地已经以西方的文化为标准了，对中国的关系学，带有解构、批判、否定的意味。出于这样的心态，就很难将其视为一种正常的人类思维和社会交往类型了。[①]

---

① 笔者的博士论文曾经对相关文献中有关"关系"的论述做了梳理和评论。参见徐华《华人企业中的家族主义》，中国社会科学院，博士学位论文，2000，第 11 ~ 19 页。

而在国内，尤其是近几十年来，坊间流行的话语中，"关系"更是一个贬义词，"拉关系""走后门"，为人所痛恨诟病。这在很大程度上源于计划经济时期，资源过度集中于公权力，人们为了生存，不得不通过既有的关系模式，从公权力争取私人的生存机会和资源，于是，权钱交易，以权谋私，就大行其道。自然给"关系"抹上了一层黑。

但是，如果资源属于私人，那么，私人与私人之间攀关系，如钱庄与商户之间的关系样态，就显得很正常了。

实际上，"关系主义"，一直是中国最主流，最正统的社会交往方式，正是依赖它，中国构建了庞大而和谐的社会经济体，并绵延两千年。

因此，需要正确解读"关系主义"，要把它当成面对人类共同问题与西方契约主义不同的另一种社会交往模式。

人类之为人类，区别于其他动物的一个重大优势，就是人类善于合作。所有人类，都面临一个基本的合作问题：合则两利，争则两伤。

而所有的合作，都涉及的一个基本问题是：双方责权利交错，如何形成共识，达成有效的合作共赢。好比甲乙存在借贷关系，债权人有钱却无力生息，把钱交给你养鸡下蛋生息，则债权人的回本得息权利，就需要债务人维护；债务人有技术和力气养鸡，却没钱买种鸡、饲料，就要依仗债权人适时借钱，还不能胡乱抽贷，债务人的权利，也需要债权人维护。

所有的民族，都会有此类共同的问题，怎么办呢？

前面我们已经看到，西方采取的是契约主义的做法来协调双方的责权利。而中国的关系主义又是怎么做的呢？

（一）"关系"中的权利与责任之建构

1. 责权利约定的礼让模式

如前所说，关系主义是借用西方观察家创造出来的术语，而它实际上就是儒家的礼让互动模式。

合作关系中，西方是互相对抗，寸土必争，最后互相妥协，通过契约达成一个合作框架。契约是对抗的结果。

中国的礼让则不同，在中国所有的关系中，都只强调自己一方的责任义务，而刻意回避自己的权利。好像人人都没有私利，人人都只讲大公无私舍己为人似的。

中国上古礼制的集大成者和后世社会规范的开创者孔子，对于礼，有一个最为传神的解释："夫子之道，一以贯之，忠恕而已矣。"忠，就是忠于对方的权利，想别人之所想，为对方尽义务；恕，是当对方对自己尽责不够令人满意的时候，则要采取宽恕谅解的态度。①

但实际上，所有的合作，都绝对不可能是"毫不利己专门为人"，而是一定会有自己的责权利诉求的。那么，礼让模式中，个人自利，是按照怎样一种逻辑来实现的呢？

答案是：我为你的利益尽心，来打动你，换取你为我的利益尽心。所谓"子为父隐，父为子隐，直在其中矣"。

---

① 原文：子曰："参乎，吾道一以贯之。"曾子曰："唯。"子出，门人问曰："何谓也？"曾子曰："夫子之道，忠恕而已矣。"参见程树德撰《论语集释》，中华书局，1990，第257~263页。

打个比方，西方人的合作，好像两人人拼命地向对方方向推挤，以扩张自己的生存空间，两方都挤不动的地方，就是契约达成的地方，契约标志着互相的利益挤压的边界，如勾砖缝儿的水泥，把两块砖紧紧地黏合在一起。

而中国的合作，好像两个人各自拽着绳子的一头，背对背向相反的方向拉，好像要拼命地拉伸对方的生存空间。拉的结果，双方也紧紧地依靠在一起，也达成了合作。

2. 礼让模式的逻辑自洽：基于道家思想的解析

中国人为什么要采取这样的责权利合作模式呢？尤其是，中国人为什么要以这种看似"反向"的方式来谋求自己的权利呢？这可以从老子的《道德经》中得到解释。

在《道德经》中，充斥着大量类似的奇怪话语，典型的如：

"后其身而身先，外其身而身存。非以其无私邪？故能成其私。"（第七章）

"水善利万物而不争。夫唯不争，故天下莫能与之争。"（第八章）

"天之道，不争而善胜，不言而善应，不召而自来，繟然而善谋。"（第七十三章）

"圣人不积，既以为人，己愈有；既以与人，己愈多。"（第八十一章）

这里，全都是自利与利他的背反，核心思想就是一个，通

过利他来实现自利。这就是老子著名的"守柔""不争"的
思想。

那么，通过利他来实现自利，这如何可能？

在笔者看来，老子最精妙的启示，莫过于这句话："……善
闭者无关键而不可开，善结者无绳结而不可解。"（第二十七
章）

意思是说，善于关门的人，不给门上门栓，对方却打不开；
善于捆绑的人，不给绳子打结，对方却解不开。

这段话的意思实际上是当头棒喝，是反向思维，我们想象一
下，人们为啥要给门上门栓？因为怕外人破门而入，来侵犯我的
产权和人权。又为啥要把人捆上，还死死地打上绳结？因为被捆
绑的人是不愿意的，受强迫的，不捆上就会跑掉。

那么好了，设若对方利益的实现，依赖于我的事业发达和健
康长寿，对方还会有动机来破门侵害我吗？那么，我还有必要给
门上锁吗?!

同样地，设若跟着我总能得到更好的前途，离开我则穷困潦
倒，对方还有必要挣脱我吗?! 我还有必要捆绑对方吗?!

老子的这种思想，实际上隐含的互动模式就是，与其控制对
方的行动，不如控制对方的行为动机，俘获对方的心。

人的行为是多样化的，监控代价是高昂的，效果还不怎么
好。所以，与其通过监控对方的行动来维护自己的权利，不如改
变对方的行为动机，让对方发自内心地主动地为我的利益尽忠。
这才是最高妙的办法。

老子在《道德经》里面处处讲"自然"，其实这个自然，不

是我们现在熟知的来自西方的"Nature"意义上的自然，不是客观环境、外在世界、天体物理这些意义上的自然，而是指人心的"自觉""自愿"。

从这个意义上讲，抓住了人心，才能达到"天网恢恢，疏而不漏"（第七十三章）的效果。

3. 关于"儒道互补"的一点思考

道家守柔不争的思想，实际上正是儒家礼让模式的内在逻辑：如何打动对方为自己的利益尽忠呢？莫过于我对他忠恕，让对方觉得和我合作特别合适，或者用儒家的话语说，让对方感动，从感情上觉得必须为我尽忠，否则猪狗不如。

这里有必要顺便说说儒道两家的关系。

人与人之间的交往合作，本质上一定是互惠互利的。如果一种关系中，一方永远占便宜，另一方永远奉献，这种关系肯定不能成立。

但是，如果仅仅是简单地讲互惠互利，哪又容易变成斤斤计较，这就使得互惠合作关系很不稳定。怎么办呢？

儒家的高明之处就是把这种互惠感情化、道德情操化。

如孔子对于孝顺父母的论述就是一个典型。

孔子的弟子宰我，觉得为父母守孝三年的古礼，时间太长了，会耽误好多事情，觉得改为守孝一年就足够了。孔子问他：那样的话，你吃得香睡得着吗？安心吗？宰我说：安心！等到宰我走了以后，孔子给其他学生说：宰我这家伙是个混蛋，一个人生下来，要过三年，才能脱离父母一把屎一把尿的贴身照顾。所以，父母死后，才会有三年守孝之丧礼。宰我这家伙，难道就不能用三年的孝心来回报父母吗？[①]

孔子的这种把恩惠道德情操化的做法的高明之处，在于消除合作关系中的斤斤计较，使得人与人的合作关系更稳定、更有包容性。

试想，任何一个世俗的父母都不是圣人，都有各种各样的毛病，设若斤斤计较，则最基本的父母子女关系该有多么不稳定，家庭早就裂解了。而如果以父母生养的恩德为基础，以孝道为原则，谅解父母，则家庭关系就比较和谐。

但是，儒家这样的安排，很容易产生一个流弊，就是这种道德情操，很容易被固化，被单极化、绝对化。

比如到了孟子那里，这种倾向就比较明显了。

孟子把舜设定为一个大孝子的形象：舜的混蛋老爹，连同他的后妈和弟弟，歧视他，往死里迫害他，舜却一如既往地对父母、对弟弟行孝悌之礼。

于是有人问孟子，说舜已经贵为天子以后，他的混蛋老爹杀人了，舜该怎么办？

孟子回答说：舜会放弃王位，连夜背着他的混蛋老爹跑得远远地避难。意思是，这样就可以既避免了身为天子不能秉公执法

[①] 原文如下：宰我问："三年之丧，期已久矣！君子三年不为礼，礼必坏，三年不为乐，乐必崩，旧谷既没，新谷既升，钻燧改火，期可已矣。"子曰："食夫稻，衣夫锦，于女安乎？"曰："安。""女安！则为之！夫君子之居丧，食旨不甘，闻乐不乐，居处不安，故不为也。今女安，则为之！"宰我出。子曰："予之不仁也！子生三年，然后免于父母之怀。夫三年之丧，天下之通丧也。予也有三年之爱于其父母乎？"参见程树德撰《论语集释》，中华书局，1990，第1231～1237页。

的不道德，又尽了孝心。[1]

但是到了西汉董仲舒以后，就开始把这种纲常伦理上升为天理，宋明理学也是如此。

道德情操一旦被绝对化，尤其是强调单方道德责任的绝对化，就容易变成对人性的压抑，甚至变成礼教杀人。

所以这就显出老子的意义，他说："绝圣弃智，民利百倍；绝仁弃义，民复孝慈；绝巧弃利，盗贼无有。"（第十九章）这话什么意思呢？

可以用毛泽东的一句名言来做个注脚："没有无缘无故的爱，也没有无缘无故的恨。"所有的感情之生成、之维持，都需要一定的条件，条件就是利益。

单极化、绝对化的道德责任，反而纵容了另一方的恶，道德情操也就变成了无源之水、无本之木。

所以，还是要回归互惠互利，我为你尽责任，期待你为我尽义务。否则，我对你的责任心就无从成立了。

（二）礼让模式的自维持

孔子的"忠恕之道"给我们点出了礼让模式的基本交往规则；而老子又启示我们这种互动模式的逻辑自洽性，即，利他乃是实现自利之道。

那么，在现实的中国人关系交往中，如何现实地践行这种礼让模式呢？

在礼让互动模式中，我对对方尽义务，期待打动对方，主动

---

[1] 原文参见（清）焦循撰《孟子正义》，中华书局，1987，第 930~931 页。

地为我尽义务,从而形成良性循环。

其中,一个最为现实的问题是,如果对方是个小人,占了便宜跑了怎么办? 光占便宜不回报怎么办? 或者,对方尽义务 "偷工减料" 怎么办?

对此问题的现实解决,是礼让模式现实可行的关键。

对于这个问题,实际上连孔子本人都是为难的。孔子曾经说过: 与人交往,一方面,襟怀坦荡,不预设对方有诈不诚信,不防范人; 但是,另一方面,对于心怀叵测苟且之人,又能够先知先觉,不至于因为待人诚心而吃大亏,这样的人,算是很难能可贵的。[①]

孔圣人为难的事情,现实的人怎么解决呢? 答案之一是看相选人。

中国人似乎天生都是看相的好手,在一切社会交往中,对陌生人总是先天谨慎,要么是冷漠的,要么是以一种 "彬彬有礼" 来拒人于千里之外,不如西方人那样对陌生人坦荡、友好。

中国人与人合作,一开始都要有一个试探、了解的过程,或者不得不诉诸朋友来引见介绍。否则生人与生人之间,很难一上来就展开比较密切的重要的合作关系。

但是,真正的看相术,总是在交往过程中展开的,所谓 "路遥知马力,日久见人心"。而且长期交往的展开过程,不仅是一个识人看相的过程,而且会形成一种自维持机制。[②]

---

① 原文: 子曰:"不逆诈,不亿不信,抑亦先觉者,是贤乎!"转引自程树德撰《论语集释》,中华书局,1990,第1013页。

② 自维持机制,self - holding,制度经济学术语,意思是某种游戏规则会形成自我强化的效果。

在第四章钱庄与商户的长期交往中，我们说双方的利益关系是锁定在交情的轨道中的，在这里，我们再来细究一下交情的展开过程，来看看现实中的关系建构，是如何同时发挥识人以及"礼让的自维持"两种功能的。

关系中的"交情"，可以看成一种"资源的积累"，在某个关键的节点，甲方帮了乙方一个大忙；甲与乙便有了交情，甲可以据此期待乙在自己需要的时候，回报自己，帮一个大忙。对此，需要具体展开分析一下细节。

首先，甲给予乙恩惠，乙一般不能立即回报，否则反而意味着乙不愿受甲恩惠，不希望建立长期关系。所以，乙什么时候给予回报，要看甲是否真正有需要。

其次，乙对甲的回报，可能高于甲的预期，而这又激发甲未来给予乙更大的回报，则双方的交情得到增进。

但也可能，乙对甲的回报低于甲的预期，这里面又要分情况，如果乙已经尽力，但是事情超出了乙的能力所限，则甲应该宽恕；如果甲认为乙有能力而未尽力气，导致事情没有达成效果，则不能宽恕，交情就会消减。

在这种互动中，甲乙双方，始终在基于忠恕之道的法则，根据自己的感受，建构着交情，同时也是一个观察和选择的过程，被认为不符合忠恕之道的人，就在这个过程中被淘汰掉了。而被社会公认为不守忠恕之道、不值得交往的人，则遭到集体放逐。

这就又要说到中国人关系圈子里面的差序格局，也就是所谓"爱有差等"。根据儒家的教诲和中国人的实践，一个人对他人的恩惠，总是"爱有差等"的，对交情深的人待遇好，对交情浅的人又是另一种待遇。对没交情的人比较冷漠，对不值得交往的人则采取排斥态度。①

结果，善于践行忠恕之道的人，和很多人有很深的交情，人脉广，资源多，能够获得更大的利益，正如《中庸》所述："有德此有人，有人此有土，有土此有财，有财此有用。"

反之，不善于践行忠恕之道的人，和谁都没交情，则为社会排斥，四处碰壁，穷途末路。在这样的社会文化氛围下，礼让模式的自维持机制就形成了。也就是说，这种模式一旦形成气候，绝大多数人基于自利的考量，就不敢玩"来而不往"的小人行径。

总之，关系，是最值得中国人玩味的头等大事，不善于尊奉忠恕之道，必然难以在社会立足。我们的章回体小说，书名喜欢叫"某某演义"，笔者没有考证过为何要起这样的书名，但感觉很传神，中国的整部《二十四史》，就是关系法则的演绎史。

西方人订立法律契约，是一项很烦琐很花钱的事情。中国人则在如何处理关系上，绞尽脑汁，二者的社会功能是等价的。

（三）基于关系主义对钱庄风控模式的两点再说明

1. 关于钱庄不查账、不干预、不抵押

中国关系主义（礼让）的合作方式中，自己一方的权益保证，在于对方自觉自愿地在为我尽义务中得到实现。与西方契约

---

① 西方基督教主张平等博爱地对待一切人，中国则否。孔子的弟子问："以德报怨，何如？"孔子说："何以报德？以直报怨，以德报德。"语出程树德撰《论语集释》，中华书局，1990，第 1017 页。

主义的交往模式差异的根本点，就在于这个"自觉自愿"，而非被强迫、被制衡。

如果对方感到我方带有强迫制衡的意味，则自觉自愿的动机就会被打消，至少是会削弱，则关系主义的交往模式即无法实现。这可以被称为责善。

在中国关系交往中，"责善"也是经常发生的，即互相指责对方不够尽忠，或者指责对方不够宽容体谅，或者指责对方在行动中带有强迫、制衡的意味（因为觉得你不自觉，对我不够尽责，不够"意思"，所以要强制你）。责善，是"忠恕"之道的"负互惠"模式，① 通常，这种情况往往意味着双方关系的不和谐，是关系裂解的前奏。但也有的关系即使存在强迫，也勉强维持，但和谐度肯定大打折扣。

基于这样的互动逻辑，我们就能够明白，为什么传统钱庄不会要求商户抵押，也没有要求查账，以及没有上手干预债务人的还款计划、干预对方的经营管理之类的风控手段了。

2. 中国人为什么"爱说谎"？

西方银行的事前信用调查，乃至于当代的量化风控模型等风控手段，最基本的前提是西方债务人的诚信。关于西方人为什么讲诚信，前面已经加以阐述。

但是我们还可以反问，为什么中国人不讲诚信。

---

① 按："负互惠"，是社会学术语，表示一种道德准则，常常会以倒错的方式表达出来。比如爱情，相亲相爱是爱的正互惠表达；互相仇怨，则是负互惠，里面仍然有爱的成分。只有淡漠，才表示不在"爱"中。

在中国人际交往中，除了骗子恶意诈骗以外，即使是一些没有恶意的亲友或者合作伙伴之间，也常常发生说谎的情况。对此，中国人往往习以为常，不以为意。实际上，这种说谎行为不仅没有恶意，反而是维持关系的一种必要手段。

我们可以分析一下，这种说谎行为的生成结构，实际上是两种合力的结果：第一，当事人受到了强迫，或者带有强迫性的暗示，被要求做他不情愿的事情；第二，当事人又希望维持双方的交情。

于是，这两股合力，往往就生出了谎言，谎言是一种"中庸"，既维护了自己的利益（不做自己不愿做的事情），又不伤和气，维持了关系。

如果当事人没有受到强迫，则不会说谎。比如家庭教育中我们看到，越是苛责的父母，越是容易教养出爱说谎的孩子。没有强迫的压力，自然没有说谎的动机。

在受到强迫的情况下，除了说谎以外，还有另外一种选择，就是当面拒绝。比如甲说：请我吃饭吧？乙不想请甲吃饭，又不想伤了甲的面子，就会选择说：好啊，最近太忙，改天哈！而如果乙不想给甲这个面子，觉得双方没有交情，就可以直接拒绝：不请，凭什么请你？！以类似的话回答。

在西方的契约社会交往中，我们看到，西方人往往对自己不愿意的事情很容易说不，因为西方人的交往依靠的是契约，而不是交情。反之，在中国，交情是最重要的合作关系轨道，所以在多多少少有交情的社会关系中，会存在大量说谎的情况。

在合作关系中，如果希望合作继续维持，又不想听到对方过多的谎言，最重要的就是尽量少强迫，给对方的"自觉自愿"更多的空间。

在钱庄风控中，由于钱庄并不愿意采用过多的强迫性手段，所以，债务人的说谎似乎不是一个严重问题。但是到了当代，中国银行业大量采用西方人的查账之类的风控手段的时候，说谎就成为一个严重问题。有关这个问题的讨论，将在第八章展开。

当代篇

第七章

当代中国银行业对西方风控模式的引入

在上一章，我们揭示了美国银行的风控模式和中国钱庄风控模式是基于两种不同的社会文化传统，那么，如果将美式的风控模式引进到中国的社会土壤上，会遭遇到什么样的问题呢？

半个多世纪以后，中国重建了商业银行体制，并积极引入实际上是以美国为标杆的量化风控模式，作为中国银行业的主导信贷风控模式。从本章开始，将对其引入情况和所产生的问题加以分析，分析的立论基础，是第六章所阐述的文化比较视角，但会根据论述的需要加以扩展。①

---

① 本章及以后的章节所讨论的风险控制问题，有三点需要说明。

（1）所讨论的风控主要限于信用风险，而基本上不涉及市场风险和操作风险。理由：一是因为信用风险一直是传统钱庄和当代中国银行业风险控制的主题，也是西方银行业风险的主题。二是因为本书的主要意图并非从技术操作层面对银行业风险控制进行面面俱到的研究，而是要通过信用风险控制这个话题，揭示其背后所隐含的制度与文化的关系。

（2）所讨论的信贷风控对象主要涉及民营企业，尤其是民营中小企业，而不涉及国营企业。理由：不涉及国有企业是因为，中国的国企总有政府为其做信用背书，可以"万里长城永不倒"，讨论国企的信用风险基本上等于讨论政府的信用风险，没有意义。主要涉及民营中小企业是因为，这些企业是中国产业的主体，而且当前中国信用风控的各种问题、矛盾，基本上都与中小企业有关。大型民企数量少，融资渠道多，故不在本书关注之列。

（转下页注）

一 1949年以来的中国银行体制变迁简介

（一）计划经济时期

1948年成立的中国人民银行，为新中国唯一金融代表。1949年以后的社会主义改造，使所有旧时代的金融机构，或自行消失，或被斩草除根，或被收编。

原中国银行，成为中国人民银行（以下简称人行）经营外汇业务的职能部门；交通银行被改造成承担基建投资业务的职能部门；又于1951年组建农业银行，专营支农贷款，扶助信用社。原来的其他大大小小的银行，被并入中国人民银行的储蓄部。

由此，新中国形成了大一统的金融体系，一切信用集中于中国人民银行，它既作为中央银行，发行货币，管理金融机构和金融运作；又作为商业银行，开展存贷款、外汇等业务，此所谓三位一体。而在更高的层面上，人民银行实际上变成了政府的出纳和财政的附庸。[1]

（接上页注①）（3）为了了解当代中国银行业信贷风控的现实，笔者历经两年时间（主要在2014~2015年），先后调查走访各银行与信贷风控有关的人员近50人，录音40个小时左右，录音整理材料近20万字；涉及基层客户经理、风控经理、支行长、总行风控技术人员、总行高管，另外还包括少数企业总经理和财务总监；这些受访人所供职银行广泛分布于四大行和股份制行，以及一些民营准金融机构；受访人就职所在地域以北京为主，还包括山东济南、烟台，江苏南京、泰州，浙江温州、台州，广东深圳，陕西榆林，内蒙古鄂尔多斯等地。但是鉴于笔者的调研主要涉及各金融机构的实际操作运行层面，由于可理解的原因，受访人基本上都不希望透露自己的姓名、职务、所在单位。故此，有关调研的信息来源出处，一律模糊处理为"据说"一类，敬请读者谅解。本章的第5~6节、第八章、第十章，会大量引用这些调查走访的录音整理材料。

① 参见宋士云《中国银行业市场化改革的历史考察（1979~2006）》，人民出版社，2008，第17~18页。

（二）市场经济时期

1978 年改革开放以后，银行体制为适应市场经济的需要，进行了商业化体制改革，先后出现了四个层次的商业化金融机构。

1. 中央银行与商业银行职能的剥离，以及四大商业银行的组建

1979 年以后，银行体制开始向市场化转轨。

首先，中国银行（以下简称中行）和中国建设银行（以下简称建行）从人民银行中独立出来，一度被撤并的中国农业银行（以下简称农行）也重新组建。分别承担外汇业务、基建业务、扶助农村信贷等政策性业务。

其次，1984 年，中国人民银行的商业性业务被剥离出来，由新成立的工商银行承担，中国工商银行（以下简称工行）由此成为商业银行中的老大，人民银行则变成中央银行，不再经营商业业务。

再次，中国建设银行、中国银行、中国农业银行，逐渐由政策类银行转为商业性营利银行。

1994 年，国家开发银行成立，将中国建设银行的政策性业务承接下来，中国建设银行完全商业化运作；又成立中国进出口银行，剥走中国银行外汇业务中的政策性和管理性业务，中国银行也完全商业化运作；又成立中国农业发展银行（以下简称农发行），剥走中国农业银行的支农政策性业务，又将农村信用合作社（以下简称农信社）从中国农业银行中独立出来，于是中国农业银行也实行商业化运作。

由此，人民银行成为真正的中央银行，不再承接商业化业务；中农工建四大行成为商业银行的主导，居于中国商业银行的顶层。

2. 全国性股份制商业银行

从 20 世纪 80 年代开始，在四大国有商业银行（以下简称四大行）以外，又陆续审批组建了一批股份制商业银行。

1986 年，恢复组建了交通银行（以下简称交行）；

1987～1988 年，审批通过了招商银行、中信银行、深圳发展银行（后重组为平安银行）、兴业银行、广东发展银行；

1992～1996 年，审批通过了光大银行、上海浦发银行、华夏银行、民生银行；

2003～2006 年，审批通过了恒丰银行、浙商银行、渤海银行。

这些银行，被定位为中小型股份制商业银行。其中绝大部分都有省部级政府或者相当于省部级地位的大型国有企业集团的支撑，实际上可以理解为省部级官办国有银行，但是，也可以在全国范围内展开业务，地位居于四大行之后的第二个层级。

当然，这些股份制银行，比四大行的行政色彩要淡一些，垄断性更少，竞争性更强。其中，民生银行特别值得注意，它完全由大型民营企业参股组建，商业化色彩最重。[1]

3. 区域性股份制银行——城商行和农商行

城商行的前身，是 1979～1993 年，政府容许各地城镇居民集

---

[1] 参见宋士云《中国银行业市场化改革的历史考察（1979～2006）》，人民出版社，2008，第 187～220 页。

资建立的各种民营合作金融组织，与 20 世纪 80 年代以来发展的个体私营经济相对应，为城镇集体、个体、私营经济提供金融服务。但是，到了 20 世纪 90 年代上半期，这些民间金融机构越办越失控，呈现扰乱金融秩序的乱象。1995 年中央整顿金融秩序，将这些合作金融组织大量地关停并转，留下来的被组建成城商行。当时，在全国各地组建了一百多个城商行，并逐渐被规范为地市级地方政府的融资工具和城市金融机构代表。

农商行的前身比较久远，可以追溯到新中国成立初期的农村信用合作社，农信社被称作党领导下的农民合作组织，但实际上一直受到官方的控制。1958～1984 年，农信社干脆被收归官办；到 1984 年，又恢复农信社，但是归属于农行；1996 年又脱离农行，独立出来，但仍然受到各地方政府财政的支持和控制，具有极强的官办色彩。

2005 年以后，在一些非农业经济占比较高的地区，农信社转化为农商行，成为市县级政府的融资工具和地方金融机构代表。

城商行和农商行，可以理解为是第三级和第四级的国有金融机构，按照原来的规定，只能在原区域开展业务，但实际上越来越不受限制，呈现跨区域经营趋势，其中有些发展比较好的，如北京银行、南京银行等，已经具有全国性的影响力。

总之，城商行和农商行差异很大，大型的、有跨区域影响力的每个省市至少有一家，最多的四川省有 13 家。而其中小型的，则还处在村镇级别。而且最近，有些地区已经着手把农信社转为村镇银行。

这些银行，具有很强的区域性，由于不同地方经济的发展水平，以及政府的管理能力和思路的差异，行政色彩/市场色彩深浅不一。①

4. 各种准民营金融机构

上述四个层级的商业银行，基本上都受官方控股，在人事任免等方面也受官方行政控制。也许除了民生银行以外，没有真正意义上的民营商业银行。

但是，迫于上述各个层级国有银行对民间金融需求的供求矛盾比较突出，政府还是逐渐容许民间兴办一些准金融机构。所谓准金融机构，就是说，其所登记的身份是一般工商业户，但经营的是金融信贷业务。这些准金融机构，目前主要包括典当行、担保公司、小贷公司，以及最近兴起的 P2P 等互联网金融机构。概述如下。

典当行：旧社会的典当行早在 20 世纪 50 年代就被清理了。到了 20 世纪 90 年代，政府重新容许典当行营业，典当行业规模迅速扩大，经历了数次治理整顿以后，仍有可观的数量规模。②

小贷公司：20 世纪 70 年代，尤努斯教授因在孟加拉国给穷

---

① 参见宋士云《中国银行业市场化改革的历史考察（1979～2006）》，人民出版社，2008，第 120～136 页。

② 参见王刚、李佳芮《我国典当业发展现状、面临挑战与政策建议》，《金融与经济》2015 年第 1 期，第 50～54 页；周黎明、史晋川《融资成本、融资替代与中国典当业的盈利波动——经验证据及理论解释》，《金融研究》2012 年第 3 期，第 81～94 页；周黎明、史晋川、叶宏伟《我国典当业的特点及性质变迁》，《浙江学刊》2012 年第 1 期，第 138～144 页。

人提供小额贷款出了名，被搞成了国际经验，国内好事者将这种"国际经验"于 20 世纪 90 年代引入中国，作扶贫项目。2000 年以后，政府试图将这种小贷纳入其正规渠道——农村合作社——进行扶持发展。到了 2008 年，又放开由民间投资发展，并制定一系列规范文件，小贷公司才被民间资本接手，得到大发展。但是小贷公司被限定为只许用自有资金贷款，不许吸纳存款，发展空间有限。①

担保公司：1993 年试点创办第一家，但是直到 1999 年，政府才鼓励其大发展。担保公司有官办和商办两种，但是，鉴于官办担保公司持续亏损，形成财政负担，于是政府又鼓励以商办为主。但到 2011 年以后，连续出现几起商办担保公司倒闭事件，影响面甚广，银行拒绝与之合作，导致商办担保行业逐渐偃旗息鼓。②

P2P：2010 年以后，互联网金融的风吹到了中国，于是民间也纷纷引进很多互联网金融模式，包括 P2P、众筹、电商金融等。其中 P2P 最成气候。但仔细考察 P2P 的经营模式，实际上主要是打着互联网金融旗号，从事小微信贷的小贷公司，只是相比于小贷公司，涉足集资的倾向比较明显。③

---

① 参见石建平、王胜春、张韬《在规范中继续成长：小额贷款公司发展报告》，《科学决策》2013 年第 11 期，第 70－94 页；陈秀红：《小贷公司面临的外部问题及对策》，《中国经贸》2012 年第 22 期，第 41 页。
② 参见夏浩、周铭敏《我国商业担保公司盈利可行性分析》，《中国经贸》2014 年第 17 期，第 164～166 页；秦海林：《信贷担保公司业务拓展的制度变迁分析》，《重庆大学学报》（社会科学版）2014 年第 1 期，第 80～86 页。
③ 参见柏亮主编《中国 P2P 借贷服务行业白皮书（2013～2015 年）》。

以上几个民办准金融机构类型，都有以下特点。

第一，一方面，官办的正规金融渠道对民营经济部门强大的金融需求不能满足；另一方面，民办的金融机构又不能合法化，受到各种打击和排挤，以上两股力量的夹缝，便是民办准金融机构的生存空间。

第二，由于受到上述限制，这些准金融机构普遍存在规模小、质量差、政策预期不稳定、经营也不稳定的问题，热衷于做些短期投机性业务，各类负面事件层出不穷。

就本书所主要关注的民营中小企业信贷整体而言，改革开放以来，当前银行体制最大的体制矛盾是：一方面，民营经济部门日益发展壮大，已经成为中国经济的主体，占 GDP 的 60%以上，占就业人口的 80%以上；另一方面，以上述四大行和各层级股份制银行为主体的正规金融渠道对民营经济的信贷供给严重不足。民营中小微企业，遭遇严重的信贷困局，已经成为一个非常严峻的经济问题。[①] 比数字所反映的问题更严重的是，近年来，为了拯救经济，央行持续放出海量的货币供应，却无法进入中国经济的效率板块——民营经济，而是助长了国进民退，助长了无效率的国企和政府融资平台板块的扩张；以及促使投机性行业——房地产市场、股市——形成严重的泡沫。这不仅没有起到扶助民企产业升级的作用，反而对民营企业造

---

① 参见张秀涛《中小企业融资难问题浅析》，《中国集体经济》2015 年第 6 期，第 62～63 页；吕铀：《中小企业融资难原因及缓解对策》，《中国经贸》2015 年第 6 期，第 112～113 页。

成严重的侵蚀或者拖累。

当然，根据笔者的调研了解，国有银行体制对民营企业信贷并不存在刻意的政策限制或歧视，问题主要在于当前银行找不到有效的办法，来破解对民营企业的信贷风险控制难题。那么，中国银行业对民营企业的信贷风控现状如何？存在什么问题？

笔者以为，这些问题首先和银行业信贷风控的主导思路有关。下面我们就从中国银行业信贷风控制度的演化开始，切入这个问题。

二 中国银行业信贷风控的演进

改革开放以来，中国银行业的信贷风控历史演化，可以分为三个阶段，而这三个阶段的演化，主要与国退民进，以及经济体制从计划向市场的演化进程相关。

1. 第一阶段（1996 年以前）：银行以规模扩张为特征，风险管理缺位

在本阶段，尽管在 20 世纪 80 年代就逐渐从人民银行中剥离出四大商业银行，但是所谓的商业银行有名无实，仍然是借政府行政之手分配资金的傀儡，四大行没有自主经营的权力，自然也不用承担什么责任，信贷风控，自然也无从谈起。

在这段时间里，一方面，各级国有企业是国家经济的主体，在各种开放搞活的改革名目下，国有企业陷入空前的资金饥渴，

尤其是 1984 年"拨改贷"以后，[1] 争取银行贷款成为各级国有企业发展的唯一通道；另一方面，银行以资产负债的扩张为目标，各级政府部门则争抢分配银行信贷资金给各自所归属的国企。

从银行体制来说，本阶段资金的供应权操控在人民银行手里，人行对下级行的管理，主要实行"规模管理，不得超越"，即对各区域和各专业行的信贷规模进行总量控制，不得超越。但各级政府对同级分支银行的干预能力强大，加上各级银行本身的利润留成冲动，导致二者合力追求信贷规模扩张，信贷规模一再被超越。而其中的绝大多数，都贷给了国有企业，其中又有大量的信贷属于政策性贷款，放贷银行实际上也无权控制，形成不良贷款的责任，当然也没法由放贷银行承担。[2]

但是，由于国企的无效率逐步显现，大量银行资金变成国有企业的积压产品，在仓库里沉淀；1988 年引发结构性通胀，中央决心紧缩银根，银行贷款停顿，企业陷入三角债，经济陷入停滞。

1992 年邓小平南方谈话以后，银行对国企又是一轮疯狂放贷输血，无奈国企体制毫无改观，而且，随着改革开放的进程，国企在低档品价格上拼不过乡镇企业；在高档品质量上拼不过进口产品，市场经济的发展，足以彻底暴露国企的无效率。结果，一

---

[1] "拨改贷"：过去，对国有企业的资本需求由上级主管部门财政厅局拨款。鉴于国企对这种无偿拨款的使用没有效率，企业不珍惜，国家决定于 1984 年将财政拨款给国企改为由国企从银行贷款，借以刺激企业提高资金使用效率。

[2] 关于本阶段信贷规模无法控制的银行体制性原因检讨，参见宋士云《中国银行业市场化改革的历史考察（1979～2006）》，人民出版社，2008，第 61～80 页。

方面是海量的银行信贷资金注入国企，另一方面是国企生产了大量卖不出去的产品。海量的货币供应和无效的供给，终于演化成20%多的严重通胀，整顿金融秩序势在必行。

2. 第二阶段（1997～2004年）：以规模控制为主，以中央治理代替银行风险管理

在20世纪80～90年代，有一句总结中国宏观经济波动的顺口溜，叫作"一放就乱，一收就死"。那么，这个阶段，就属于"一收就死"的阶段。由于20世纪90年代上半期严重的通胀，以及1997年东南亚金融危机的国际教训，中央下决心整顿金融秩序，其实质是给无效率的国企断奶，被掐断信贷供应的国企部门立即陷入了空前困境。但是"一收就死"只是意味着国企的死亡，却给民营经济的发展腾出了大量的产业空间。

整顿金融秩序的直接着力点当然是银行信贷。此阶段的一个重大改革是将四大国有商业银行的政策性贷款任务剥离，这意味着商业银行为国企的无效率埋单的责任被转嫁出去了，使得国有商业银行向"商业性银行"的实质迈出了一大步。但是，商业性银行的自主经营权仍然没有得到确立，信贷的谨慎主要来自中央的高压政策，而不是商业银行本身基于风险控制的自觉的谨慎。[①]所以，从这个意义上讲，以四大行为首的国有银行体系，仍然没有真正的风险控制可言。

---

① 参见宋士云《中国银行业市场化改革的历史考察（1979～2006）》，人民出版社，2008，第190～195页。

3. 第三阶段（2005 年以来）：银行真正开始有信贷风控

中国银行业真正开始有信贷风控，是在这个阶段。这是基于以下几个内部和外部条件。

第一，经历了 20 世纪 90 年代的民进国退以后，民营企业逐渐成为中国市场经济的主体；同时，少数留存下来的国有企业，也在市场中站稳脚跟。所以，到了 2000 年代中期，整体上来说，银行终于有市场化的授信对象可以面对了，这为银行的自主经营权提供了实体经济的基础。

第二，20 世纪 90 年代后半期整顿金融秩序，导致银行巨额坏账的集中爆发，而呆坏账的根源，则在于各级政府用行政手段挟持银行发放了大量政策性贷款。这使得金融监管高层下定决心，必须斩断政府对银行的控制，加强银行的独立经营地位，向真正的商业化金融运作看齐。所以，此期银行改革的根本主题是政银分开，强调银行的独立主体和独立经营地位。尤其是 2004年，国家投资体制改革方案提出了"谁投资，谁决策，谁受益，谁承担风险"的原则，银行在审贷过程中，由对政府的依赖转变为独立审贷。[①]

但是，真正的银行信用风控，应该是在 2005 年前后，各大银行纷纷实行股份制改造并上市以后才开始。

第三，从 2005 年开始，四大国有银行和省部级股份制银行，逐步分期分批上市，实行所谓的公司化经营，这对断开政银关系意义重大。虽然各级政府控股的商业银行仍然受到不同程度的行

---

① 陈四清：《商业银行风险管理通论》，2006，中国金融出版社，第 67 页。

政干预，但毕竟向自主经营迈出了一大步。

此期银行纷纷进行股份制改造和上市的一大背景是，2001年，中国正式加入了 WTO，按照当初的承诺，经过 5 年过渡期以后，外资银行将大举进入中国金融市场，与国有银行进行公平竞争。为此，中央承受了巨大压力，决心实行银行的股份制改造，当局者认为，只要把国有银行进行股份制改造，上市了，就能够转化出现代企业制度，可以和外资银行竞争。因此，四大国有银行的上市，都与此压力高度相关。[①]

最早上市的是深发展（后来的平安银行，1991 年），然后隔了 8 年，陆续有浦发银行（1999 年）、招商银行（2002 年）、民生银行（2002 年）、华夏银行（2003 年）等股份制银行先后上市。到了 2005 年前后，主力银行集中上市，交通银行（2005 年）上市之后，四大行中的三个巨无霸——建设银行（2005 年）、中国银行（2006 年）、工商银行（2006 年）相继上市。到了 2007年，又集中上市一批省市级国有资金背景的银行，包括兴业银行、北京银行、宁波银行、南京银行、中信银行。[②]

三 巴塞尔协议与西方的量化风控模式

在银行股份制改造和上市的基础上，银监当局开始以落实巴塞尔协议为渠道，全面引入西方量化风控模式。

---

① 宋士云：《中国银行业市场化改革的历史考察（1979~2006）》，人民出版社，2008，第 196~199 页。
② 截至 2015 年，共有 16 家银行上市，上文未列出的还有中国农业银行（2010 年）和光大银行（2013 年）。

实际上，银行的股改，和巴塞协议的落实，以及量化风控模式的引入，都是基于银监当局一个共同的心理忧虑：加入 WTO 以后，外资银行大举进入中国，对国内金融业将产生极大的威胁。

从银行的股份制改造、上市，到巴塞尔协议的引入和西方信贷风控模式的推行，都反映出中国人近代以来特有的一种天真质朴的心态，以为只要银行实行股份制改造了，上市了，就能按照现代企业制度（实际上是西方企业制度）运作；以为只要按照西方的风控模式运作了，银行的信贷风控就能从落后走向先进，达到世界一流。总之，只要（西方的）制度落实到位了，事情就能像在西方一样自动运转。[①]

但不管怎么说，西方量化风控模式的引入，意味着中国银行业的信贷风控揭开了一个新篇章，我们还是从巴塞尔协议开始，看看西方风控模式是怎样被引入的，结局又如何。

（一）巴塞尔协议

1. 巴塞尔银行监督委员会（以下简称巴塞尔委员会）的组建

1973 年，德国和美国分别有一家国际性大银行倒闭，使得各国金融监管当局感觉有必要进行国际监管。

于是，在 1975 年，由美国、英国、日本、联邦德国、法国、意大利、加拿大、比利时等十个最重要资本主义国家的中

---

① 从近代开始，中国就引进西方的股份公司制度，也即现在的所谓"现代企业制度"，但直到今天为止，现代企业制度的所谓公司治理构架仍然徒有其表，基本上是在空转，不接地气。有兴趣的读者可参看笔者的相关分析（徐华：《从家族主义到经理主义：中国企业的困境与中国式突围》，清华大学出版社，2012，第 25～66 页）。

央银行，在瑞士国际清算银行总部，设立了巴塞尔银行监督委员会。

巴塞尔委员会的核心目标，是要监督跨国银行的国外分支机构，包括现金流量和资产负债情况。它没有特权，只是制定一系列巴塞尔协议，制定监管标准和指导原则。[①]

2. 巴塞尔协议 I

到了 20 世纪 80 年代，巴塞尔委员会注意到，一方面是金融市场全球化竞争，另一方面是各国银行业监管标准不同，造成了国际银行之间的不公平竞争现象日益严重，国际银行业的经营风险在加大，于是在 1988 年出台了巴塞尔协议 I （又称为巴塞尔旧协议）。

巴塞尔协议 I 的主要内容，就是要求银行有一个最低的资本充足率8%，这是一个基本的监管要求。

$$资本充足率 = 资本/风险加权资产。$$

其中关键是"风险加权资产"，简单地说就是，银行所经营的各项资产，风险越大，需要备拨的资本就越大。巴塞尔协议 I 将银行持有的资产，按风险分为四类，风险最大的资产，需要备拨8%的资本，其他依次递减。[②]

[①] 任若恩等：《〈新巴塞尔资本协议〉与中国商业银行内部风险控制研究》，成思危主编《路线与关键：论中国商业银行的改革》，经济科学出版社，2006，第 302～303页。

[②] 巴曙松、朱元倩：《巴塞尔协议Ⅲ研究》，中国金融出版社，2011，第 20～21 页。

但是，对于银行风控来说，其中的看点在于，为了满足监管要求的8%的资本充足率，银行必须给自己的各项资产一个风险权数。由此而不自觉地，巴塞尔协议给银行的风控管理一个重要的导引：银行的信贷资产风险，需要被量化地测算出来，并进行加以量化的管理，从而给外部监控机构一个交代，也给银行自己一个交代。就这样，量化风控管理模式被引入了。

3. 巴塞尔协议 II

巴塞尔协议 I 的缺陷在于，其所制订的风险权重标准太过于粗略，尤其是银行对所有企业的信贷，风险权重都一样，这显然忽略了不同公司的信用风险差别。

鉴于巴塞尔协议 I 的上述缺陷，巴塞尔委员会又于2004年制定了巴塞尔协议 II（简称巴塞尔新协议），要求2007年执行。

巴塞尔协议 II 的改进之处很明确，就是按照信用评级，将银行的各项资产的风险权重量化、细化。①② 具体方法，我们在下面继续讨论。

（二）巴塞尔协议中所隐含的西方风控理念

巴塞尔协议隐含的西方风控理念，核心是风险控制的量化操作。这又体现在两个方面：第一是各种量化风控技术；第二是银行管理体制的"全面量化管理"。

---

① 巴曙松、朱元倩：《巴塞尔协议 III 研究》，中国金融出版社，2011，第24~27页。
② 到了2008年，爆发了次贷危机，又对巴塞尔协议 II 提出了新挑战，于是，巴塞尔委员会又于2010年通过了巴塞尔协议 III，对资产的安全性的强调，超过了营利性。鉴于巴塞尔协议 III 的内容和我们后面的讨论关系不大，就此略过了。

1. 关于巴塞尔协议中的量化风控技术

巴塞尔协议作为一个国际监管框架，核心是资本充足率，而资本充足率本身就是一个量化指标。一旦大家认同了这一点，整个量化风控的进程就开始了。[1]

巴塞尔协议要求资本充足率必须不小于 8%。由此倒推，就必然需要测量银行各种资产的风险，风险大的，备拨的资本就大，反之则反。这个备拨资本，后来就叫作经济资本。

从此，银行想知道每一项资产必须备拨的经济资本是多少，就必须知道每一项资产的风险有多大。由此就引起了对各种运营资产的风险的测量。

关于信用风险的测量，也就是量化处理，巴塞尔协议 II 规定有两种方法，一种是标准法；另一种是内部评级法。两种方法的主要差异在于，标准法是由外部评级机构进行测量；内部评级法是由银行自己进行测量。由于银行掌握信用贷款的相关信息更具体细致，测量当然更准确，但缺点是要由自己承担较大的测量成本。所以，巴塞尔协议 II 推荐中小银行采用标准法，而要求有承担能力的大银行采用内部评级法。

关于标准法的具体使用，小银行首先获取授信对象的外部信用评级机构给出的评级结果，然后对应到巴塞尔协议 II 预先规定的 13 档信用等级中，然后得出相应的风险权重。

关于内部评级法的使用，又分为初级法和高级法两种。两种

---

[1] 巴曙松、朱元倩：《巴塞尔协议 III 研究》，中国金融出版社，2011，第 29 页。

方法都涉及四个指标的测量：客户信用的违约率、违约损失率、违约风险敞口和期限。差别在于，初级法下，银行只需要自行测算违约率，其他三个指标套用巴塞尔协议Ⅱ的规定；高级法下，四个指标全部需要银行自行测算。[①]

不管是外部评级还是内部评级，初级法还是高级法，测算信用风险的两个基本指标就是违约率和违约损失率。其中前者主要对应于债务人的信用评级，后者主要对应于债项评级。[②]

那么，对于债务人的违约率，怎么加以量化呢？

目前流行的方法，主要是两大类。

（1）基于会计数据的测算

其中又分为两小类。

（a）传统的财务分析，很大程度上依赖银行风险专家的分析。专家的分析主要根据诸如信息一类的所谓定量信息（或称硬信息），以及定性的信息（或称软信息）来判断。其优点是，可以捕捉财务信息反映不出的问题进行判断；但缺点是，主观性强，几个专家可能有很大的分歧，不够规范。

（b）对财务信息进行统计分析：即将选定的关联度比较高的各种会计比率相结合进行加权测算，得出一个度量，给出信用风险评分。目前使用最为广泛的是 Probit/logit 回归模型。

---

① 任若恩等：《〈新巴塞尔资本协议〉与中国商业银行内部风险控制研究》，成思危主编《路线与关键：论中国商业银行的改革》，经济科学出版社，2006，第314页。

② 后文主要讨论信用评级。

（2）基于市场价格来度量的违约率

这种测算方法可以更敏感更快速地捕捉到借款人财务状况的变化，特别是那些反映市场数据和价值的状况。而且这类模型往往另外与基本的经济和金融理论模型相联系，而基于会计数据的度量则很少如此。这类模型的一个典型是 KMV 公司估计违约率的模型，此种方法主要依据三个因素来确定违约率：公司资产的市场价值、资产价值的不确定性、公司资本结构。

（3）其他

另外，还有基于人工智能技术的方法来确定违约概率，如标准普尔的"违约过滤器"，是基于神经网络技术来估计违约率。[1]

在目前国际外部评级市场上，有 150 多家信用评级公司，但是只有四五家具有广泛的国际认可度，其中标准普尔、穆迪、惠誉三家最为有名。在所采用的各种信用评级模型中，也主要是以标准普尔和穆迪两家公司的模型最为广泛接受，巴塞尔协议II的标准法中的标准制定，也是依照这两家的模型评级标准来制定的。

对于银行内部评级，各家都开发了各自的量化风控模型，没有一致，但基本上都采用了比较相似的风险因素：债务人的资产负债表、损益表、现金流量表等。[2]

---

[1] 任若恩等：《〈新巴塞尔资本协议〉与中国商业银行内部风险控制研究》，成思危主编《路线与关键：论中国商业银行的改革》，经济科学出版社，2006，第 321 页。

[2] 任若恩等：《〈新巴塞尔资本协议〉与中国商业银行内部风险控制研究》，成思危主编《路线与关键：论中国商业银行的改革》，经济科学出版社，2006，第 322 页。

由以上我们可以看到，巴塞尔协议一开始只是要求促进国际银行业的公平竞争，提出了一个最基本的资本充足率概念，要求各家银行遵守，但由此资本充足率引发了银行对各项信贷资产的量化测算，最后把信用贷款的风控模式导向了量化风控，尤其是使用各种模型对债务人的财务数据进行分析得出信用等级。

而巴塞尔协议Ⅱ所规定或者推荐采用的所有这些量化风控模式的思路、方法、工具，背后都有一个先行者，就是美国的银行。实际上，美国涉外大银行的量化风控技术远远高于巴塞尔协议Ⅱ的要求，后者要求的量化风控技术，只不过是前者的简化而已。[①]

实际上，在第六章对美国百年银行史的介绍中，我们看到，早在一百年前，美国就有发达的外部评级机构，并成为银行信贷决策的重要参考；而早在20世纪70年代，美国就已经展开了量化风控模型的开发与应用，而模型开发所需要的数据，也早在一百年前就已经积累下来了。另外，关于信贷风险的量化所需要的其他数据条件和高度发达的金融市场化环境，在美国也是非常成熟的，并早已被银行业及相关金融机构大量使用。

所以，巴塞尔协议Ⅱ所推动的量化风控技术，在西方发达国家，尤其是美国，并不是突发的东西，而是早已有深厚的应用传统和应用条件。

---

① 任若恩等：《〈新巴塞尔资本协议〉与中国商业银行内部风险控制研究》，载成思危主编《路线与关键：论中国商业银行的改革》，经济科学出版社，2006，第330页。

但是，对于完全没有量化风控基础，甚至连自主经营的商业银行都是刚刚形成的中国银行业来说，同样的强制力，被巴塞尔委员会传导到中国的商业银行的时候，中国银行业则显得猝然无措。

2. 量化风控技术背后的风控管理体制和操作环境

量化风控技术的使用，并非一项简单的技术，还需要一个与之相适应的操作平台，也就是说，银行必须有相对应的一整套风险管理制度体系，才能有效地使用这些量化风控技术。而这个风险管理体系的典范，也是美国。

据称，美国的银行风险控制管理体系，是世界上最完善、最复杂的管理体制，实际上，巴塞尔委员会于 1998 年颁布的《商业银行内部控制框架》，也是按照美国银行的模本来做的。[①]

美国大银行的风控管理体制，大体来说，有以下几个特点。

第一，银行的业务展开和相应的风险、风险控制，是建立在高度市场化的环境基础上的。

第二，有丰富的、可靠的、可用的财务数据，供金融机构进行信用评级，供各种量化风控模型使用。

第三，有严密有效的组织结构、完善的会计控制体系，独立的内部审计机构。

第四，有严格的授权审批程序、互相独立的业务部门、明确的责任分工。

---

① 任若恩等：《〈新巴塞尔资本协议〉与中国商业银行内部风险控制研究》，成思危主编《路线与关键：论中国商业银行的改革》，经济科学出版社，2006，第 324、第 327 页。

第五，有合理有效的内部检查制度和行之有效的员工管理方式。

第六，有高效的现代化的电脑管理系统。[1]

在以上六个特征当中，后面四个，涉及银行本身的风控管理体制；[2] 前面两个，则涉及银行以外的环境条件：即高度发达的金融市场；丰富、可靠而又可用的财务数据信息。

由此可见，量化风控模式实际上不仅仅是一个模型那么简单，而是意味着一个系统，它包括：

工具：量化风控模型；

操作平台：量化风险管理体制；

操作环境：发达的金融市场、成熟完备的社会征信体系。

因此，可以想象，当我们为了遵守巴塞尔协议资本充足率的要求的时候，就引进了由美国开发出来的量化风控技术；而要使用量化风控技术的时候，还需要引进和再造美国式的风控管理体系；而且，恐怕还需要把风控管理体制和风控模型使用的整个大环境都引进来……[3]

这让笔者想起一个有趣的故事：说一个穷孩子的舅舅，送给他一条外国进口的高级皮带，孩子很高兴，但系上闪闪发光的皮带，发现自己的裤子不配，于是花好几百块钱去买了一条高级裤子穿上，结果又发现脚上的鞋子太寒碜了，觉得自己又不得不花更多的钱去买一双高级皮鞋，然后……

---

① 任若恩等：《〈新巴塞尔资本协议〉与中国商业银行内部风险控制研究》，成思危主编《路线与关键：论中国商业银行的改革》，经济科学出版社，2006，第328页。
② 这四个风控管理体制特征背后的含义，我们将在下一章的第三节展开分析。
③ 在后面第八章和第九章的展开分析中，我们才会充分意识到这意味着什么。

四 中国政府对巴塞尔协议的引入

中国政府早在 1995 年就加入了巴塞尔协议，并决心按照所谓国际规范加强风险控制；但是直到进入 21 世纪以后，才有条件付诸行动。[①]

2001 年，中国加入世贸组织，承诺要在 5 年之后，也就是 2006 年以后，全面开放外国银行市场准入。这意味着，国内银行要在市场上面临国际银行的竞争。基于这样的压力，中国加快了银行改革的步伐，也加快了按照巴塞尔协议的标准加强银行风控建设的步伐。

具体就是 2003 年，中国银监会成立，要按照巴塞尔协议，突出强调以资本充足率为中心的监管；推进商业银行公司治理结构的完善；强化对商业银行的风险监管。其中，对资本充足率的要求最为突出，并进而要求银行实行量化风控管理模式。

到 2005 年前后，各家国有银行和股份制银行纷纷上市，有些还是在海外上市，促进了风险控制的制度建设。

2007 年，中国银监会出台了《实施新资本协议指导意见》，明确了实施的时间表。其中要求，国际业务比较多的大型银行，从 2010 年底开始实施巴塞尔协议 Ⅱ；中小银行自愿实施。

2008 年 10 月，中国银监会又下发《商业银行内部评级体系

[①] 实际上，中国人民银行早在 1993 年，就参照巴塞尔协议的基本原则和国际上的通行做法，制定了由资本充足率、存贷款比例、中长期贷款比例、资产流动比等九个指标组成的商业银行资产负债比例管理监控体系。参见任若恩等：《〈新巴塞尔资本协议〉与中国商业银行内部风险控制研究》，成思危主编《路线与关键：论中国商业银行的改革》，经济科学出版社，2006，第 326 页。

监管指引》等 6 个文件，文件规定，商业银行实施内部评级法，相关风险参数估计值要在核心应用范围内发挥重要作用。

所谓"核心应用"是指，债务人或者债项评级结果，要作为授信审批的重要依据。商业银行的授信政策要明确规定：债务人或者债项的评级结果是授信决策的主要条件之一，信用等级不同的债务人（或者债项），监督的手段和频率不同，授信限额不同。风控部门要按季向上级汇报不同债务人的信用评级变化。

监管部门还要求，银行要在核心应用的基础上，进一步拓展内部评级计量参数的应用范围。

巴塞尔协议Ⅱ以内部评级法为代表的信用计量技术，使得风险管理由定性分析向定量分析转化。此后，中国商业银行都启动或者加快了量化风控模式的应用。

2007～2012 年，在中国银监会的主导下，中国银行开展巴塞尔协议Ⅱ实施工作，在工农中建交五大主力银行和招商银行实施改造工作，涉及范围包括治理结构、组织流程、信息系统、模型开发、模型应用等几个方面。

到了 2013 年初，经中国银监会审批通过以后，六家银行正式开始实施巴塞尔协议Ⅱ，其中风险控制的内容，核心是风险的量化管理。而随着巴塞尔协议Ⅲ高级法的实施，银行的数据开发和模型使用也加速升级，银行业正步入全面量化风险管理时代，中国则面临着以风险量化为核心的全面风险管理变革。[①]

---

① 关于中国引进巴塞尔协议和实施的进程，请参见中国银行风险管理部课题组《商业银行实施巴塞尔协议Ⅲ高级法的模型风险及其管理》，《金融监管研究》2014 年第 12 期，第 24～36 页。

　　除了上述几大行以外，其他股份制商业银行也不同程度地卷入这场自西方引入的风控模式的变革中，但是股份制商业银行对量化风控技术的使用，并没有强制性，因此大多不重视、不采用，原因在于：第一，客观的条件不具备：小银行没有大样本，也没有足够的资金和人才，所以在技术上不可行。[1] 而且，即使是在美国，很多小银行也仍然没有采用量化风控模型。[2] 第二，主观的原因，是股份制商业银行的官方控制色彩比较淡化，而且更多涉及民营企业信贷，奉行实用主义。

　　因此，本章后面关于量化风控模型在中国银行业的落实情况，以及下一章涉及的问题分析，主要是就按照巴塞尔协议实行内部评级法的几家大银行，尤其是针对国有四大商业银行（以下简称四大行）的情况展开讨论的。

五　量化风控模式在中国银行业的落实：纸面上的流程

（一）四大国有商业银行的量化风控模型

　　前面看到，引入巴塞尔协议是政府和中国银监会迫切希望的

---

① 实际上，股份制银行不仅自己无力开发模型，而且无从按照标准法使用外部评级机构的信用评级结果。因为，诸如标准普尔、穆迪等大型评级机构开发的模型及其信用评级，所针对的其实是通过发行债券融资的企业。美国大中小企业都有机会大量发行债券，而对中国的股份制银行所面对的国内广大中小企业来说，发行债券无异于痴人说梦。

② 任若恩等：《〈新巴塞尔资本协议〉与中国商业银行内部风险控制研究》，成思危主编《路线与关键：论中国商业银行的改革》，经济科学出版社，2006，第330页。

事情，那么，四大行对此是什么反应呢？

四大行落实量化风控技术，首先是因为来自银监会的压力。但是在此前提下，四大行本身也有落实量化风控技术的动力，尤其是内部评级法中的高级法。据四大行一位在总行从事量化风控模型开发的人员透露：

（早几年），一般银行都使用初级法。今年（2014年）上半年银监会批准六家银行通过高级法进行资本计量了。

银行积极争取采用内部评级法，一方面是监管要求，一方面在现实上也有意义。而且一个非常现实的动机就是，现在银行都想发新股或者次级债来弥补自有资本，因为每放一笔贷款必须有一定比例的自有资本做支撑才能放这笔贷款，如果贷款规模和自有资本的比例已经达到银监会的下限了，就没办法办理业务了。为了再办业务，就必须发行新股或次级债券。

所以银行为了尽可能少占用资本，就有动力用内部评级的高级法。因为标准法是最粗糙的，给的比例很高，不管资产违约水平或损失水平如何，用标准法算的话占用资本很大。如果用内部评级法来计算，模型是自己算的，会考虑到客户的违约概率和这笔钱在客户损失以后回收的比例，最后测算下来，用高级法来计量的话自己需要的资本比用标准法计算需要的资本量大大降低。由此银行可以进一步扩张规模，有这么一个利益驱使，所以很看重这个东西。

在总行层面上，量化授信风险的具体体现，就是要求进行客户评级和债项评级。

　　每一个客户都要做两个评级：客户评级和债项评级。

　　首先，每年对所有的法人客户进行一次客户评级。

　　有客户评级以后，当客户具体来申请贷款的时候，还要对每笔贷款做债项评级。

　　据我了解，银行最关注的一个指标是 RAROC（Risk Adjust Return On Capital），叫风险调整后的资本收益。它实际上是风险调整后的收益再除以资本，这个资本是经济资本。要设定一个比率，好比是 5%，只有达到 5% 以上，这笔贷款才会放，达不到这个水平，就不会放这笔贷款。各个银行都应该有一个自己设定的比率。

为此，四大行总行研发出各自的信用评级系统，也就是量化风控模型。但具体的权重是保密的。我们只能知道其中涉及的输入内容的大体情况，以客户信用评级为例，包括三大项。

（1）系统性风险评价，又分为：

行业风险：环境风险、经营风险、财务风险、信贷风险。

区域风险：经济景气度、经济开放度、区域政策导向、企业经营效益。

交叉风险：客户所属行业和区域风险的交叉。

以上三者，作为解释变量进入信用风险和区域风险评级模型，确定客户的系统性风险分值。

（2）财务风险评价。基于客户提供的近期财务报表，由基层人员收集整理并输入系统后，系统运用数理统计模型进行自动计算。

（3）信用记录风险评价。是针对客户在商业银行的信贷质量和结构情况，进行违约风险判断。信用记录主要是客户既往留存在银行的内部数据，同时也参考外部信用数据，由评级预警系统抽取并计算。

建立在量化分析的基础上，数理模型自动计算出客户的系统性风险分值、财务风险分值、信用记录风险分值之后，自动汇集算出综合风险分值，再将综合风险分值转化为初始违约率，再转化为信用等级。

四大行都有客户信用等级，比如分成十个等级：

AAA（极佳）、AA（优秀）、A（良好）；BBB（较好）、BB（一般）、B（可接受）；CCC（关注）、CC（预警）、C（判断性违约）；D（实际违约）。

（二）量化风控模型是如何嵌套在银行现行风控管理体制中的？

那么，上述量化风控技术在银行信贷风控中如何具体落实呢？

它实际上是被嵌套在一个既有的组织构架和风控管理流程里的，我们可以具体来看看。

1. 银行组织与授信审批权限层级

国有四大行一般都存在五个组织管理层级，分别是：

（1）总行；

（2）一级分行（一般设在各省会、直辖市）；

（3）二级分行（一般设在地级市、大城市里的区）；

（4）支行（一般设在县、县级市、城市里的区片）；

（5）营业网点（城市里的营业网点有的涉及授信业务，有的不涉及，乡镇地区则多有涉及）。

银行的授信审批权限，是在上述层级中展开的，一般的原则是：下级分支行承揽业务，上级行审批。每一级分行有一个大致的授权审批权限（授信额度）。其中，支行只承揽业务，没有审批权限，由上级分行审批，超过分行审批权限的，报更上一级行审批。

2. 信用风险管理业务的组织构架①

第一，总行设风险管理委员会，为全行的最高风控管理当局，有一个相当于副行长级别的风险总监，独立于行长和行内的其他职能部门，直接向董事会负责。

但是风险管理委员会没有专门的职能部门，是个架子，类似于召集人，其职责是，对全行的业务风险进行集中监控并随时向董事会报告；遇有重大项目，召集相关部门进行集中审理，评定项目风险。

第二，总行的风险管理部，负责人为总经理。负责制定风险管理的规章制度、流程，为具体执行部门提供决策支持。成员都是专业风控人员，能够根据经济环境、金融形势和产业结构的变化，提供全行统一的信贷政策；并对执行面进行监督审查，发现

---

① 本小节内容，以笔者调查了解到的中国建设银行的构架为主。

问题进行及时调整。须要特别注意的是，量化风控模型的开发，就在这个部门。

第三，一级分行和二级分行的审批部门。

支行没有审批权，支行所承揽的客户业务，都由支行长带同具体接触业务的客户经理，接受上级分行审批部门的面审、审批。

二级行审批权落实在风险部，审贷会审批成员构成为：一个牵头人，一般是二级分行的副行长；四个审批人（有专职也有兼职）。超过二级行审批权限之外的项目，上报一级行审批。

一级行有专门的授信审批部，其审贷会成员构成为：一个牵头人，一般是省行副行长；四个职业审批人。[1]

3. 涉及中小企业信贷业务的风险管理流程[2]

包括：受理、风控审查和再评估、审批、发放及借贷登记与贷后管理五大阶段。

（1）第一阶段：受理

本阶段工作，主要由基层支行客户经理承担。

第一，是客户向基层银行发出信贷申请，也可以是银行客户

---

① 按：上述四大行组织管理构架，是笔者通过访谈四大行的相关业务人员获得的，其在实际落实过程中一直在微调，不同行也有微小差异，笔者主要以建设银行近期的情况为主要依据整理而成。

② 关于四大行的信贷风控流程，主要参考了李斌提供的资料，参见李斌《中国商业银行风险管理流程再造研究》，中国社会科学出版社，2014。但是根据笔者的实地访谈发现，尽管李斌的著作已经是笔者所能找到的最新公开出版物，但其所提供的流程并不完全符合四大行的现行实际情况，各家银行实际的情况也不尽相同，而且还在不断变动。本节提供的流程，是以李斌提供的流程为基本框架，根据笔者实际调研的情况做了修正。

经理主动向客户兜揽生意，邀请客户向银行提出贷款申请。

第二，对于提出申请的客户，客户经理要对其进行资格审查，主要是要求客户须有核发的营业执照，并拥有几个基本条件：产品有市场、经营有效益、不挤占挪用信贷资金、恪守信用。

第三，要求客户提交材料，主要包括：客户基本材料、信贷业务材料、担保材料等。

第四，对上述材料进行初审：材料是否齐全、完整、合法、规范、真实、有效。

第五，信用评级，一线客户经理对客户进行调查走访，将所获取的客户行业信息、区域信息、财务信息、客户信用记录，录入 CIMS 系统，自动生成信用评级。

需要特别注意的是：在前述信贷管理流程中，客户经理还有一道工序：对客户基本面风险进行评判，主要指标包括：品质、实力、环境、资信状况、危机管理。这实际上是一线经理人根据自己的调查走访所掌握的相关信息和经验，对客户基本情况及主要风险特征进行定性分析。

当直接评价人员认为系统自动生成的初始评级，与自己对客户基本面风险的感觉不一致的时候，就要对其间的差异进行说明，并提出自己认为的建议等级和授信额度。

（2）第二阶段：风控审查和再评估

这项工作，一般是由上级行的风控部门承担，实际上是对客户经理提交的客户材料和评估报告进行再审查和再评估。

第一项，对于客户经理报上来的基础材料做合规性审查。至于材料的真实性，由支行的客户经理保证。合规性审查内容包括：报批材料齐全性审查、信息充分性审查、内容一致性审查、格式规范性审查，出具合规性审查报告。

第二项，再评估。

（a）客户信用评级——针对授信主体（公司、个人）的信用调查评估。

由客户经理输入资料，由总行设定的系统自动生成的客户评级，到了分行，还有专门的审查人员以人工方式再审核评估。评审的依据，一个是总行制定的各种信用评级的政策和规范。所谓的政策，比如各种行业鼓励或者限制政策；所谓规范，比如各种行业的、区域的硬性规定，按照这些规定，各行业和各区域的企业信用评级是有名额限制的，比如某个区域的某种行业的企业，评 3B 级企业不得超过 10 个；再比如，二级分行没有评估 A 级企业的权限，系统自动生成的客户信用评级如果超过这个权限，则要上报上一级行才能评估；等等。

（b）业务评价——针对客户借贷的具体用途的风险评估。

（c）担保品评估——针对客户提供的抵押物和担保人进行评估。主要是针对固定资产的价值进行评估，比如房地产估值。

（3）第三阶段：贷款审批

银行的贷款审批环节，是由审贷会来执行，一级行和二级行的审贷人员构成已如上述。

审贷会开会，实际上是上级行审批人员"审问"下级行申报人员。①

审批人员在阅读审查申报材料的基础上，根据国家相关政策、法律法规、商业银行的信贷规章，审查信贷业务的技术、经济和商业可行性，分析项目的主要风险点，以及风险规避和防范措施，依据该笔信贷业务的可能收益和风险决定是否批准该业务。

（4）第四阶段：贷款发放（从略）

（5）第五阶段：借贷登记与贷后管理

（a）借贷登记（从略）

（b）贷后管理：包括：风险监控——分为现场检查和非现场检查；风险监控流程——信息收集、风险识别和评估、信息传递、结果处置。

这里值得注意的是贷后情况的信息反馈流程，分正常和非正常情况两种：

正常情况：客户经理撰写首次贷后调查报告，每三个月去企业查看一次，包括财务报表和其他具体情况，财务报表要记录在总行设定的系统里，主要是记录几个关键指标。

---

① 另外，对于小额信贷，实际上不用上审贷会，而是实行双签制。即：承揽业务的客户经理或支行长，与风控部门的有关人员或负责人，双方签字，一个信贷决策就达成了。

非正常情况：有不良贷款风险的，由支行客户经理发起，根据情况的严重程度，逐级向上反馈。上级则要根据情况、权限和职责，在规定的时间内做出相应的反应。

六 量化风控模型在中国信贷风控中的真实地位

从量化风控技术发源地美国的情况来看，在早期，信贷风控曾经被当成一种"艺术"，也就是说，它高度依赖于风控专家的个人经验和感觉。但是在美国风控百年史的演化过程中，与美国其他行业一样，存在着一种"艺术"不断被"科学"所取代的趋势。这里所谓的"科学"，就是指由专家、工程师预先开发设定好了的理性化的机械工具、程序，其中，人工的技能因素不断被消灭。美国量化风控技术的采用就是如此，它相当于一个自动化流水线，人的主观能动性不断被消灭，"艺术"也随之被消灭，人在很大程度上只是这个流水线的附庸。

但是在中国四大行，不论是从纸面上的程序来看，还是从实际操作中的情况来看，被引进的"机械化的"量化风控模型的作用，实际上是被中国特色的"人工因素"吞没了。

第一，客户经理层级的人工因素：客户基本面风险调查及评估。

在美国，采用量化风控模型的大银行，客户经理实际上已经退化为信息录入员的地位，经过简单培训就可以了。[①]

---

① 参见本书第五章的相关介绍。

但是，在中国，银行的客户经理则不同，按照上述正式的风控流程，客户经理不仅要兜揽生意，而且要对客户企业进行实地走访调查。

在此基础上，客户经理在系统上需要平行地进行两项操作：一项是把从客户处获取的有关信息输入总行预先设定的量化风控模型，自动得出客户的信用评级；另一项，则是根据调查走访的感觉，对客户的"基本面风险"进行判断，也就是凭人工对客户的信用状况进行主观判断。当系统自动生成的结果和客户经理的主观判断不相一致的时候，客户经理要将自己的判断形成书面报告，说明情况，并提交自己的主观判断。

从流程看，客户经理的这个"基本面风险"工序，实际上是对量化风控模型通过以财务数据为主的硬信息生成的信用评级的一个人工矫正。因此，这种设计的意图，本身就表明了总行对量化风控模型自动输出的结果的不自信。

第二，信用评级审核人员的人工因素。

对于系统自动生成的客户信用评级，上级行的有关风控部门还要对其结果进行再审查、再调整。也就是说，不是系统生成什么级就是什么级，风控部门还要对其进行上拉或者下压。

这种人工调整的依据来自两个方面，一个是上级行的各种政策和规定，另一个则是执行人根据上述政策规定，再参照企业实际情况做出调整。

总行要鼓励的行业，可以给提一级；总行要限制的行业，则给降一级。根据总行规定，各区域和各行业能评几个 A 级、几个

B级，也有限制。也就是说，对于量化风控模型自动生成的客户信用评级，高分太多了，需要卡下来；分数太高了，需要到上级行报批。

笔者追问四大行的相关风控人员，既然这些规定都是从总行发下来的，总行为什么不事先把这些基于区域和行业的考虑，直接在量化风控模型中进行调整？答曰：总行只有一个模型，针对的区域和行业情况却千差万别，没法管得那么精细，不得不借助各地分行风控人员进行人工调整。

第三，审批人员的人工因素。

但是，这还不算完。到了信贷审批人员那里，信用评级似乎并没有什么大用。所有的四大行审批人员都告诉笔者，系统生成的信用评级结果，尽管已经进行了再审核，仍然只是一个参考。什么参考？就是说，信用评级只是得到授信的门槛儿，没达到某个等级，肯定不行；达到了也未必有用。审批人员还需要根据各方面的因素进行人工的判断和讨论。

汇集笔者调研走访的材料，笔者把审批人员的人工审批工作归结为"天、地、人"三个方面。

所谓"天"，是总行下发的各种信贷政策和规范，据说，审批人员手中拿着厚厚一大本子总行下发的各种信贷指令规定，这些指令，当然是总行基于宏观的和中观（行业、地域）的考虑，高瞻远瞩下发的文件，有它的道理。但是，为什么这些"道理"不能被事先纳入信用评级的系统呢？

所谓"地"，是指负责承揽业务的支行长和客户经理的"基本面风险"汇报。据说，开审贷会的时候，就是审批人审问支行长和客户经理。但是，这个"地"还有一层正式程序没有明说的含义：由于基层行有业绩冲动（动机不纯），以及基层行客户经理的业务水平有限（能力不足），尽管按照规定，风控部门是不能直接见客户的（为了回避，以保持纯洁性），但是为了谨慎起见，有些风控人员还是要自己亲自去调查走访一下。

所谓"人"，则是指审批人员要在上述"天"的规定和自己对"地"的了解基础上，再根据自己积累的行业经验、对财务报表的分析能力，对授信决策做出人工判断。

据说，负责授信审批的人，都是分支行里的行业专家和财务专家，业务能力很强。但是，仔细追问他们的判断方式，如企业所在行业状况、行业平均盈利状况、区域状况、企业财务报表与上述状况的关系等，笔者感觉这些内容和总行的量化风控模型所设定的信用评级影响因子在很大程度上是重合的，也就说，审批人员实际上又在做风控模型的综合计算工作。当然，他们的工作显然要比模型更加富有灵活性，富有"艺术"性。

归结起来就是说，授信审批人员实际上在重复模型所做的分析工作，那模型还有什么用呢？！

第四，一开始就被操纵的信用评级。

但是，超出笔者预先想象底线的事情还在后面。实地调查还让笔者得知了一个正式程序里没有的行规，发生在系统生成客户信用评级的最初始，客户经理输入客户数据的环节。

据笔者对各大银行基层客户经理调查访谈发现，客户经理普遍存在一个行规式的操作，就是，当客户经理通过实地调查，自我感觉一个企业的信用是合乎授信条件的，但是担心客户的财务数据可能无法通过模型的信用评级的时候，客户经理会示意客户修改需要输入风控模型的各种财务信息，以及其他相关信息，以保证风控模型系统生成的信用评级达到授信所需要的门槛儿。这个动作被基层称为"美化财务信息"。

那就是说，量化风控模型的信用评级，实际上只不过是客户经理人为操纵的结果。

由以上可以看出量化风控模型在四大行信贷审批实际运作中的地位。从基层行客户经理的经验判断和人工操作，到上级行风控部门基于经验的审查、审批，再到总行高瞻远瞩出台的一系列政策框架，三个层面的人工作业，实际上已经全面覆盖了量化风控模型的功能。在授信审批实践中，量化风控模型所做的信用分析和得出的结果，不仅毫无参考价值，反而是被上述三个层级人工操纵的傀儡。

最后，量化风控模型的唯一作用恐怕就是，各级人员为了应付它、操纵它，白白付出大量的额外劳动。而这些劳动的唯一价值，仅仅是显示了中国银行业"已经迈入了量化风控时代"。

第八章

西方模式在华遭遇的症结：
制度与文化的错位

　　在上一章中，我们看到，以四大行为代表对量化风控模式的引入，"播种的是龙种，收获的却是跳蚤"。类似的遭遇，在中国近代以来的历史中，在各个领域，可谓屡见不鲜。对此，国人的反思颇多，但基本上可以归结为以下两个论调，外国制度在中国不适用的原因：第一，中国人的素质太差；第二，中国的发展阶段还不到位。

　　本章的分析，可以看作对第一种论调的回应。①

　　就中国人的素质"太差"这个原因来说，包括两个方面的分析：一个方面是银行的反应，当模型的使用出现这样那样的不圆满时，银行各层人员不是理性化地改进之，而是采用各种人治的办法替代之。另一个方面是模型的分析对象——企业，模型对企业的信用分析，实际上是一种规范分析，而企业的经营运作实际上根本"不就范"。

---

　　①　第九章将对第二种论调做出回应。

本章最后将点出中国人"素质差"的真实含义，也就是量化风控模型在华遭遇的症结之所在。

一　对银行的反思：风控模型为什么不能反映现实？

（一）　模型不能反映企业信用的真实状况

评级模型在四大行风控的实际运作中被当成傀儡，首先一个直接的原因是模型无法反映企业的真实信用状况。

在上一章，我们看到，实际运作中的一个关键细节是，客户经理普遍暗示授信客户要美化财务报表，因为如果不美化财务报表，客户就无法达到授信要求的信用评级。

但是，一个基本的事实是，绝大多数民营企业，在正常情况下，都能够，而且事实上也还上了贷款。[①]

基于这个事实，我们可以推知，绝大多数企业客户，既然都能够还款，那么他们即使把真实的财务数据输入风控模型，应该是能够满足银行的授信条件的。

由此可以推知：银行总部研发的量化风控模型，不能抓住企业的实际信用状况。在此情况下，模型的各种指标参数被设计得过分保守苛刻，导致绝大多数企业如果不美化财务报表，就根本无从通过信贷门槛儿。

那么，银行总部的量化风控模型，又为什么不能抓住企业信用的实际状况呢？

---

① 如，据透露：2015 年下半年至 2016 年上半年，四大行某行在东部某省级分行，中小企业贷款的不良率只有 10%，而纯属诈骗造成的不良只有 1%～2%。

（二）量化风控模型的"原罪"

首先，这是一个历史问题。

据某银行总行参与银行模型设计的人员披露，所谓的量化风控模型，从根本上来说，就是用平均值来描述企业的信用特征，因此，纵向的历史数据越长和横向的样本数据越大，仿真的效果就越好，模型的结果也就越能逼近现实。

我们知道，美国大银行采用量化风控模型评级打分，虽然只有 20 多年的历史，但是其数据的积累，则长达上百年。

而中国没有，在前面的历史回顾中我们可以看到，中国有真正意义上的企业，就我们所考察的民营中小企业来说，也不过 30 多年的历史，民企先是从 20 世纪 80 年代"割资本主义尾巴"的夹缝中，从前店后场的个体私营经济中逐渐成长起来，中间还经历了数次重大的宏观经济体制转轨的波折。这导致不同阶段的企业样本之间，在很大程度上没有延续性。

更加不幸的是，四大行对民营企业的放贷，是直到 2005 年前后才逐步扩张，以前根本就没有留下数据积累。

因此，当银监会要求四大行采用量化风控模型的时候，四大行一开始只能从美国引进，尽管进行了加工改造，但是从美国企业数据样本中提炼出来的模型，难免不符合中国企业的现实，这是可以想象的。

（三）中国的区域多样性问题

模型不能抓住现实的另外一个原因，与中国的行业和区域多样性有关。

在上一章给出的四大行采用的评级模型中，行业和区域因素属于系统性风险，被纳入信用评级的输入参数考察，也就是说，一家企业申请授信，只要客户经理录入这家企业所在的区域和行业，模型就会自动给出一个相应的系统性风险估值，并成为企业信用评分的重要构成因子。这个行业区域因子具体如何测算，属于商业机密，无从调查取证，但从其实际执行的效果来说，显然不能符合中国的实际。

中国是第一人口大国，区域文化差异很大，这对总行试图出台一个适用于全国各地分支机构的信用评级模型来说，是个重大挑战。

一位受访人向笔者披露，民生银行曾经花大价钱邀请美国一家咨询机构的专家帮助开发涉及个人信贷的信用评估模型，结果做了半天，不了了之，原因是，外国专家发现，中国不同区域的居民的信用特征有很大差异，这是他们在美国所没有遇到过的情况。

而相比于个人信贷，企业信贷的信用更加复杂，涉及的行业和区域差异更大。仅就区域差异来说，比如北、上、深三地，北京地区的企业与政府的联系最深，上海江浙地区企业的草根性更强，深圳商圈则更接近于一个没有任何关系背景的自由经济体。这种区域差异会严重影响企业信用的归因分析。比如，据笔者的调研，北京的民营企业大多与政府、央企有千丝万缕的联系，政商关系不倒，企业订单便风雨无阻，这是其他地方所没有的。

即使是同一个地方的不同县域之间，又有差异，比如烟台地区，据反映，莱州企业家听说别人不还款，他就不还款；龙口地区则是，一个企业主不还款，四围亲友都劝着他还款。据说这与当地商圈的民间融资习俗差异有关：莱州企业主倾向于单干，不爱向亲友借钱；而龙口人往往在亲友中间集资。

不知道这种细微的地域差异，总行的模型能够识别到哪一步？

比这种区域差异更加细微的，是个体差异。据山东大学的一项调查，西方模型仿真现实的基础前提是，企业样本存在正态分布，所以平均值模仿能力较强。而中国的企业往往是哑铃型分布，平均值或者组中值反而没有代表性。①

为什么呢？在第五章，我们看到，美国信贷调查的重点始终是客户的还款能力，而还款能力在很大程度上又是可以通过财务数据分析来刻画的，量化风控模型主要就是依据企业财务数据进行信用分析。而中国企业的信用，在很大程度上涉及的是企业主的还款意愿，而不是还款能力。所以，在中国，企业的财务状况好、还款能力强，与企业信用的相关关系并不明显。

实际上，还有让总行模型设计人员更加挠头的中国特色：企业还款很大程度上还依赖于银行信贷人员与企业主的关系，有关系就能够如期收回贷款；换了人，搞不定关系，贷款就还不上。

但是，尽管有初始引进模型的生硬，以及中国行业区域复杂

---

① 陈增敬、李红坤在分析量化风控模型为什么无法准确刻画农户信用时，提到一点：农户的"个性化色彩"浓重，导致客户资料的"非标准分布"明显，而这又使得基于"宏观统计数据"的评级标准对客户缺乏借鉴意义。参见陈增敬、李红坤《我国农村信用社农户信用风险内部评级体系初探：以潍坊信用社为例》，《金融监管研究》2012年第2期，第1~17页。

多样化的困难，我们还是存着一种信念，相信总行的模型开发人员，能够随着时日的延续，逐步适应这些中国特色，从数学上找到合适的工具，逼真地表述这种现实的特征。

因为，按道理来说，模型属于理性工具，理性工具的仿真，总有一个不断调试的过程，只要有常规的反馈机制，模型就有调适的机会，慢慢地，逐渐地，总能够越来越逼近现实。我们愿意相信会有这样一天的到来。

比如，一位曾经有香港渣打银行工作经历的受访人说，渣打银行就存在这样常规的反馈机制，只要出现一笔不良贷款，基层行马上被要求打报告，逐级反馈，直至汇集到总行的系统，看看是否需要修正模型，适应现实，或者说适应现实的变化。

（四）风控模型为什么不能被改进？

实际上，在四大行的风控流程中，本来是有这样的信息反馈机制的。在上一章第五节，我们可以看到：当客户经理发现自己调研了解的客户"基本面风险"，与总行的风控模型有较大差异的时候，需要做出独立的判断和说明，并给出自己认为的信用评级，向上报告。另外，在贷后管理中，一旦出现不良贷款，就要从最基层的客户经理，发起一个逐级上报的反馈机制。

但问题是，那只是一个纸面上的流程，而在实际的落实中，显然不是这样做的。如前所述，基层行发现一个它认为好的、值得放贷的企业，却不能通过信用评级的时候，不是向上打报告说明情况，而是直接授意企业美化财务数据。

如此一来，让模型与现实有良性磨合机会的反馈机制，实际上在最基层级，就已经被客户经理的"主观能动性"给消化掉了。总行层面实际上失去了不断修正模型的最佳通道。

那么，为什么会出现基层人员不走正式的流程，而要绕着走"歪门邪道"的现象呢？

1. "业绩冲动"淹没"尽职免责"

在银行部门，有一个传说叫作"尽职免责"，比如，一线客户经理对企业的调查走访，叫作"尽职调查"。从字面上就能把意思琢磨得很清楚，就是按照岗位责任，按照既定的流程，对客户的"基本面风险"做调查，调查结果如果与系统生成的客户评级和债项评级出现了差异，把差异说清楚，报上去，就算尽职了。

这意味着，如果系统生成的信用评级过分冒进，导致出现大量不良贷款，不是我（一线客户经理）的责任；反之，系统生成的信用评级过分保守，导致银行无生意可做，也不是我的责任。我只负责按流程办事。

在第五章美国总分行制改革以后的银行，一线的客户经理就是这样的，他们甚至都不需要做什么尽职调查，只要按照程序把客户报上来的信息输入系统就好了，没有什么责任不责任。

从一位曾经有香港外资银行从业经历的受访人的讲述中，笔者甚至都能感受到其中从业人员的悠闲——手脚是忙的，心却是悠闲的。手脚忙是因为按照程序规定的岗位职责做事情很忙；心闲则是因为，对一笔贷款的结果如何，不用负责，所以很悠闲。

但，这对中国银行业的从业人员，是不可能的。

在中国的银行里，一线客户经理和支行长的心总是很忙的，他们有强烈的"业绩冲动"，因为他们的报酬是和业绩高度相关的。[①]所以，如果等到总行收到来自基层的反馈，再等到总行技术人员把风控模型真的做到符合实际的那一天，一线人员早都饿死了。所以，只要看到企业信实可靠，就争取把这一单做下来，为此而不惜示意企业美化财务报表。不仅如此，常有支行长"冲动"地向风控部门叫嚣：这个客户必须给我评到某一级，这一单必须给我做成！

2. 信审部门的"尽职免责"

在风控和审批部门，我们倒是看到了"尽职免责"，这不仅仅是因为按照程序的设计，他们的岗位职责本身就是对基层行的业绩冲动起制衡作用的，而且也是因为，他们的报酬不与业绩挂钩；信贷收不回来，他们却有把关不严的责任。于是，从利益上来说，信审部门有"反业绩冲动"。按照基层支行的说法是，风控部门的人，为了免除责任，往往苛刻到吹毛求疵。

也就是说，风控部门人员的心也很忙，在制度程序的制衡责任背后，还有一重基于利益的动机，让他们不仅忙于责，而且还忙于苛责。结果，本来就因为设计人员吃不透现实而设计得偏于

---

① 美国银行员工工资包括基本年薪、养老金计划和津贴、年终奖金、长期激励几部分。其中与基层经理人员当年业绩直接相关的年终奖金，占其总收入的比重在 10% ~ 20%。参见成思危主编《路线与关键：论中国商业银行的改革》，经济科学出版社，2006，第 388 页。而相形之下，国有四大行的基层支行长和客户经理，业绩奖金占到其总收入的 60% ~70%。而风控部门则是以固定报酬为主，业绩工资只占 20% ~ 30%（而且按照规定，还应该更少，只占 10%）。至于股份制银行，一线经理人的业绩报酬占总收入的比重则更高。

保守的模型和相关规范，恰恰变成了风控部门用于苛责的利器。

于是，在一线业绩部门声嘶力竭的呼声中，有很多本属于对现行模型和政策规定之不合理、不现实的反映、呼吁，也被风控部门的苛责所铸成的"钢铁长城"给挡回去了，模型不符合现实的反馈机制被进一步屏蔽。

在各家银行里面，业绩部门（客户经理和支行长）和风控部门，往往是一对冤家，经常为一个项目的信用评级该得多少，一笔贷款该不该通过而争吵、撕扯。

双方博弈的另外一个变种是，客户经理可能带着希望得到贷款的客户私下贿赂信审部门人员。由此也可以推断，一些信审部门的"尽职免责"，并非真正意义上的尽职免责，而是像交警拦查超载大货车一样，表面上在拦查超载大货车，得到贿赂以后，超载车照样在路上跑。

3. 总行的权衡与人治

怎样看各家银行普遍存在的这种信贷部门和信审部门之间的互撕大战呢？

按照量化风控模式来说，这种互撕大战本来不应该存在。在第五章，我们看到，20世纪80年代以来，美国大银行普遍实行的是总分行制，风控部门和业绩部门本来是按照程序设计、各司其职的两道工序；所谓的制衡关系，应该是体现在程序上的制衡，而不是体现在程序背后的两群操作者之间基于利益动机的互撕。

而在中国的银行业，两个部门之间这种本来是基于程序的制衡，却演化为基于利益的互撕，或者进而演化为基于利益的"妥协""交易"，根本的原因都在总行。

银行是需要放贷的，不放贷没有利息收益；但是银行也是需要考虑风险的，否则收不回贷款则鸡飞蛋打。任何一家金融机构都需要在收益与风险二者之间做权衡和协调。

但问题在于，这种业绩和风险之间的权衡，本来是应该根据总行领导的审时度势，以及总行技术专家基于专业的技术处理，通过调整相关参数的办法，内化到量化风控模型里的。而风控部门和业绩部门，只需要依既定程序，尽职免责就好了。

如果是模型不符合现实，参数过于宽松导致风险失控，参数过于苛刻导致银行无生意可做，那也不需要这两个部门操心，只要按照既定程序及时反馈信息，汇总到总行来调整模型就好了。

而现行的状况所反映的总行的思路显然是，既然模型不符合实际，那就用人工来弥补。怎么发挥基层人员的主观能动性呢？那就是让业绩部门的报酬与业绩高度挂钩，让他们积极拓展业务，凡是被模型屏蔽掉的好企业、好客户，都尽管拉来。

又怎样防范业绩部门业绩冲动给银行带来的潜在风险呢？那就是让风控部门的报酬与业绩不相关，而与风险相关，让他们有主观能动性去苛责业绩部门。

又怎样协调两个部门的互撕大战呢？据银行的资深受访人反映，如果放在一个相对长期的时间段上看，总行的手段就比较清楚：当总行领导感觉需要扩张业务的时候，就会紧一紧风控部门的绳子，让业绩部门往前冲。一个典型的例子是上海钢贸事件，我们无法相信，如果没有总行领导的放任，那么多家银行的那么多信审部门人员，都看不出来那些福建周宁人的伎俩。①

当总行领导审时度势，感觉坏账太多，还是需要保守一点的时候，又会松一松风控部门的绳子，放他们苛刻地否决各种信贷项目，不管合理不合理。

在这中间，人治的手法代替了法制程序，对人的主观能动性的鼓励，代替了对量化风控模型的修理、调适。

在这里，我们不妨跳出当下讨论的话题，谈一谈中国人对引进西方制度技术的态度问题。中国人往往对西方制度技术的引进，采取一种功利主义的态度，也就是说，因为它好、它有效，所以我才引进。但问题是，任何一个制度技术都有它的局限性，有它的成本代价。因此，任何一个制度能否被认可的关键，就不在于是不是认识到它的优点，而在于是不是能够接受它的成本代价。

在中国，这个成本代价显现出来的时候，中国人的态度就是，放弃它，走自己原来习惯的老路子。

2008 年，美国次贷危机也揭示了美国的信用评级模型有着多么大的漏洞，有多少不符合现实的滞后性，带来多么巨大的灾难。但是，美国人什么态度呢？没有放弃信用评级模型，而是积

---

① 上海钢贸事件：福建周宁人创办了钢贸市场，从事钢材批发。其所需大量流动资金，由各家银行以钢材抵押贷款形式发放。此种贸易融资形式首先为民生银行所创，由于当时房地产繁荣带动钢铁需求繁荣，加上钢贸融资规模本身就大，民生银行因此得到巨大的业务拓展，并引起其他各家银行竞相效仿。结果导致过度融资，周宁一些贸易商利用其与钢贸市场的乡缘关系，采取一货多抵的伎俩，重复套取多家银行信贷，用于转投机房地产或放高利贷。不幸遇到经济紧缩，贸易商投机失败，钢材价格大跌，导致为其放贷的多家银行遭受巨额不良贷款损失。参见严友良《上海商贸业崩塌调查》，《时代周报》2014 年 2 月 27 日。

极地去寻找问题，弥补漏洞。

因此，对待制度技术的成本代价的态度差异，才是问题的根本所在。

面对西方风控模型在中国的不适应，就银行方面来说，所谓中国人的"素质太差"，大概就差在这个软件，差在这个态度上。

然而，即使中国的银行真的能够按照西方人的态度来运作，量化风控模型就一定能够推行开来吗？

笔者对此表述怀疑。在访谈中，笔者对外资银行，尤其是美国银行在华展开信贷业务的情况，表示了特别关注，结果发现了一个问题。

南京一位银行经理说，她曾经就职的广发银行，一度被美国花旗银行持股，花旗银行按照严格的美式风控模式开展业务，结果遭遇了尴尬的失败。

该经理人给出了两点解释。

第一，美方经理人提出的很多信贷调查要求，在中国根本就没有现成的信息源，如果由银行人员用人工一项项去调查落实，则会面临天量的人工成本，根本就没有操作的可行性。

第二，中国企业老板的"人格性太强"，就是说，企业的行为受老板的个人决策影响很大，缺乏制衡，很难通过规范的信贷调查方式跟踪追迹。

那么，这位经理人提供的个案，在中国有没有普遍性呢？

我们可以回顾一下，当年中国加入 WTO 的时候，因为承诺在 2005 年以后，西方的银行可以自由进入中国金融市场经营人民

币业务，这曾经引起中国金融当局严重的恐慌，生怕优势的西方
银行一路攻城略地，垄断了中国的金融命脉。但是，到现在十多
年过去了，西方银行大举进入的景象在哪里呢?!

对于外资银行在华业务没有大发展，反而在 2013 年出现了大
举撤出的情况，个中原因，少有学术性的关注，倒是在媒体关于
花旗银行撤出中国市场的报道中，隐晦地证实了上述受访人的经
历：花旗银行控股华资银行以后，所进行的管理和流程再造一直
不顺利。①

因此，量化风控模型在中国的遭遇，不仅仅是银行单方面的
问题。我们还需要循着另一条线索来进行反思。

二 对企业的反思：企业为什么不就模型的范？

如上述银行女经理所反映的，即使是让美国人来使用他们的
量化风控模型，一样搞不定中国的企业。

那么，中国的企业又有什么问题呢?

大致有两方面的问题：第一，中国企业的征信数据要么没
有，要么数据造假，泛滥成灾；第二，中国企业家人格性因素太

---

① 中国政府按照加入 WTO 的进程，于 2004 年批准四家外资企业进入北京市场进行人
民币业务，包括汇丰、渣打、花旗、东亚，于 2006 年准许其在全国运营。花旗银行
是最早以控股广发银行的形式打入中国银行业的一家外资企业，但是，10 年来，外
方经理在管理和流程再造上一直不顺利，从"很有信心"变成了"没有信心"。花
旗银行终于在 2016 年撤出中国。参见曾令俊、林思雨《花旗撤资、广发管理层料大
洗牌》，《时代周报》2016 年 3 月 8 日。而如果我们把视角放得更长远，还会联想到
这些外资银行的先祖们在中国的遭遇：晚清民国时代的外资银行——包括汇丰银行
和花旗银行——当年的情景：吸收存款一直很顺利，向中国工商户放款却一筹莫展。

强，根本不就量化风控模型规范分析的范。①

下面我们逐个分析。

（一）企业数据造假：一个真实却又需要解释的事实

在上一章，我们看到了银行客户经理暗示其所认可的企业美化财务报表。但实际上，早在这一步以前，企业老板们已对财务数据进行了先行的造假。

据反映，中国民营企业的财务数据造假，可谓泛滥成灾。

企业一般都有三本账，一本是应付税务局的，尽可能把业绩做差，以便于避税；一本是针对银行的，尽可能把数据美化，以便于获取更高的信用评级；还有一本才是给老板自己看的真实报表。

尽管从理论来说，银行模仿美国，也可以要求独立的第三方——会计师事务所——对企业的财务报表进行审计，但是实际上，据来自会计师事务所的受访人爆料，会计师事务所为了得到业务，往往在保证自身安全的前提下，竭力配合企业造假。结果，经过会计师事务所"美化"的企业财务报表，变得更加"专业"，更加不容易被窥知真相。

被造假的企业数据，与企业的真实情况的差异，有时候会达到令人匪夷所思的程度，以下是中国银行某风控部信审人员提供的一个亲身经历。

---

① 至于上述银行女经理所说的模型所需要的很多数据找不到的问题，涉及社会征信系统的问题，将在第九章展开讨论。

一家企业申请授信，财务报表非常好看，但信审人员凭直觉总感觉哪里有问题，于是决定亲自到企业去看看。到了企业之后，发现机器轰鸣，工人工作繁忙，企业生产紧张有序，也没什么问题。但是信审人员还是不放心，临到要走了，忽然向陪同的企业人员提出自己肚子痛，要上厕所，上完厕所回来，什么话也没说，回去以后就直接打电话通知企业让他们滚蛋。因为该审计人员在厕所中终于发现了企业的蛛丝马迹——厕所已经好久没人用了。

尽管上述个案只是种极端情况，但一般企业财务报表与真实的差距总是不同程度地存在着，这就使得，依照企业报上来的财务报表，输入量化风控模型得出来的信用评级，不准确，缺乏真实性。

这就难怪基层行的一线客户经理主要依据自己亲自调查走访做出的经验判断，来反向操纵客户的信用评级。也就难怪上级行的风控部门用人工手段代替风控模型，对企业的信用进行再判断了。一家银行的一位资深风控经理说：他审批企业信贷这么多年，程序都是先问企业的盈利模式是什么，他所在行业的平均情况如何，由此推知企业的大致状况，最后才看企业的财务报表，在他眼里，企业的财务报表只是一个佐证而已。

也就难怪，总行要另行出台政策的，为自己开发的量化风控模型得出的信用评级再人为划定框框。

因此，可以说，财务报表的数据造假，是造成西方的量化风控模型在中国难以发挥作用的直接原因之一。

那么，企业为什么要进行财务造假？是不是坊间常说的中国人缺乏诚信、素质差呢？

根据来自银行一线的调查，绝大多数企业，在正常经营的情况下，不仅有能力，而且也事实上还上了银行贷款；而且从主观动机来说，企业有强烈的还贷意愿。

因为，在民营中小企业的各种融资渠道中，通过证券市场直接融资基本上是可望而不可即的事情；通过非正规渠道融资，也就是所谓的民间集资，不仅利率高，而且一旦还不上，亲友的压力或者准黑社会组织的逼迫，不把债务人逼到倾家荡产、跑路自杀不罢休。

相比之下，银行的贷款利率低，而且，即使还不上贷款，银行也不会采取准黑社会的做法催债。而且，即使是对于房地产抵押贷款这种目前银行通行的最硬性的风控手段，企业主还是可以采用种种方式拖延不执行。

所以，从企业主的主观动机上来讲，不到万不得已，企业主反而有极强的还债意愿。在笔者近年来对浙江台州、温州，内蒙古鄂尔多斯，陕西榆林等地民间金融田野调查的结果，也证实了银行界的这种说法。

那么，当绝大多数企业主，主观上特别不愿意得罪银行（有意愿），又对自己能够还上银行贷款信心满满（有能力）时，却还要给银行上报一份假话连篇的财务报表，究竟是出于什么动机呢？

在上一节的分析中，我们已经揭示了来自银行的原因：由于银行的风控模型不符合企业实际，参数定得过分苛刻，导致企业不造假就过不了门槛儿，拿不到贷款。这算是给出了一个企业热衷于造假的直接的无奈的解释。

但是，我们如果进一步追问，银行的模型为什么总是不符合实际？除了上面分析过的银行本身的原因以外，还有一个原因，就是，中国企业家的经营运作行为，根本就无法就量化风控模型的范。也就是说，风控模型的分析规范，与企业的真实还款能力和还款意愿之间，实际上存在着错位。这是一个隐含的但是更根本的原因。

（二）模型背后隐藏的"规范"与企业主的"人格性"之错位

如前所述，目前四大行开发的量化风控模型，需要输入的企业硬信息主要是财务信息，具体来说，主要涉及三张报表的信息：资产负债表、损益表、现金流量表。模型主要是通过这三张表，分析企业的财务状况，考察企业的偿还能力；又根据企业的偿债能力，判定企业的信用等级。

但是，模型的这种分析规范，与中国民营企业的真实资金运作惯习之间，存在着严重的错位。

1. 模型所隐含的公司规范与中国人的观念之错位

要了解中国民营企业真实的资金运作惯习，首先需要理解中国企业与企业家的关系，与西方有根本的差异。

在西方，近代以来发明的公司制，主要包括股份有限公司（即人们常说的上市公司）和有限责任公司两种类型，而不论是哪一种类型的公司，都包含两个互相关联的特质：第一，公司股本是公司的肉身，公司对外债务的赔偿责任，以公司自有资本为限。① 第二，公司的意志，即公司法人的意志，也可能是先定的，也可以是股东依照法定程序表决产生的，但不论如何，公司法人意志一旦形成，就有其独立性，尤其是独立于股东的意志。②

在这当中，尤其是第二个特质，意味着即使一个股东对公司具有绝对控股权，也必须依照公司法框架来行动，而不能由着个人的性子随心所欲。

因此，利用量化风控模型分析公司财务的有效前提是，公司必须是依照公司法章程运作的，这对于西方企业当然没有问题。

而中国的情况则不然，在传统上，一个商号从来都是股东的附属物，商号的对外债务，股东自然也要承担无限风险责任，以彰显其对外信义。

在近代，中国因为看到西方的公司制"能集众股"的优势，开始引入公司制，并且中国所引入的第一个西方法律就是《公司律》。但是在近代中国的实践中，对公司法人的独立人格始终无法理解，尽管企业已经叫"公司"了，但仍然在实践上属于股东的附属物。③

到了改革开放以后，民营企业公司化更是大行其道，除了个

---

① 关于公司这个特质的演化形成，经典的论述，请参见马克斯·韦伯《中世纪商业合伙史》，陶永新译，东方出版社，2010；以及大塚久雄《股份公司发展史论》，胡企林等译，中国人民大学出版社，2002。
② 公司法人的这第二个特点，隐含着西方人对法律权威的信仰。有兴趣的读者请参看伯尔曼《法律与革命：西方法律传统的形成》，贺卫方等译，法律出版社，2008，有关"Corporation Law"（社团法/公司法）的相关段落。
③ 参见张忠民《艰难的变迁：近代中国公司的制度研究》，上海社会科学院出版社，2002。

体户，几乎无企业不是公司。但在实际运行中，中国的公司，仍然是企业老板的附属物。对此，我们只要指出一点就足够了：不仅民间金融从来都是以企业老板为借贷对象，而且即使是银行对民营企业的贷款，也普遍以公司老板的房产做抵押物，而从来不觉得有什么不合适。问题是，企业既然都叫"某某有限责任公司"了，为什么还要拿着老板的个人房产做抵押呢?！但是企业老板也接受这种做法，说明中国人普遍认同的仍然是"企业是老板的附属物"的观念。

2. 模型的公司财务分析与中国企业家财务运作惯习之错位

在企业是企业主的附属物的观念下，授信企业的财务实际上隶属于以企业主为核心的一个社会融资关系网，企业主实际上是在这张关系网中，按照个人意愿、算计和关系法则来进行财务调动的。具体可汇总为以下几个方面。

首先，既然企业是老板的附属物，那么，企业的财务和企业主的家庭财务，在实际上就是混淆在一起的。这个意思并不是说企业老板和他的家人随意拿走企业的财物，而是说企业的财务和老板的财务之间，并不存在什么观念性的区隔，老板想要把企业的财物调出，或者从家庭调入资金财物给企业使用，完全取决于老板的意志。银行给企业老板做的房地产抵押贷款，本身就属于这种性质。

其次，中国的民营企业有一个现象，企业老板本身可能只是一个中小企业主，但是往往会形成所谓的集团化经营，即企业主出于战略性投资或者财务投资的需要，往往会创办和参股多家公司，而作为其核心的老板，往往会把甲公司获得的贷款调用于乙公司的项目发展；或者反过来，为了维持甲公司在银行的信用，而从乙公司挖来资金还债。

由此给银行信用评级带来的一个困难是，如果对客户进行信用评级还可以勉强展开的话，但对客户的信贷用途进行风险评估就很难展开，因为你根本无从跟踪贷款的去向。

而且，即使是对客户的信用评级，如果是按照量化风控模型的规范，仅仅盯住该企业的三张财务报表，实际上也是很可笑的：当银行汲汲于对企业主的甲公司财务状况进行审查，感觉还款能力不佳的时候，却不知企业主已经把这笔贷款用于乙公司项目获得了高收益，因此信心满满，并不担心自己的还款能力。例如，进入 21 世纪以来，持续的房地产过热，导致房地产价格高企，不论是从事房地产开发还是炒楼盘，都有高利润可图。于是大量企业以其所从事的某个制造业企业为壳，套来信贷资金，转用于房地产开发或者炒房，就是明显的例子。虽然这是个坏例子，却说明中国企业家此种财务运作之普遍。

最后，企业主的财务运作能力，还会通过自己掌握的人脉关系和市场势力，延伸到自己直接掌控的企业集团之外的亲友圈和乡缘业缘商圈。

比如在企业之间的上下游供货链条中，存在大量的应收账款（应付账款）往来。应收账款意味着债权，应付账款意味着债务。在美国，它往往被企业间的交易契约锁定，从而成为财务报表的一个相对客观的项目。但是在中国则不然，它受到相关企业主与上下游企业老板之间人脉关系的调节，企业主可能通过人情关系法则来缓急相通。这使得资产负债表和现金流量表中相应的项目显得很不客观、很不稳定。

又比如，中国的企业主常常寄生于一个特定的基于亲缘、地缘的商圈里，在商圈关系网中，存在大量的民间集资行为。企业主依赖自己在商圈中积累的人脉和信誉，或短期融通资金，或长期借债，乃至于搭建金字塔式的土法股权融资，都广泛存在。这些亲友团往往比银行有更感性而直接的信息渠道，当一个企业主的经营项目和企业主的信用被认可的时候，可能并不缺乏来自亲友团的筹款支持。尤其是这种亲友资金融通，常常在企业的财务状况看起来似乎很差，甚至资金链条断裂的时候，提供雪中送炭的资金支持，帮助企业应付对银行的信用；但反过来，也可能在企业财务状况看起来还算健康，但实际上企业主已经遭遇重大事件，而感到无法持续经营的时候，忽然与亲友合谋，抽逃企业资金，偿还亲友债务，逃废银行债务。①

这就是南京那位银行经理所谓的中国企业主"人格性太强"的具体表现。

由此我们可以看到，西方模型所依赖的财务报表分析，与中国企业主的实际财务运作之间，该有多么大的错位。

---

① 据银行受访人透露，目前银行给企业授信所面临最大的一个风险就是民间集资，根本搞不清楚，非常头痛。

第一，企业既然只是老板的附属物，那么，考察还款能力，实际上应该以老板的整个融资关系网为考察对象。而目前的量化风控模型的考察对象，却仅仅局限于规范的授信主体——"公司"——的财务状况，等于只考察了企业主整个融资关系网络的一个局部。

第二，企业的财务报表，仅能展示企业资金运营的静态状况，却不知道老板的还款意愿才是关键。在其金融关系网络中，是老板决定着调动关系网络中其他部分的资金向银行授信企业汇集，以便弥缝对银行的信用；也是他决定着相反的资金运动。

因此，有四大行某总高管指出，未来应该把对民营企业的信用考察，扩大到企业主的整个集团公司范围，算是说对了一点。

这种西方模型基于特定企业财务的规范分析，与企业主实际资金运营状况的错位，对于说明企业为什么喜欢进行财务数据造假，也提供了一个很好的解释。企业主的实际还款能力和还款意愿取决于以他为核心的整个资金关系网络，但是西方模型的分析规范既不考察也不接受这个网络，使得企业老板无从光明正大地证明自己的还款能力，于是只好以数据造假来加以应付。

（三）模型所代表的西方规范分析与中国企业经营环境的不可言说性之错位

银行的量化风控模型，只是美国金融机构的规范分析方法的一种，是西方实证主义分析方法的体现。就更宽泛的角度来说，西方的实证主义分析规范，还存在与中国企业家经营环境之不可言说性之错位。这里所谓的"不可言说性"，是指它无从被规范地加以说明。

1. 规范实证分析与企业家"把握商机"之错位

财务报表说明的是企业的过去，风控模型则是要通过分析企业过去的财务状况，来推知企业未来的还款能力。而这是建立在企业的运营状况存在一定的延续性的假设之上的，也就是说，企业经营性现金流一直正常，或者销售额节节攀升，一片向好，那它就不太可能忽然急转直下。

当然，即使对于西方的企业，也存在着未来的不确定性造成的干扰。但是，对于中国企业来说，这种不确定性的扰动似乎格外大些，而且这种不确定性还带有不可言说的意味。

银行从业人员都知道，对于民营企业，尤其是中小企业，特别强调把握商机。在不确定性中把握商机，是中国企业家的一项特殊才能。[①]

那么在这中间，就存在一个西方模型的规范分析与中国企业家"把握商机"式的经营运作手段之间的错位。

什么叫作把握商机？它意味着一笔生意能不能做？会有多大收益？又有多大风险？企业主能够很快做出评估和决断。

从西方量化风控模型的角度讲，它希望企业给出相关的信息材料，使模型能够给出理性的实证的分析。

而中国企业家的麻烦就在于，他即使想，也无从给出这种供

---

① 在晚清民国时代，不论中外银行，之所以没法对中国的工商户开展放贷业务，一个很关键的问题就在于，银行总是墨守那种朝九晚五的固定营业时间，以及冗长的信贷审批程序。而商机稍纵即逝，商户是等不起的。而钱庄之所以获得竞争优势，就是因为，只要是有信用的老客户，可以迅速透支放款，在预定的额度内，多少随意。

实证分析的材料。结果导致银企之间，处于一种哈耶克意义上的信息不对称。这是一种基于默会知识的信息不对称，企业家如水里的鱼儿，沉入商海里，可以很敏锐地感知到一笔生意是不是商机，但是他却难以把自己的这种感知，以规范实证的分析报告传达给不在场的银行。

"默会知识"这个概念既然来自西方人的发明，说明西方也普遍存在这种情况，但是中国的问题则更为严重。

这是为什么呢？

我们来看看一位市政工程公司财务总监讲述的故事。

作为一家专门承揽市政项目的建筑公司，在政府面前，总是一个弱势群体。在这个行业中，有一个行规是，得到项目的公司常常被要求先行垫款开工，钢材水泥、人工成本都需要公司在施工过程中预先垫付。如果一家公司连续承揽到几处项目，就需要连续垫款。

如果公司不垫款，就得不到工程，抓不住商机；如果公司仅仅按照自有资金实力来决定承揽项目的数量，则可能饱一顿饿一顿，也不算抓住商机。但是，如果承揽的工程多了，自有资金不够了，就不得不产生从银行贷款的需求。

于是，问题就出来了：公司所承揽的政府项目通过审批了吗？何时能够通过审批？即使通过审批，资金能落实到位吗？政府何时能够回款给建筑企业？是否会借口项目质量问题而停止回款？是否会截留回款资金挪作他用？

这些问题，都是企业在抓商机的过程中所不得不面对的不确定性风险。而如果企业向银行贷款，则银行就不得不直面这种风险。于是，按照西方模型的规范分析思路，企业家就应该提供实证的材料交给银行做风险评估。

但中国企业家的麻烦在于，他和市长的私人关系，或者他通过市委秘书获得的内幕消息，怎么能用来做实证分析材料呢？如果不能，而企业家又有很大的自信，那他弄个假合同来行不行？即使是他有真合同，就不会有风险吗？风险的根源，显然根本就不在合同上。

如果是在西方，事情就好办多了：市政项目不被审批就不会向企业招标，企业拿不到合同保证就不可能开工。一旦合同订下来，只要企业按照规定的进度和质量完成，回款就是有保证的。一切都按照既定的法律、程序、合同，不确定性也就被消灭于无形中。

这个故事是涉及政府的，但我们显然没必要往政治方面过度联想。[①] 因为，如果企业所面对的客户不是政府，而是私人消费者，是民营企业，是民间市场，情况又会怎样呢？

2. 中长期投资所要求的实证分析规范与中国企业经营环境之错位

中国的银行业，目前基本上不给予民营中小企业中长期贷款，当前银行所引入的量化风控模型，也基本上触及不到中长期贷款的分析。

但近年来，国外的投资机构在向中国的一些创新型企业提供

---

① 一些国人对此案例的反思会导向政府的腐败、没有法治之类。而笔者希望读者能看到这并不仅仅是个政治问题，而是个社会文化问题。

风险投资，并要求融资企业提供实证分析报告，这中间的错位，给了我们一个很好的观察机会。

一位在安永工作的资深审计人员，给笔者讲述了很多中国创业者应付国外投资机构要求规范分析报告的细节，尤其是其中所呈现的中美企业关于预期利润率的分析报告之"规范"的差异，很值得玩味。

在美国，股权融资与银行的中长期信贷项目的风控手段很类似，一家企业融资，需要向投资方提交实证分析报告，说明企业的盈利模式和盈利前景，要有数据，要基于这些数据用数理模型进行分析，最后得出预期盈利前景的结论。

受访人说，由于她所在的事务所，作为独立的第三方，常常受托对企业做出的盈利分析报告进行审计，以证实其真实可靠性，于是就了解很多中美企业差异的细节。

其中，一个非常明显的差异就是：美国企业总是能够采用翔实的数据和合理合法的数理分析，给出令人信服的盈利分析报告，而中国的企业常常无法做出。

为什么呢？

她说，因为中国的市场环境，相比于美国来说，高度地不确定。比如说，现在的电商营销公司，它可以给出自己门户网站的客户点击率和点击增长率的数据，却无法从点击率数据转化出公司未来销售增长的数据。

这又是为什么呢？一方面是因为，中国的电商行业竞争激烈，看到电商的盈利模式好，大家会一窝蜂地赶着成立电商公司，电商公司多了，就大搞促销活动，或者不断想出其他的促销新点子，导致市场环境恶化，未来不确定性极度增强。另一方面则是，中国的消费者很不理性，今天他在你这里点击，似乎一直是个稳定的客户源，明天另有一家电商在搞促销，他立即就跑掉了。所以电商给资方做报告，只能告诉你，我有多少点击率，却无法将点击率转化为未来的销售增长数据。

如果你硬要逼着他说，他只好瞎编一个，靠谱不靠谱，他自己也没把握。是啊，你又叫他上哪里去把握?!

那美国企业为什么就能够给出实证的分析呢?

她说，因为美国同样的电商行业，竞争对手少，一共才有两家电商，都是大型公司，一般不做互相倾轧的压价促销竞争活动。又因为，美国的消费者理性啊。在这样一个相对确定性的经营环境里，电商自然能够合理地给出实证的销售收入预期来。

这位审计人员信誓旦旦地强调：同样的项目融资，中国企业就是无法给出令人信服的实证数据，而美国创新型企业却能够。这是个事实! 但她对美国企业为什么能够的原因解释，却让笔者感到云里雾里，直到笔者看了黄铁鹰教授写的《褚橙你也学不会》一书，从该书附录里面找到了能够解开笔者谜团的感性证据。

在这本书的附录里，记载了澳大利亚种植柑橘的事情，通过这个实例，我们可以更直观地理解，为什么西方企业总是能够实证地分析和预测一个投资项目的预期利润率是多少。摘抄如下。

澳大利亚最大的柑橘经销商 MFC，它实际上拥有一百多

个果园为它供货，MFC 在出果前的 6 个月，就能预测这 100 多个果园的年产量，柑橘的大小，装 10 个一等品大橙子的箱子需要多少，装 22 个二等品的箱子需要多少，装 27 个三等品的箱子需要多少……

预测的误差不会超过 10%，预测的方法是：他们每年有固定的样品采集区，一共有 100 多个，当橙子长到高尔夫球那么大的时候，就去实地监测，检查橙子的数量和大小，然后记录，然后推算总量和规格。

这个工作量很大，但必须去做，否则就不能制定销售计划，因为不同的国家，对于橙子的大小规格，需求不一样，有的国家只要大橙子，有的国家小的也行，有的国家消费者喜欢甜的，有的国家喜欢微酸的……

数据的采集质量如何保证？

我们看到了澳大利亚园艺研究与发展公司于 1999 年编制的《种橙者手册》，其中对取样的流程和方法，有详细说明：

采集样本的时候，不可能把整个树上的橙子都数一遍，怎么办呢？取样人拿着一个半立方米的木框，把木框插进树的中部，只数木框中间的橙子，这样可以减少误差。这家公司已经存在 100 多年了，而受访人在这家公司已经工作 20 年了，一直都是这么干的。

再说这本《种橙者手册》，上面有文字和插图，但是更多的是数据，比如灌溉一项，在不同季节，不同温度，果树不同的生长周期，什么时间需要浇水，浇多少水，水质的最低要求是多少，水管的口径是多大，水压多大……全是数据。

《种橙者手册》基本上是流程化的数据，数据的来源则是试验、观察、记录，而这一切，又来源于人的认真。

另，美国与澳大利亚的柑橘种植数据，在公开网站上一目了然，他们能够精确到每个地区，每年种了多少成年树，多少幼树；每个地区有多少不同的包装数量；另，从时间上来说，有1912～2012年的柑橘种植和销售统计数据……①

相比于工业，农业生产受外在环境的影响很大，不确定性本来是很强的，但是西方的橙子种植，能够有如此精细的数据化管理系统，由此可以推知西方各行各业的大致情况，也由此能够感受到，为什么西方企业总是能够实证地给出关于未来盈利能力的预期了。

与此相对，中国的企业经营管理活动没有这些规范，而企业与企业之间，实际上是互为经营环境的，大家都没有规范，企业的整个经营环境就没有规范，设若一个投资机构要求企业给出规范的实证分析，那它怎么办呢？只能信口胡编一个。

面对量化模型的规范分析要求，中国的企业为什么喜欢提供一堆假数据，以上是另一个解释。

三 站在文化的层面上反思

在上一章，我们曾经用一个隐喻来比喻中国金融监管当局引

---

① 黄铁鹰：《褚橙你也学不会》，附录，机械工业出版社，2015，第58～60页。

入量化风控技术所遭遇的尴尬：好比一个穷孩子的舅舅给了他一条高级皮带，穷孩子兴冲冲地穿戴上以后，却发现腰带和他身上的其他衣物反差太大，要做到服饰的和谐搭配，穷孩子必须再花很多钱来配这条白得来的腰带。

那么，如果说西方的量化风控模式是那条高级腰带，而中国银行体系风控运作所体现的人治观念，以及企业主的"人格性"资金运作，乃至于中国企业经营环境的不规范、不确定性，能算是穷孩子身上的破衣裤么？能说明量化风控模型在华遭遇的根本症结在于中国人的素质差么？

如果是这样的话，我们将陷入迷茫，我们会像那个穷孩子一样地，不顾自身经济条件地换衣服、换裤子、换鞋，以求与那一条高级腰带般配。穷孩子的努力也许有一天还能够实现，但中国银行业试图为了与量化风控模型适配而改进银行管理体制、引导企业行为，甚至期待整个社会来一场彻底的改造，则是一场不可能的任务。

为此，我们有必要站在文化层面上进行彻底的反思。

在第六章，我们曾经针对美国的银行和中国的钱庄两种不同的风控模式，给出了文化上的解释。我们将美国模式定位于契约主义，将中国模式定位于关系主义。在传统时代，尽管票号钱庄是人治的，商号的资金运作和市场的大环境更没有什么所谓的规范可言，但是钱庄的风险控制逻辑自洽、运行有效，并没有因为中国人的"素质差"而受到影响。

在这里，笔者试图将上述中美文化比较差异的视角进一步放大，以便将本章所讨论的西方模型规范与中国实际的种种错位，归属于这种文化的差异。

为此，笔者特别抽出第六章提到的西方法律契约文化中的三个维度之一——理性主义维度，来与中国文化的对应物进行比较。我们需要暂时放下现实问题的烦扰，沉下心来，做一场哲学之旅。

笔者以为，中西方文明的分野，可以归结于对以下一个问题的两种截然相反的回答：

自然与理念，谁是第一位的？

西方文明的答案是：理念是第一位的。这一点可以从西方公认的文明起源——古希腊哲学——那里找到清晰的阐释。

古希腊哲学的经典代表柏拉图，在其《理想国》里就明确地说，只有理念中的存在物才是完美的、永恒的；而自然（现实）中的存在物则只是理念的暂时的、拙劣的模本。

好比直线，最完美的直线只存在于理念当中："直线的定义：两点之间的最短距离。"而在现实中，怎么可能有如此完美的线条?!

基于这样的哲学态度，就衍生出西方文明一种理性主义的思维方式和行为方式，就是不断地发明创造各种理念，再用理念来修理自然、修理现实。

在第五章，通过伯尔曼的介绍，我们看到，早在西方的中世纪教皇革命时代，教会通过罗马法学家，用理性主义的方式生成近代西方的法律契约条文，来规范人们的现实生活。

但是，西方用理性主义全面修理现实的时代，是在 15 ~ 18 世纪的三大革命——意大利的文艺复兴、德意志的新教革命和以英法为中心的启蒙运动——以后。

我们不妨简述其梗概。

首先是近代西方自然科学和物质文明的发展。近代自然科学以布鲁诺、哥白尼、伽利略为先导，一直到牛顿，冲破教会纯思辨的思维限制，睁开眼睛看世界，似乎更加尊重自然，开创了经验主义（或者说唯物主义）潮流。但是，通过观察、实验，最终提炼出来的还是理念，然后再用理念来"修理"自然这个现象界。

在近代工业实践中，强调的是用科学来指导技术开发，直到今天的西方工业文明和整个物质文明，一言以蔽之，就是用科学家脑子里的理念模本来做实验，再用实验的模本来修理加工对象，得出各种工业产品。所以，西方近代以来的科学和技术文明，恰恰遵从了柏拉图所指引的理性主义哲学思路。再想想我们前面给出的澳大利亚农场种橙子的例子，就可以看到，西方的理性主义精神在物质生产领域已经渗透到了什么程度。

其次，再说到社会组织和社会关系层面。西方人同样是在用理性主义来规范人们的社会行为和社会交往关系。在第六章，笔者已经花费了不少篇幅来介绍伯尔曼的关于西方法律契约传统生成的分析，我们可以看到，法律契约，是西方社会组织、交往和行为的核心规范，而法律契约的制定，本身又依赖于理性，依赖于明确的概念界定和逻辑推演。

实际上，比伯尔曼更早的马克斯·韦伯在其皇皇巨著《经济与社会》里，已经把西方近代以来的各个层面的社会组织的理性化成果做了总结，包括政治、经济、社会、家庭等各个方面。

在这里，笔者特别提出美国企业管理中的理性主义进展：其可追溯的源头，是 20 世纪 20 年代的科学管理之父——泰罗——的发明。泰罗就职于一家铁工厂，他认为，当时的铁工厂里到处都充斥着非理性、无效率的操作行为，于是，通过做实验的方法，对燃料的堆放、工人往锅炉里加煤的时机……，都做了规范。从此，工人只要按规章操作，就可以提高效率。程序化和规范化也成为美国企业管理的一般常规。

比泰罗稍后，又有汽车工业中的福特制改革，改革的一项基本内容，就是将原来各个工序中工匠的手工技艺，用理性的方法加以分解，并发明出机械设备加以替代。机械的行为是理性化的，作为其附庸的工人操作，也相应地被理性化了。

到了 20 世纪 50 年代，麦当劳又模仿福特制，对快餐的生产和服务进行理性化改造，从原料、生产工具、流程、操作方式，乃至作业环境，全部理性化，使得本来高度依赖于手工技艺的餐饮业，变成了一项标准化产业。

根据美国社会学家的观察，麦当劳模式又在各种服务行业进行广泛复制，[①] 甚至是西方企业的技术研发管理，采用的都是此

---

① 参见乔治·里茨尔《社会的麦当劳化：对辩护中的当代社会生活特征的研究》，顾建光译，上海译文出版社，1999。

种麦当劳模式。[①]

基于这样的大背景，我们就可以理解量化风控模型在美国产生和应用的社会土壤。我们可以看到，风控模型的使用，需要银行有一个相对应的理性化的管理体制和操作流程做支撑，而在这种书面化的管理体制和流程背后，渗透的是美国银行中的各级人员脑子里无处不在的理性主义精神，我们不妨给出一位在香港外资银行有数年从业经验的银行高管的一些感受：

（a）去了香港不久，我有一天约请一位美国同事吃饭，结果遭遇了尴尬。

他问：什么叫"我请客"？

我说：意思就是这顿饭我掏钱，你白吃。

他说：那不合适，还是 AA 制好。

我说：没关系的，下次你可以再请我。

他说：那好，我先来问你几个问题。如果下次我请客的话，需要去什么档次的饭店？吃什么菜？几个人参加？

我立马就张口结舌了。

（b）香港受西方文化影响很严重，表现在家用电器说明书上都是这样，比如买个热水壶，说明书上都写着：第一步，插电源；第二步，按电源开关；第三步……就像把人当傻子似的。

（c）我给美国同事做报告，对方一定会对我的报告提出很专业的质疑，数据来源在哪里？计算公式从哪里来的？合理性在哪

[①]　参见郎咸平《中华文化不养高科技》，新浪财经，2004 年 2 月 17 日。

里？参数怎么调出来的？

有一次我做了个 20 多页的报告，被对方就各种细节追问了几十个问题；然后我就这些问题又回复了十几页纸；然后对方就我的回复再提出问题，然后再回复，如是几轮。然后才算通过。

（d）给上层领导做汇报，也是这样，你这个报告的结论，就是一条曲线，这个曲线分几个线段，在线段的哪个区域有效，哪个区域无效？在有效的区间里，有效的程度是多少？……

而相比之下，中国的领导根本不会很专业地追究这些东西，你就告诉我能干还是不能干就行了，我才不要问你这个结论的立论基础是什么。出了个漏洞，你给我补上就行了。而西方人一定要问，窟窿出在什么位置？需要多大的补丁去补？怎么补？……中国领导只管这漏洞你能不能补上，补不上走人，再换个人干。

（e）整个的西方银行体制都是高度专业化、程序化的，每个人只是分工干一块儿，干活都有专门的规范，按照规范把你自己该干的干好就 OK 了，剩下的交给下一道工序去处理。

（f）在这当中，每个人都是专家，专门的家。有位从加拿大招聘来的风控专家，50 多岁了，干这一行好几十年，但是他只会干个人信贷的风控模型开发这一块儿，让他向公司业务扩展一下，他就说干不了，几十年就守着这一摊，稍微一离开专业就干不了。他们很不习惯中国这种没有明确分工、没有明确责任边界的干法。

总之，量化风控模型是一种规范分析，它有效运作的前提是，作为操作者的银行管理体制必须是规范的，作为分析对象的企业和社会商圈也是规范的、理性的。

　　下面再说中国。

　　对于这个问题：自然与理念，谁是第一位的？

　　中国的答案与西方截然相反，中国人认为自然是第一位的。

　　中国最伟大的智者老子，在《道德经》第一章第一句话就说："道可道，非常道；名可名，非常名。"

　　这句话里面的第一个"道"和"名"，表示自然事物本身的规律、性质；第二个"道"和"名"，相当于动词，表示把事物的性质和规律给说出来，这种言说，近似于西方的理念。

　　老子的上述话语，有两层意思：第一层意思很明显，就是说凡是人能给出的对自然的界说，都是有局限性的，不完美的；第二层意思虽然隐含着，但是也很清晰，就是将自然本身尊奉为第一位，而人的界说都不过是对自然的一种拙劣的模仿。

　　当然，在中国文化中，并非认为人对自然的界说完全没有意义，而是强调它的局限性；也绝非认为"物自体不可知"，而是认为人们需要通过不断的切身的实践接触，才能体悟出来。对于此种思维和行动模式，由于在中国语境里找不到与西方的"理性主义"对应的概念，笔者权且将之归结为"体悟主义"，"体"是必须直接体验、实践、修炼；"悟"是感悟，能感悟到，却总也找不到合适的界说方式，而最好的境界则是得其意而"忘言"。①

――――――――――

　　① 陶渊明《饮酒》诗句："此中有真意，欲辨已忘言。"

由于中国人是此种思维模式，就产生两个问题。

第一，中国人有规矩吗？

如果把规矩定位为西方理念式的外在规范，则中国确实少有。中国式的规矩大多是一种实践口诀、心法，它们全都是和实践的情景紧紧联系在一起的。一个人很难直接看了这些口诀秘籍以后，就像看西方人的说明书或者操作手册一样，上手就能操作；而是需要先行实践、修炼，积累一定经历以后，才能"体悟"到这些口诀的道理。

中国人规矩的本源，是指向事物本身的，如我们所熟悉的《庄子·养生主》里面的著名片段"庖丁解牛"，你说庖丁有没有规矩呢？没有规矩的话，乱砍乱斩一气，刀子早就完蛋了。而庖丁能够使用一把刀子19年而刀刃常新，就在于能够洞悉和因循牛身上的纹理，"以无厚入有间"。可你说他有规矩，他又没法给你写出一个《屠牛操作手册》来，或者毋宁说：牛身上的纹理本身就是操作守则！

第二，人与人之间将如何沟通，如何协作？

西方人由于有公所认同的理性主义话语系统，一切交流合作都依附于这个高度讲求理性逻辑的话语系统。

而中国的规矩，可以意会而不可言传，而每个人的修炼层次不一样，人与人之间所处的场景也不一样，所悟到的东西也不一样，这就使得，中国人在很大程度上，都各自处于一个信息孤岛上。好比中国银行中的总行、分行的风控部，基层行的客户经理，各有各的岗位，各有各的经历和体悟；又好比中国的企业主，他对所在行业的理解，对行业的商机的把握，银行人员就很难"体悟"得到。

整个的中国社会，人与人之间，就是一个个相互独立难以沟通的信息孤岛。

那么，中国人之间又如何合作呢？

在第六章，我们在阐释中国钱庄风控的关系主义模式时，已经给出了中国合作或者说控制的基本方式，就是两条：第一，选对合适的人；第二，控制他的心。

首先就第二点来说，由于社会中的每一个人都在自己特定的社会和工作岗位上，基于个人的特殊体悟形成信息优势，同时也获得能力优势，也就是说，此人对此事最了解，最有可能多快好省地干好。但是又由于信息难以传达和沟通，此人又形成信息不对称优势，可以据以欺诈合作的对方。

那么，怎么防范呢？那就是掌控此人的行为动机。老子在《道德经》里提出的一个著名观点是"守柔""不争"，像水一样地"利万物而不争"，就是让对方出于自身利益的考虑，感到只有忠诚于我，才会有发展前途，对自己产生依赖感。

如果说老子的说法比较模糊，则儒家的礼让的互动给我们一个清晰的模式，以忠恕之道待人，打动对方，为自己尽忠。这是中国人社会合作的要旨。

其次，就第一点来说，就是选对人，这也是一个不断淘汰和孤立不遵守此种"来而不往非礼也"的游戏规则者的过程。整个社会文化如此，就形成一种良性的"集体放逐机制"。

而在第四章，我们已经阐明，传统钱庄的风控机制，实际上就是建立在这个基本的互动交往模式基础上的。而中国的整个传统社会的秩序，也是循着此种交往模式展开的。

总的来说，西方理性主义文化下的风控和管理模式，是用契约，用理性化的工具、作业环境、程序和操作准则，来控制人的手脚，控制人的行为。而中国人社会合作的要旨是控制人心。

所以，我们看到，当被引入的量化风控模型在对企业的信用评级不符合现实的时候，中国银行总行对此的反应不是把着力点放在总部的模型开发调适上，而是通过业绩奖金的方式，让基层行的支行长和客户经理有动机直接抹平这种模型与现实的差异，而不是像他们在美国的同行一样，按照程序逐级上报反馈，然后轻松地打卡下班。

为了防止基层行的业绩冲动造成的信用风险失控，总行又让上级分行的风控部门把关，并且对风控部门的薪酬设计，有意淡化业绩与报酬的关系。这两个部门收入构成的反差，正好让总行可以从中把握收益开拓与风控制衡的二柄。

在这一套人治手段之中，西方的量化风控模型成为被操纵、被应付的无用之物，并且毫无在试错过程中改进的机会。

我们同样也可以理解银行按照西方风控模式进行规范的尽信调查和分析的尴尬，首先是企业主经营运作的主观能动性，导致企业财务实际上并没有规范的对应物；其次是企业的信用虽然与还款能力有关，但更多地受到企业主还款意愿的影响，因此，钱庄的风控手法就很代表中国特色，与其通过财务报表分析企业的还款能力，不如窥探企业主是不是一个有长期从业经验、追求长期经营目标而不是短期投机，是否比较谨慎而不是爱冒险的人。对这些"人格性"因素进行分析和把握的可靠程度，要远远高于财务报表分析。

因此，我们可以说，量化风控模型在中国银行业所遭遇的尴尬，根本不是什么中国人素质差的问题，而是中国人的思维方式和行为方式根本就不一样，说白了，这根本就是一场制度与文化的错位。

第九章

征信业的进步能改变量化风控
模式在中国的命运吗？

一些人把量化风控模型在中国的命运，寄望于商业征信系统的建设发展，寄望于互联网技术，寄望于大数据分析。这实际上是近代以来流行的另一种论调：每当西方的制度在中国行不通的时候，总有人会出来解释，说中国的发展阶段还不到位。那么，近年来征信系统的发展和互联网大数据技术的引入热潮，能够给量化风控模型在中国的使用带来转机吗？

本章将探讨这个问题。

一 关于美国征信体系

征信业务最早在美国发源，也最发达，是世界征信业的标杆，因此，在讨论中国征信业发展问题之前，有必要先把美国征信的情况介绍一下，做个参照。

在美国，量化风控大行其道，有一个非常重要的基础条件，就是有发达的征信体系。美国的征信体系完全是商业化运作，有长达 180 年的历史。信息源积累时间长、量大、这就为后来的量化风控模型的开发应用提供了深厚的基础。下面对美国征信业做一个简单介绍。

（一）美国征信体系的基本格局

到目前为止，美国商业征信形成了成熟的专业化分工格局。

美国征信体系分为机构征信和个人征信。机构征信又分为资本市场信用和普通企业信用，因此，可以把美国征信体系分为以下三个传统板块和一个新兴板块。

（1）资本市场信用评级机构。主要涉及在证券市场上进行股权融资和债券融资的信用评级。这个征信市场，基本上由标准普尔、穆迪、惠誉三家垄断。

（2）普通企业信用评级机构。由邓白氏独家垄断。

（3）个人征信行业。则由 Experian（益博睿）、Equifax（艾可菲）、Trans Union（全联）三大征信机构垄断。

（4）近几年，又兴起大量互联网大数据公司，对于上述三个板块涉及不到的、缺乏信用数据的小微企业和个人，利用大数据分析技术进行信用评级，以 Credit Karma 和 Zest Finance 两家公司为典型代表。①

在这个庞大而又全面覆盖的征信体系中，对本书主要关注对象——民营企业征信——最有参照意义的主要是美国邓白氏垄断的普通企业征信；其次是新兴的互联网大数据分析公司。下面先介绍前者，后者将安排在第四节进行分析，以便与中国的相关情

① 爱分析：《征信行业系列调研报告之一：解析美国征信行业如何长成参天大树》，2016 年 8 月 12 日。

况做参照。

（二）美国（中小）企业信贷征信机构的发展演化

征信机构最早产生于 19 世纪 30 年代的美国，其目的是评估商业信用风险，这种信用就是赊账，比如批发商对零售商的赊账。那个时候，资本短缺，赊账几乎渗透到当时美国的每一笔商品交易，这种赊账时间长达一年或者更长，是美国乡镇企业唯一的信用来源，由此，就产生征信的需求。[①]

1. 商业征信机构在美国形成发展的条件

商业征信机构在美国的形成和发展与美国的社会历史条件和价值观念高度相关。

首先，基于美国的特定社会历史条件：幅员广阔、移民社会、人口流动性强。

在征信机构产生以前，如果是供货商向零售商推广业务，则依赖于关于零售商个人信用信息的推荐信，推荐人常常是当地或者远方的供货商，他们过去曾经与被推荐人打过交道，或者正好与被推荐人在同一个社区。

到了 19 世纪 20 年代，推荐信显得力有不逮了，因为批发商需要通过更好的方法和更快地得到客户的评价信息，但是许多客户都在边缘的地方经营着乡村小店。

于是 19 世纪 30 年代，纽约产生了征信机构，将商家的信用

---

① 参见罗微纳·奥莱加里奥《征信机构：历史经验》，载〔美〕玛格丽特·米勒编著《征信体系和国际经济》，王晓蕾、佟焱、穆长春译，中国金融出版社，2004，第 80~82 页。

信息加工成可用于估价、购买和出售的商品来赚取收入，只要付费就可以获得；由于需要尽可能地向小圈子以外的人公开，以便获得更多的需求，所以它搜集的信息要尽可能地广泛，连最小最偏远的企业也要尽可能收集到。

其中成功的征信机构，通过将地方性小征信机构加盟连锁的方式扩张，连锁店必须给总店利润分成，由此获得的好处是各地的连锁店可以通过纽约的总部互相分享信息。①

其次，征信机构的商业理念与美国主流价值观高度吻合。

征信机构的商业理念是，透明——调查搜集企业的商业信用信息；公开——并以付费的方式任人获取，以便获得更大的收入。

那个时代，也正是现代民主思想在美国刚刚开始形成的时候，社会崇尚公平，自由竞争。而征信机构的发达，又反过来促进了这种观念。②

美国征信产业的早期，也未尝没有一个调试的过程，征信相当于挖人隐私，这在美国一开始也并不为人理解，对征信存在一致的反对意见，认为征信机构是"爱管闲事"。③

---

① 罗微纳·奥莱加里奥：《征信机构：历史经验》，载〔美〕玛格丽特·米勒编著《征信体系和国际经济》，王晓蕾、佟焱、穆长春译，中国金融出版社，2004，第85~87页。
② 罗微纳·奥莱加里奥：《征信机构：历史经验》，载〔美〕玛格丽特·米勒编著《征信体系和国际经济》，王晓蕾、佟焱、穆长春译，中国金融出版社，2004，第83~85页。
③ 罗微纳·奥莱加里奥：《征信机构：历史经验》，载〔美〕玛格丽特·米勒编著《征信体系和国际经济》，王晓蕾、佟焱、穆长春译，中国金融出版社，2004，第80~82页。

尽管如此，美国人还是默默地忍受了，虽有抵制，但是相对比较温和。[①]

对于征信报告可能给企业造成的负面商业影响，法院也最终稳定在这样一个原则上：除非恶意，不予定罪。

美国南北战争以后，社会逐渐接受了征信机构。[②]

到了20世纪，美国的资本充足了，但是商业信用仍然非常重要。过去是因资本短缺而要获得商业信用，后来则是保证客户忠诚度、促销和获得竞争优势的工具。所以，商业征信一直都是小型企业信贷风控的一个重要信息渠道。

2. 邓白氏公司在当代信贷征信方面的垄断地位

邓白氏公司，是现存历史最悠久的征信公司，其前身可追溯到1841年在纽约成立的邓氏公司。美国内战结束以后，征信业的不景气导致了邓氏和白氏以及另外一两家公司对征信市场的控制，1933年，邓氏和白氏合并，成为邓白氏，形成了对机构征信业的垄断，目前占有整个行业中90%以上的份额。

邓白氏覆盖到的绝大多数企业是非上市公司，而且规模相当小，将近40%的公司的雇佣人数不到20人。[③]

---

① 罗薇纳·奥莱加里奥：《征信机构：历史经验》，载〔美〕玛格丽特·米勒编著《征信体系和国际经济》，王晓蕾、佟焱、穆长春译，中国金融出版社，2004，第93～94页。

② 罗薇纳·奥莱加里奥：《征信机构：历史经验》，载〔美〕玛格丽特·米勒编著《征信体系和国际经济》，王晓蕾、佟焱、穆长春译，中国金融出版社，2004，第94～95页。

③ 罗薇纳·奥莱加里奥：《征信机构：历史经验》，载〔美〕玛格丽特·米勒编著《征信体系和国际经济》，王晓蕾、佟焱、穆长春译，中国金融出版社，2004，第87～88页。

实际上，邓白氏所提供的信息，对从事对小微企业信用贷款和赊账的放款机构最有价值。[①]

由于邓白氏历史长，覆盖面又广，我们下面就通过介绍邓白氏的情况来了解美国机构征信业务的开展。

（三）邓白氏的数据收集、信用评级和商业运作

1. 早期的邓白氏怎样提供信用信息呢？

19世纪的债权人难以获得相关商业企业主的财务信息，不敢索要财务报表，害怕触怒现有的或者潜在的客户。而且，即使债权人得到了财务报表，也未必可靠。因为这些小业主的财务报表都未经审计，也没有同行业的会计准则，财务漏记很严重。即使得到了财务信息，也不过是总财富和负债，而没有企业的收入、利润、成本、现金流信息，也没有同行业的参考数据。

怎么办呢？

邓白氏就把最主要的信息落实在还款的历史记录——一家企业是否忠实地支付账单。但是，还款的数据也不好得到，至多只能获得一些奇闻轶事类的信息。

为此，有一种替代的办法，就是研究被调查人的性格，主要是与还款相关的性格，主要包括以下三项。

（1）关于诚实和荣誉的性格

借款人是否诚实努力还款？

---

① 亚尔·G. 卡勒伯格、乔治·F. 尤戴尔：《美国私营企业信息交换机制》，载〔美〕玛格丽特·米勒编著《征信体系和国际经济》，王晓蕾、佟焱、穆长春译，中国金融出版社，2004，第153～155页；第158～160页。

借款人是否告知债权人自己的商业企业面临的风险？

借款人是否向所有供货商准时还款？

如果借款人经营失败，是否公平地对待所有的债权人？

（2）奢侈浪费还是节俭

商店及其存货是否适合市场需要？

家庭消费是否量入为出？①

（3）努力还是懈怠

借款人是否有还款的承诺和为此工作的意愿？

借款人是否散播说自己无力应付其他项目的工作？

借款人是否从事投机生意？

以上性格因素，与美国的价值观相同，在南北战争前后，不论何地，尽管有政治信仰和社会地域的重大差异，却对此一致认同。所以得到了迅速传播，而且征信机构促进了这种传播。

1857 年，白氏公司出版了一本参考书，将人物特征的每一项描述都转化为一个数字化的评级符号，并公布了 2 万家企业的信用评级。这种办法效率很高，但白氏公司还向数据使用者提供特殊的信用报告，并建议咨询者来使用咨询信用报告。②

2. 今天的邓白氏怎样提供信息？

在当代，邓白氏所提供的最重要的是企业交易方面的信息，

---

① 19 世纪的个人财务和企业财务都是混合的，大多数企业都不是有限责任公司。

② 罗微纳·奥莱加里奥：《征信机构：历史经验》，载〔美〕玛格丽特·米勒编著《征信体系和国际经济》，王晓蕾、佟焱、穆长春译，中国金融出版社，2004，第 90 ~ 93 页。

邓白氏将这些交易信息综合成一个指数——企业还款指数，从100（正常还款）到20（严重逾期）。

邓白氏还提供的另一种指数是综合信用评级，是依据企业的财务实力和还款历史，把一家企业与其他同类企业的平均值加以比较而得，该评级在小额信贷决策中得到广泛的使用。

另外，有一些独立的咨询机构使用邓白氏的数据、消费者个人数据和其他来源的数据，建立信用模型和欺诈侦测模型。

邓白氏还专门提供针对单个企业的信用报告。

3. 邓白氏的信息来源

邓白氏今天的数据来源相当广泛，1998年，有1400人的调查队伍，与1500万家企业沟通，并同300万家公司中的管理人员进行深入的面谈。

企业交易记录数据：这是邓白氏收集的企业最重要的信息，这些交易信息反映了企业在供应商、其他公司或者银行等机构的还款状况，包括：过去13个月的总交易额、交易次数、最高信用额度、账龄档位（每个付款档期的状态——正常、逾期30天、逾期60天、逾期90天、大于90天的逾期）的交易还款百分比。

数据来源，主要是以赊销方式销售产品的供应商和银行，它们把有关信息提供给邓白氏，邓白氏再把这些信息汇集整理，提供（卖）给客户。邓白氏声称其数据是免费获取的，但实际上有些公司如戴尔的议价能力很强，总会得到一些报酬。

在此基础上，邓白氏也通过现场报告员手工收集其他交易信息。需要指出的是，企业通常不愿意公开这些信息，所以，放款机构只能通过邓白氏获得这些信息。

企业基本信息：包括企业的行业代码、经营年限、公司组织形式、企业所在地、企业负责人，其中部分信息是邓白氏通过实地考察得来的。

企业财务信息：发行过证券的大企业会有公开披露，或者企业自愿提供（小企业一般不愿意提供）。

关于商业纠纷和司法判决信息：法律诉讼、抵押品置留、纳税滞留、司法判决，这些都是公开信息，但是放款机构的获取成本比较高，不如从邓白氏购买。

其他信息来源：2000 多份报纸、出版物、电子新闻；美国邮政局；电话公司及其他公共服务机构。[①]

4. 关于邓白氏征信报告和信用评级的有效性

邓白氏自己并不愿意强调自己信用调查的权威性，主要是怕吃官司。尽管邓白氏今天已经采用定量分析方法，但是邓白氏总是强调，贷款人在模型的基础上，还必须依赖自己的人工判断。邓白氏提供的更多的是企业的背景资料和定性信息，对贷款决策起到的是参考价值；而不是如标准普尔和穆迪评级那样的权威信息。

影响邓白氏信用报告准确度的另一个原因是，政府对个人贷款和小企业贷款人隐私权的保护，当然，这种保护程度越高，可

---

① 罗薇纳·奥莱加里奥：《征信机构：历史经验》，载〔美〕玛格丽特·米勒编著《征信体系和国际经济》，王晓蕾、佟焱、穆长春译，中国金融出版社，2004，第 87 ~ 88 页。

获得详细信息越少，准确度当然会受到影响。[①]

二 中国的官方征信和商业征信

与美国相比，中国的征信体系起步很晚，覆盖面残缺不全，目前是以官方征信为主，也就是当前中国人民银行（以下简称人行）的征信系统。商业征信系统则刚刚起步，很不发达。

（一）官方征信：人行征信系统

人行于2004年建立征信中心，经过十年的积累，成为国内最大的征信数据库。有以下几个特点。

（1）覆盖面：数据来源于国有银行、股份制银行、城信社、农信社，分别为8.2亿自然人和1859.6万家企业建立了信用档案。

（2）信息内容：

个人征信档案中，可以看到个人身份、居住、职业、信用交易等信息。其中个人信用信息包括个人信用卡、储蓄卡、信贷、担保等信息。

企业征信档案：包括企业高管的个人身份信息和信贷记录、企业财务信息、企业现有和过往信贷及担保信息、企业社保、电信、诉讼和环保信息。

---

① 罗微纳·奥莱加里奥：《征信机构：历史经验》，载〔美〕玛格丽特·米勒编著《征信体系和国际经济》，王晓蕾、佟焱、穆长春译，中国金融出版社，2004，第99~100页。

目前，央行征信系统的不足之处有三方面。

（1）部分信息更新不及时、失实，不详尽。如在个人征信报告中的"公共记录"部分，内容包括信息主体在过去 5 年内的欠税记录、民事判决记录、强制执行记录、行政处罚记录、电信欠费记录等。这些记录产生的原因比较复杂，但信用记录报告中只有结果，缺乏具体原因，而且还存在遗漏、失实、错误等。

（2）数据主要为银行系统内部信息，较少涉及民间借贷信息。央行只接入了部分小贷公司，而大量的民间借贷都没有被纳入信息报告中。比如 P2P 公司的借贷信息，就没有被央行接入。由于民营中小企业大量涉及准金融机构和民间借贷，这部分数据的缺失显然是个非常严重的问题。

（3）征信的覆盖面还不够广，非常重要的企业间交易信息，也付诸阙如。另外，包括个人的社保、保险、教育、消费、司法等信息，要么根本就没有被接入，要么详细度和准确度不足。①

（二）中国商业征信发展概况

中国的商业征信业可分为企业征信和个人征信两部分。

1. 企业征信的发展

早在 1993 年，中国就有两家企业征信公司，华夏和新华信。1994 年，美国的邓白氏进入中国，一度形成三足鼎立之势。到了2005 年，邓白氏收购了华夏（改名为华夏邓白氏），益博睿收购

---

① 以上介绍的资料来源，引自零壹财经《中国 P2P 借贷服务行业白皮书（2014）》，第147 ~ 149 页。

了新华信。①

但是，中国的企业征信公司一直不活跃，只有北京安融惠众、上海资信、深圳鹏元等少数几家有地方政府背景的征信公司还有些活动，但业务拓展困难，盈利状况不佳，其中只有深圳鹏元有点微利。②

到了 2013 年底，央行出台《征信机构管理办法》，规定对企业征信实行备案制，对个人征信实行审核制。于是，大量企业为了"申牌照、抢摊位"，为了资本运作或者集团提升品牌，在对征信行业不了解，既无诚意也无能力的情况下，大量申办，结果到 2015 年，中国企业征信机构一下子达到了 150 家左右。③

但是这些征信机构，绝大多数都没有什么业务。目前比较活跃的有：华夏邓白氏、益博睿、中诚信、深圳鹏元、拉卡拉、北京宜信志诚、网信等几家。到 2015 年，总的市场收益不过 20 亿元。④

2. 个人征信的开展

出于保护公民隐私权的需要，中国人民银行对个人征信的商业化运作持谨慎态度，采取审批制。2015 年，央行审批通过第一批 8 家个人商业征信公司成立，包括腾讯征信、芝麻信用（阿里系）、拉卡拉（联想系）、深圳前海、鹏元、中诚信、中智诚、北

---

① 参见知乎网，https://www.zhihu.com/question/30749918，2015－7－25。
② 祁勇祥、华蓉晖：《中国需要怎样的征信体系》，《上海金融》2014 年第 11 期，第 4 页。
③ 袁新峰：《北京地区企业征信机构监管存在的问题及建议》，《中国征信》2016 年第 6 期。
④ 参见知乎网，https://www.zhihu.com/question/30749918，2015－7－25。

京华道 8 家。其中腾讯征信和芝麻信用比较有优势。目前业务还没有展开，预计市场规模有 1000 亿元。[①]

需要说明的是，在中国，中小企业征信和个人征信具有很大的重合性，这不仅是因为很多小微企业主本身就是业主制而非公司制，而且因为中国的企业基本上是企业老板的附属物，公司法人的观念淡薄。所以，尽管官方对企业征信和个人征信有比较明确的区隔，但在实际运作中，二者恐怕很难区隔开来。

（三）中国征信业不景气的原因

如果从 1993 年算起，企业征信在中国已经有 20 多年，时间不算短了，但是对业界几乎没有什么影响力，原因在哪里呢？

从人民银行的征信系统来说，自身的定位是官方征信，追求的目标是银行业监管，而且局限于自己所掌控的银行机构的监管，没有商业利益诉求，所以，没有动力针对产业界的市场需求提供贴身服务。

另外，即使是很重要的政府征信信息，由于相关部门的不配合，不愿意分享，人行征信系统仍局限于银行内部信息。

从商业征信机构的企业征信来说，主要有四个原因。

第一，政府信息如孤岛林立，数据收集困难。政府机构既不愿意与人行征信系统联网，当然就更不愿意向商业征信机构分享

---

① 参见知乎网，htttps：//www.zhihu.com/question/30749918，2015 - 7 - 25。

信息。①

第二，各家数据来源公司也是"自立门户"，缺乏整合意识。

第三，征信行业的商业模式不明晰、不成熟，征信立法不健全，导致不便于以商业化买卖的方式汇集信息资源。

第四，征信数据库积累需要时间长，建库和维持成本太高，而收益回报却很缓慢。所以，即使有地方政府背景的征信公司也难以承受，更何况大量民营征信机构，既无资本，又无政府资源，又急于赢利，自然难以建立像样的征信资料库。②

（四）民营准金融机构的态度和行动

对于尽快完善发展中国征信业，最值得关注的是民营准金融机构的态度和动向。理由如下。

一方面，在中国金融体系中，这些准金融机构虽然属于"边缘人"，但它们卷入中小企业贷款最深，尤其是与民营企业的亲缘、地缘关系网络相系的民间金融部分，它们拥有最多、最详尽的信息资料，如果这些信息资源能够被汇集和公开，将大大提升中国征信数据库的丰满度。

另一方面，由于它们的准金融机构身份，被排斥在正规金融系统的征信系统之外；准金融机构之间又各自封闭，所以它们对分享一个庞大开放而又信息源充足的征信系统，愿望最为迫切。

---

① 据知乎网上的知情人透露，工商、税务、司法、海关等各部门，之所以不愿意分享信息，是因为有大量不规范执法行为，不愿意被透明化。

② 参见祁勇祥、华蓉晖《中国需要怎样的征信体系》，《上海金融》2014年第11期，第4页。

但是，从目前准金融机构对官方和商办征信公司的合作动向来说，前景并不乐观，其态度颇值得玩味。

首先，在人行征信系统与准金融机构之间，据说，人行对于汇入这些信息的态度并不积极，原因有两个。

第一，目前人行的信息库已经规模很大，维持吃力，无力再汇入更海量的民营经济体信息。第二，人行征信系统认为这些小金融机构的信息质量差，虚假错漏多，又不规范，怕引进以后影响其数据质量。[①]

其次，从准金融机构来说，也不愿积极加入人行征信系统建立分享，原因也有两个。

第一，它们认为，人行的征信数据库内容空泛，残缺不全，对他们眼下的中小企业经营性信贷风控来说，并无很多有价值信息可供参考。第二，更大的顾忌还在于，准金融机构的客户涉及在正规银行看来是不规范的业务，比如民间借贷等，这些企业可能与银行有借贷关系，害怕银行查到自己的相关信息以后，拒绝给他们贷款，或者降低其信用评级。而 P2P 平台和小贷公司顾忌到客户的顾忌，所以也不愿意汇入人行征信系统。[②]

至于准金融机构与商业征信机构的关系，目前，商业征信机构迫切希望整合这些平台和小贷公司的信息资源，所采用的基本

---

① 参见零壹财经《中国 P2P 借贷服务行业白皮书（2014）》，第 153～154 页。
② 参见祁勇祥、华蓉晖《中国需要怎样的征信体系》，《上海金融》2014 年第 11 期，第 4 页。

模式是会员分享制。即，加入者将其掌握的企业和个人征信数据汇入征信机构数据库，同时可以免费分享数据库中的商业数据。目前，主要是北京安融惠众和上海资信两家征信机构在做这个工作，截至 2014 年 3 月，上海资信汇集了 170 家网络平台的数据库，涉及 23 万人的借贷数据；截至 2014 年 4 月，北京安融惠众，汇入 192 家网络平台和小贷公司的数据，涉及 46.5 万人的信息记录。①

但是，这种商业机构整合信息库的麻烦在于：第一，准金融机构极不希望自己的数据被同业竞争对手分享，所以，投鼠忌器，尤其是资源多的平台，分享意愿并不积极。第二，客户信息会不会被征信机构用作其他商业用途，导致隐私权暴露，这是个非常危险的雷区。②

那么，在以上准金融机构、人行征信系统、商业征信机构三者当下的态度和动向中，我们可以读出不利于征信业发展迈进的三个障碍。

第一，每家都在进行信息汇集的收益－成本算计，想赢怕输；第二，准金融机构的信息源虽然丰富，但是不够规范，处理成本较高；第三，准金融机构掌控的信息源不仅不够规范，而且还涉及民营企业的隐私权问题。所谓的"隐私"，又有两重含义：一是不合法，二是属于商业机密，透明化会妨害企业的商业竞争力。

①　参见零壹财经《中国 P2P 借贷服务行业白皮书（2014）》，第 150 页。
②　参见零壹财经《中国 P2P 借贷服务行业白皮书（2014）》，第 153～154 页。

笔者以为，前两个障碍都不是问题，都可以通过征信行业的规模经济效应和范围经济效应得到克服，唯独第三个才是真正值得玩味的障碍。因为它所涉及的，恐怕还不仅仅是一个违法不违法的问题，而是还要涉及与中国文化所决定的商业运作模式相冲突的问题，这也是我们在后文要加以进一步讨论的。①

三 互联网金融和大数据风控在中国

（一）互联网金融与大数据

在传统征信体系之外，近年来随着互联网和互联网金融的发展，在美国又兴起了大数据征信，这在中国迅速得到了回应，而且从发展势头上来说，似乎还超过美国。

1. 关于互联网金融

互联网金融，并没有准确定义，大体而言，凡是把传统金融业务放在互联网上执行的，都属于互联网金融。

传统金融分为银行存贷款业务和中间业务两大块，相应地，互联网金融也可以分为这样两大块。

存贷款业务转化到互联网上，就变成网上银行和 P2P、众筹、网络信贷。

中间业务转化到互联网上，就变成互联网支付和移动支付，还有非金融机构的余额理财、互联网保险，以及征信、咨询、财

---

① 在第八章，笔者曾经揭示，由于中国人"体悟主义"的思维方式，导致社会中每个节点上的人都居于一个信息孤岛，岛主对外人拥有一种基于信息不对称的优势，可以据此享有经营运作的审慎自由权，这大概也是中国企业主向来不愿将其企业信息透明化的深层原因。

务顾问等。

就互联网金融的发起和参与主体来说，主要有两股势力：一股是传统的银行和其他金融机构，将其业务电子化、互联网化；另一股则是借互联网而起的电商、社交网站、互联网金融平台（目前主要是 P2P），借势涉足金融业务。①

2. 关于大数据

而我们的关注点在于，不论是哪一股势力，当它涉及信用贷款业务的时候，通过互联网金融的相关技术，究竟能给信用贷款的风控，尤其是中小微企业的信贷风控，相比于传统的信贷风控，带来哪些新的突破，是否能够给我们什么新的希望？

从这个意义上来讲，核心的东西就是大数据技术。

从信贷风控的角度讲，大数据技术有两层意味：

第一层，就是海量信息和多维信息。传统的信贷风控，分为诸如财务信息、交易信息等硬信息；以及涉及企业主的人格、财产、社交等所谓软信息。

对于中国的金融机构来说，传统风控的困难是，硬信息面临财务造假、交易流水造假等；软信息则需要有经验、有人脉的客户经理去现场调查对证，取证困难，人工成本高昂。

而大数据的可能突破则在于，企业和企业主的投资运营、社会交往、行为习惯和行为轨迹，涉及方方面面，只要在互联网上留下痕迹，都可能被大数据技术给监测到，其中有很多信息是企业无意识留下来的，不可能造假；即使可能造假的，涉及的方面

---

① 参见艾瑞咨询《2015 年中国互联网金融发展研究格局报告》，2015 年 6 月 26 日。

太多，造假也造不过来。这就为打破银企关系的信息不对称，提供了一个很好的突破口。

第二层，大数据还意味着一种信息挖掘和信息分析技术，通过某种算法、模型，将网上捕捉到的海量信息的统计关系钩稽整合，从而对企业和企业主的信用做出精准而迅速的判断，这样既节省了人工，又避免了人工判断的不准确性，还提高了信贷决策的速度。①

因此，大数据征信被寄予很大的期望，期望它能够彻底解决中国中小微企业信贷风控的瓶颈。

（二）大数据征信技术的美国源流

大数据征信的概念和大数据征信的技术，都是从美国引进的。目前美国利用大数据征信的典型公司，有以下几个。

Zestfinance。成立于 2009 年，它所针对的客户是所谓"金融活动不足者"，也就是没有金融机构借贷记录的消费者。既然没有传统的信用记录，那又怎样评估他们的信用状况呢？

该公司的办法就是引入谷歌公司的机器学习法，挖掘为传统信用评级所忽略的海量互联网数据。传统信用评估只有几个变量，该公司的模型则将客户在网络上留下来的所有数据都视为潜在变量，达数千个之多，既有财务信息，也有非财务信息，导入学习机器进行分析，得出信用评级。

这种方法类似于人肉搜索，将散落在各个电商网站、社交网

---

① 卢芮欣：《大数据时代中国征信的机遇与挑战》，《金融理论与实践》2015 年第 2 期，第 103~107 页。

站论坛上的目标客户的网络活动信息汇集起来。甚至用户在输入自己姓名时的方式，采用大小写的方式，也是一种信息变量；申请人在该公司网站上停留的时间、申请人使用的手机是全款还是预付款买的，等等，都可以作为信息变量导入模型。

该公司的风控模型似乎颇为成功，其贷款违约率比同行低60%。

Kobbage。成立于2009年，其目标客户是电商平台上的小卖家，对他们发放小额信贷。当商家向该公司网站上提出贷款申请以后，公司就会抓取商家的销售记录、用户流量、用户评价以及物流情况，并与其竞争对手的价格、库存情况进行对比。此外，kobbage还会分析商家在社交网络中的声誉信息（商品被点赞之类），综合起来进行信用评级，7分钟内就可以完成贷款审核。Kobbage的贷款限额在500美元至5万美元之间，平均贷款周期为4.5个月，从2011年上线运营到2013年底，累计贷款额约1亿美元。其贷款客户违约率比同行低一半。

Ondeck。成立于2006年，主要为雇员在200人以下的小微企业提供信贷。该公司主要考察的是小企业的日常经营数据，包括客户、现金流、销售额、顾客索赔情况等，确定企业的还款能力。

Ondeck还与征信公司合作，收集企业的财务、雇员等数据，评估企业的信用状况。

另外，该公司还让小企业主在Ondeck的网站上建立自己的主页，并将该主页与企业主自己的网上银行、会计等电子数据联系起来，该公司再结合这些数据以及企业主的社交、税务以及行业数据，进一步完善小企业的信用评级。

Ondeck 的贷款审批速度也很快，只要一个工作日。每笔贷款的额度在 5000 美元至 25 万美元之间，平均每笔 3 万美元，贷款期限为 3 ~ 18 个月。截至 2013 年，累计贷款超过 7 亿美元。①

比较一下三家依靠大数据进行风控的公司，我们发现，Kobbage 和 Ondeck 所采用的所谓大数据，仍然是与企业的运营状况和财务状况有高度相关性的数据，只不过这些数据在大银行所依赖的信用评级中没有得到足够的重视。而相比之下，Zestfinance 采用的数据和算法，才更符合人们对大数据的神奇之想象，但这也是与其信贷对象——个人消费贷款相匹配的。

（三）大数据风控在中国

目前在中国，存在一种大数据风控热潮，但在实际中，银行是相对比较冷淡的。银行虽然也将其业务大量电子化、网络化，大大节省了人工成本，提高了工作效率，但是还很少听说有什么大数据技术对其信贷业务有过什么帮助。②

---

① 以上三个案例来自李耀东、李钧《互联网金融：框架与实践》，电子工业出版社，2014，第 228 ~ 235 页。
② 据笔者对银行受访人的调查，发现他们普遍对前来推销其大数据分析技术的公司不感兴趣。认为其数据来源不可靠、分析方法不可靠，而且还有与授信企业合谋的嫌疑（类似于会计事务所与企业的合谋）。

而真正比较热衷于搞大数据风控的公司，基本上都属于非传统银行机构。这些机构又可以分为两类：一类是专门从事互联网金融信贷业务的 P2P 平台、众筹平台等。其中有很多都是由各种民营准金融机构转化而来的，如原来的民营担保公司转化为 P2P 平台，或者小贷公司。另一类，则是电子商务网站、社交网站、服务类网站等，利用其所积累的数据库，转而从事消费信贷和中小企业信贷业务。①

这种传统银行冷，非银行金融机构热的态势，大概可以用三个理由来解释。

第一，大数据技术对中小微企业的信贷风控没有什么帮助，至少在中国现在还没有，否则以银行的资金实力和社会能量，肯定会火热地投身于其中。

第二，由于监管当局对民营资本涉足金融的限制过严，很多民间资本只能尝试借助互联网金融这种新鲜事物，变相跨越金融管制的门槛，其最典型的代表就是 P2P 平台。

第三，由于官方征信和商业征信系统的极度贫弱，信用评级的信息源极度贫乏，反而催生出人们对大数据的过度幻想，以为只要掌握了大数据的挖掘技术，只要从网上随意抓取各种看似无用的海量数据，就能帮贷款机构跨越中国征信体系严重滞后的障碍，解决信贷风控的难题。所以，数据源越是缺乏的金融机构，对大数据风控的期望越高。

但是，以目前的业界发展态势来看，热衷于互联网大数据的

---

① 参见艾瑞咨询《2015 年中国互联网金融发展研究格局报告》，2015 年 6 月 26 日。

准金融机构中，发展状态的好坏与自身掌握的数据源高度相关。P2P 平台基本上都没有可靠的数据源，又没有第三方征信机构的数据支持，所以，他们整体上都不过是顶着互联网大数据风控的名分，用最原始的方式从事信贷风控的机构。[①] 反倒是一些由电商和社交网站起家的公司，可算是有点新兴的互联网金融公司的意思。

下面我们首先分析几家电商和社交网站出身的互联网金融公司及大数据风控公司的情况。

（四）几家比较成功的利用大数据风控公司的考察

依靠自己的网站数据资源，利用大数据风控技术从事放贷业务的准金融公司，按数据来源分类，大致有以下几种。

电商类网站大数据，代表是阿里、京东、苏宁；

信用卡类网站大数据，代表是我爱卡、银率网；

社交类网站大数据，代表是新浪微博、腾讯微信；

生活服务类网站大数据，代表是平安一账通。

在这当中，又有几家在业界崭露头角，受到广泛关注，其有一个共同的优势就是，通过大量用户对自己的网站的使用，掌握了海量的客户数据，于是便建立独立封闭的系统，对这些数据进行挖掘，依靠大数据风控来从事小额消费信贷和小微企业信贷。当然，我们关注的重点是小微企业信贷，想看看大数据分析这种新奇的技术，究竟给小微信贷的风控带来了什么突破。

[①] 关于当前 P2P 的发展业态，请参见柏亮主编《中国 P2P 借贷服务行业白皮书（2013～2015 年）》。

阿里巴巴和京东是目前最出名的两家互联网金融公司。

阿里巴巴：主要是淘宝贷款，面向阿里系的淘宝、天猫、巨划算的卖家电商，又分为订单贷款和信用贷款，额度均在100万元以内。

订单贷款是基于卖家已发货但买家未确认的实物交易订单金额，给出授信额度，到期系统自动还款。信用贷款则基于电商的综合经营实力授信，不受当天订单限制，无需担保抵押，授信额度可多次支用，随借随还。

由于授信对象都是淘宝、天猫、巨划算的电商，经营全过程都在淘宝平台上，相关数据真实完整。

阿里巴巴声称是采用其所掌握的商家大数据进行发掘，而给予风险把关的。但从实际来看，阿里巴巴实际上掌握着两个硬的风控手段。

第一，它控制着电商的销售回款。阿里巴巴起家的核心设计之一是做交易中介，电商的应收账款一般要在淘宝上停留7天，电商有融资要求，淘宝则可以根据电商的各项经营数据，决定贷款还是不贷款以及贷款多少。一般额度不会超过电商三天累计应收账款。淘宝表面上说是基于大数据做信用判断，但实际上拥有电商回款掌控权，说白了，不还钱，回款不给了。

第二，淘宝还掌控着电商的网上经营权。不还款，撤掉你的摊子。

所以，很难说这是大数据风控的功劳。当然，阿里巴巴还是得到了大数据的好处，就是利用经营积累的数据进行数据开发，自动化处理，节省人工，否则应付不过来。①

另外还有阿里巴巴的蚂蚁金服，其蚂蚁微贷所依赖的大数据风控，也更多地起到了节约人工的作用，但其风控质量还称不上很成功。②

京东：京东的金融业务分为 B2B 和 B2C 两个部分，其中 B2B 是针对供应商提供投融资，B2C 则属于消费信贷。

就 B2B 来说，比如说某个供应商向京东提供一批商品，正常情况下，京东会在收货后 40 天内通过银行付款，也就是说，供应商的货款会被京东占用 40 天。在这期间，供应商的资金紧张。怎么办呢？

该供应商可根据京东开出的供货账单，从银行拿到部分货款，进行下一轮周转，而京东则会在原有的 40 天限期内，将资金付给银行。如果没有京东，则供应商只能单独找银行融资，需要进行抵押，还不一定能够从银行贷到款。因此，京东实际上起到了变相担保的作用。③

可是，京东拿什么给这些小供应商担保？靠的真是大数据分析吗？靠的是 40 天的占压货款。

① 李耀东、李钧：《互联网金融：框架与实践》，电子工业出版社，2014，第 8～9 页。
② 参见覃一鸣、裘丽娅《电商小贷公司存在的问题分析：以蚂蚁微贷为例》，《金融与保险》2015 年第 7 期，第 4～7 页。
③ 李耀东、李钧：《互联网金融：框架与实践》，电子工业出版社，2014，第 16～20 页。另外，苏宁的情况与京东类似，参见李耀东、李钧《互联网金融：框架与实践》，电子工业出版社，2014，第 21～24 页。

在 P2P 平台群落里，开鑫贷和陆金所似乎是最接近于采用大数据技术进行风控的平台，但从其背景分析，似乎并非如此，分析如下。

开鑫贷：开鑫贷有江苏国资委和国开行的背景，融资对象仅限于江苏省内精选出来的小贷公司推荐的优质借款人（或者中小企业）。由于有小贷公司做担保，实际上等于把风险甩给小贷公司了。而小贷公司由于资金不足，也乐得将债权转让给开鑫贷，以便在不能增资的情况下扩张业务。

这样一来，我们就看到，开鑫贷实际上是依靠政府力量的牵头，统筹各方面资源的结果，再加上小贷公司多年在线下积累的数据做支撑，维持其风控体系。

陆金所的情况也是这样，陆金所依靠的是平安金融体系的大数据，以及平安旗下的担保公司做担保，没有这些背景，是不可能的。所以，说白了，这两家也都是依靠硬风险支撑，不算真正的大数据风控。

针对特定人群消费贷款的大数据风控。

在消费类信贷中，互联网金融平台往往选择特定的人群，比如大学生消费贷。贷款平台会根据学生所在学校、学历、网购次数、金额、信用卡消费及还款情况等，决定其信用度。同时记录学生的家庭住址、身份证号、手机号、父母姓名及联系方式、社交圈等信息。这是比较接近大数据风控的类型。

但仔细琢磨，会发现他们实际上是对这些特定人群的个人声誉和隐私权做了隐形抵押。而且，其贷后还要靠人工催收来解决。所以，也还是有很强的硬风控做保证。

另外，还有针对特定人群的购房首付贷款、汽车贷、旅游贷、整容贷，也是采用上述一套办法。[①]

（五）大数据热的冷思考：一些观点

大数据技术本身就是个新奇而又高技术的东西，加上中国人的社交习惯，喜欢给一个方兴未艾的事物在各种正式出版物上说些正面的好话，这就使得大数据技术更被蒙上了一层神奇的面纱。

为此，笔者特意从知乎网的相关业界人士的言论中，收集了一些关于大数据风控的行内观点，以便于我们做些冷思考。

第一，关于大数据的分析工具。目前国内仍然以传统的建模团队，以 Logistic 回归模型为主做信用评级，少数采用神经网络、机器学习，但是没有取得显著成效。用回归模型意味着无力分析多维的信息，而能进行多维数据分析的神经网络和机器学习模型的技术又不成熟，至少是在国内还不成熟。

第二，关于数据源和数据质量。对于民营准金融机构来说，数据缺乏仍然是个关键，没有足够的样本就难以进行数据分析。这在前面已经说过。

数据质量也是令业内人士头痛的事情，生产经营性领域的数据造假很严重，即使不需要财务报表，但是交易流水之类的非财务信息仍然会有大量造假现象。

[①] 以上几家 P2P 平台大数据分析的有关情况，主要参考半岛铁石的网帖，知乎网，https://www.zhihu.com/question/27715270。

针对个人消费信贷而抓取的社交类信息，虽然是无意识留下来的，造假的可能性比较小，但问题是这些往往也是无用信息，不易从中提炼出有效信息，来分析个人的财产实力和还款意愿。

第三，关于大数据技术和人工的替代关系。可以不同程度地替代，但是不能完全替代。

在大数据思维下，涉及的风险维度很多，全都由人工去审核，强度太大，成本太高，不现实。所以可以用大数据来解决。

但是，大数据分析的结果只能作为一个参考，而不能给出一个决断。比如，确有一些很牛的大数据分析公司，可以根据一个身份证是否在多个平台上借款、是否经常更换电话号码、社交信息关键词、电商购物批次、发货地址是否稳定，等等，来判断企业经营是否稳定，以及其经济实力。但是这些都只是涉及放贷决策的必要条件，是辅助性的，还不能仅仅因为企业经营稳定就直接判断是否可以贷款，贷多少款。

另外，即使一些大数据输入的信息，也需要用人工的方式筛选才行；关于机器学习模型，也是要人工判定的坏案例不断地训练才行。

第四，关于大数据的应用范围。目前主要应用于小额、短期、消费信贷，但是对于长期的、大额的、生产经营性信贷则不适用。

原因在于，小额消费信贷金额小、风险分散，风控遵循的是大数原理，只要整个群体的风险可控，就不会出大娄子。即使如此，很多公司的小额消费信贷实际上还是根据存款额、消费额来定的，贷后强制扣款，这就没有技术含量。

而对于大额、长期、生产经营性贷款来说，一是涉及金额大，比如几百万元、几千万元，甚至上亿元的贷款，风险集中。二是大额贷款一般都属于生产经营性贷款，项目的专业性强，所涉及的风险因素牵扯面太广，很多风险因子在互联网上反而找不到相关的数据，或者即使找得到，也无从分析。所以还是要依赖实地调查。三是大数据的分析只涉及历史，而从时间轴上来说，越是长期，风险因素越复杂，历史数据越靠不住。四是就复杂性来说，很多看着相似的个案，一旦深入下去，就会发现差异可能非常大，不通过人工进行整体考量和矫正，其实是没办法做的。否则要么会出大娄子，要么失去大客户。人的因素总是太复杂，在不同行业、不同区域、不同环境下的企业反应差异很大，难以量化。

当然，大数据在防欺诈模型方面效果好一些。

第五，关于中国人的行为给大数据分析带来的麻烦。即使是针对个人消费信贷，也有很大问题，主要是个人不守信用的问题。在一线城市，人口流动性太大，拔腿就走，所以失信成本很低。而在二三线城市，个人信贷需求又不高。这是目前最大的问题。

而这就给用大数据技术分析社交信息，带来以下几个问题：一是这些社交信息不一定准确；二是很难找到一个合适的评估模型，来准确判断一个人的财力和诚信度；三是，由于缺少美国那样的全民征信的威慑，个人违约成本很低。尤其是在个人消费贷款最为活跃的一线大城市，人口流动性强，问题最严重。[1]

---

① https://www.zhihu.com/question/27715270、 30116054、 37405102、 33793811、 37196374。以上采集的网友发帖，全部发表于 2015 年以后。

四 关于征信业发展的前景：总的评论

（一）美国企业、信用数据、征信机构、征信技术的层级关系

如果我们把美国的征信对象、信用数据、征信公司以及所采用的征信技术，四者联系起来，就会发现，存在比较明晰的层级关系。

在比较高的层级上，上市公司和在公开市场上发行债券的公司的信用评级，使用的是基于财务数据和市场数据的各种量化风控模型，对应的信用评级公司是标准普尔、穆迪、惠誉。

对于一般的中小企业信贷，使用的信息有财务数据，但更多地参照了企业交易记录信息和其他公共信息；对应的主要是邓白氏的还款指数作为银行风控的重要支撑。在这个层级中，还有为数不少的社区小银行，更多地依赖银企之间长期形成的软信息作为风控的主要手段，形成所谓关系型贷款。

对于更低级的消费信贷，使用的是三家个人征信垄断机构——Experian（益博睿）、Equifax（艾可飞）、Trans Union（全联）——提供的个人征信信息，一般都采用标准的 Fico 技术进行个人信用评级。

最后，被上述征信机构所遗漏的，征信数据完全没有，或者残缺不全的小微企业以及个人消费信贷，则更多被新兴的互联网金融机构发掘，这些机构包括两三家 P2P 公司和以 Ondeck、Kobbage、Zestfinance 为代表的大数据分析公司，这些大数据分析

公司使用的数据，极少有财务数据、少有来自传统征信公司的企业交易数据和个人信用数据，更多地采用互联网数据，尤其是Zestfinance，主要采用社交网络数据。

由此我们可以得到一个比较明确的结论：越是高级的企业，越是信用好的企业，采用的数据越是标准化、规范化、客观化，越是与企业的直接还款能力相关。反之，越是为大数据分析公司所青睐的企业和个人，实际上是最缺乏信用记录的，其所挖掘和分析的相关信息是最不规范的、无标准的、最与个人还款能力和意愿非直接相关的外围信息。

因此，看似神奇的大数据风控技术，实际上是征信条件缺乏的一种无奈选择。

那么，基于美国的上述情况，作为信贷风控的基础支撑的中国征信业，似乎有两条路可走：一条路，是走传统道路，汇集官方和商业渠道的各种信息源，做大做厚以企业财务信息、企业交易信息和政府平台信息等硬信息为主的传统征信数据库。

另一条路，是在传统硬信息的获得难以指望的情况下，走新兴高科技道路，努力发展大数据分析技术，不用费力建立什么传统数据库，而是只在互联网上捞取现成的、海量的、外围的数据就可以了。为此，中国的大数据挖掘和分析技术必须发展到比美国还要发达的程度，不仅能够分析个人小额消费信贷风险，而且能够分析更长期的、大额的、生产经营性信贷风险。

而在笔者看来，这两条路都走不通。

为什么呢？

（二）中国发展不出美国式的征信体系

1. 关于第一条路

传统的硬信息数据库的建设，主要涉及企业的财务信息、企业交易信息各种政府平台信息等。

在第八章，我们已经详细分析了在中国为什么难以获得真实规范的企业财务信息和企业交易信息。在此重述一下，原因主要有两个：

原因之一是中国经营运作的惯习本身，难以就西方规范分析的"范"。①西方规范分析所要求的财务数据的前提保证是，企业是公司法人，会严格依照《公司法》和《会计准则》等法律规范来进行财务运作。而中国的企业实际上是企业老板的附属物，企业财务运作也附属于老板对超乎该企业之外的社会关系网络的金融运作，并在很大程度上由老板的个人意愿决定资金流动。因此，在中国难以采集到合规的企业财务信息，采集到也说明不了什么问题。②中国企业间的交易与西方不同，不是依照事先签订的契约来执行，而是依照双方的"关系"，按照"君子协定"（礼让法则）来进行。因此，企业交易中是否及时还款、违约没违约，很难有什么客观统一的是非评判标准。这些都造成企业在客观上难以提供规范的硬信息，或者被迫造假。

原因之二是在企业主的主观意愿上。由于中国文化的体悟主义思维模式和行为模式，每个企业老板都处于相对独立的"信息孤岛"上，并由此而享有信息不对称造成的"人治"。如果信息被透明化，则老板失去了"人治"的闪展腾挪的余地，这使得中国企业主历来不愿意披露企业的运营信息。

在这里需要进一步补充说明的是政府公共信息的难以获得性。

中国是一个高度集权的国家，但是堂堂央行官方信息库，居然长期无法与各种工商、税务、司法、海关、公用事业等官方、准官方机构的信息联网分享。而在美国，所有政府官方信息都是高度开放透明、任人分享的。这一比较就能明白，问题究竟出在哪里。如果还不明白，想想中国每年的财政报告为什么不能披露明细项目就明白了。

这里面的原因，不仅涉及到官员腐败的问题，而且还涉及到中国政府治理的人治传统问题。以税务信息为例，根据笔者的了解，地方政府常常存在严重的弹性操作现象，这就是典型的人治。[①] 那么，在这种弹性税法的操作实践下，相关信息，方便公开吗?！

实际上，这种人治，在中国固有深厚的传统，以司法判决而论，中国历代虽有皇家律法，但在具体执行中要参照天理、国法、人情，所追求的目标是孔子"息讼"的理想境界，[②] 因此，

---

① 东南某省某县级市的一位老板向笔者抱怨，当地税务局制定的税率太高，不符合企业实际。进而又说：不过这样做从税务执法上也是合理的。税率太高，所以大家都只好偷漏税，于是大家都有"原罪"抓在税务局手上，不得不配合税务局工作，这样好管理。听话，就睁一只眼闭一只眼，不听话，就抓你偷漏税。

② 子曰："听讼，吾犹人也，必也使无讼乎?！"意思是说，我孔老夫子判断是非曲直的才能很平庸，并没有什么特别。但是我有一个理想，就是不以是非为标准，而以达到双方当事人和解为标准。原文见程树德撰《论语集释》，中华书局，1990，第861页。另参见〔日〕寺田浩明《权利与冤抑：清代听讼和民众的民事法秩序》，载贺滋秀三等：《明清时期的民事审判和民间契约》，法律出版社，1998，第191~265页。

同一个纠纷，依据特定的情景可以有不同的是非，和不同的判决结果。设若法官贪赃枉法，或者执法的水平有限，就可能存在大量的"葫芦僧判断葫芦案"。

因此，与企业主对企业的"人治"一样，政府的"人治"传统，加上执法者执法水平的参差不齐，以及贪赃枉法者的干扰，使得我们很难简单地根据相关的执法判决结果、污点记录，而立即推知事主的道德状况和诚信度。政府信息不仅往往难以公开，而且即使公开，也难以简单采信。①

2. 关于第二条路

由于在中国难以获得丰富、规范、真实的硬信息，有征信需求的金融机构就把热切的期望寄托于大数据分析的神奇，幻想靠挖掘和分析随处散布的海量互联网软信息，就可以精准地对征信对象的信用状况有准确的评判。结果，这种幻想导致大数据风控技术在中国比在美国还热。

那么，中国的大数据技术能发展到比美国还要高明吗？

笔者的看法是绝对不能。但是，笔者做这个判断主要还不是基于对中国人的数理技术开发能力的质疑，而是基于中国社会文化特有的局限性之考虑。

大数据分析技术不论多么神奇，总是一种数理分析模型，与传统的量化风控模型并无本质的差异。那么，从经济的角度考

---

① 对银行从业人员的访谈中，很多受访人表示，简单地把信用污点记录作为一个人的人品信用参照很不可取，如，某业主欠缴物业费，但可能物业公司首先就没有尽责，业主只是一种"正义的报复"。实际上，对于大量的商业纠纷引发的司法判决，以及由此引发的污点记录，恐怕都不能简单根据结果而推测当事人的信用。

虑，任何一个数理分析模型必然面临两个问题：第一，是它对分析对象的仿真能力，分析对象越是容易被仿真，则模型越便于开发，模型的研发和维护成本就越低。第二，模型必须具有普适性，一个被开发出来的模型越是对更多的分析对象普遍适用，则模型的应用收益越大。

但不幸的是，中国文化所决定的中国人的"素质"，既不便于被模型仿真，模型也不能在中国人群中被普适。

这里，我们再听听一位受访人的亲身经历：

2004～2006年，我参加了民生银行邀请IBM公司主持进行的客户分类评级的模型开发工作，搞了两年，搞不下去了，最后不了了之。

失败的原因之一是，中国客户个性化太强，比如两个客户，在六个维度上的特征都一样，似乎可以放在一类。但是两个客户可能做出完全相反的行为选择。这就导致分类越分越多，趋于给极小的群体，甚至要给每个人建立一个模型，模型失去了普适性，就没有意义了。

原因之二是，中国的客户受环境因素影响太大。比如江苏连云港地区，有甲乙丙三个客户约定互相信贷联保。结果，后来甲客户不还贷了，按照约定，乙和丙客户本来应该承担连带还款责任的。可是，当乙、丙客户发现甲不还贷，则他们也不还贷了。然后，当地人发现甲乙丙都不还贷，就觉得，银行贷款原来是可以不还的，于是都不还贷了。这些

因素导致客户的行为难以预期。①

在这位受访人所亲历的这场模型开发工作的失败中，直接涉及两个问题，一个是中国人的个性化太强，另一个是中国人的行为决策似乎对特定情境高度敏感。这两个问题导致大名鼎鼎的IBM公司能搞定美国人，却搞不定中国人。

那么，中国人和美国人的差别究竟在哪里呢？

我们在第八章给出过中西方文化的分野，说西方是理性主义的思维模式，中国是体悟主义的思维模式。

就社会经济行为来说，西方的理性主义思维模式就体现在人的行为必须符合法律契约的要求上，法律契约不仅仅是一种外在规范，而且是一种行为人内在的道德自律。复杂的道德问题，在很大程度上可以归结为守不守法、守不守约。也正因此，邓白氏甚至可以用企业还款延期的天数这么简单的指标来刻画企业的信用评级。

由于美国人对法律契约观念的普遍遵守，美国信用分析的重点不是还款意愿，而是还款能力。又由于企业的经营运作本身是依照法律——公司法、会计准则——运作的，所以，财务报表就成了分析企业还款能力乃至企业信用的核心硬信息，可以用量化风控模型这种理性主义工具加以分析，并判定企业的信用等级。

① 受访人是大学教师，长期从事银行信贷风控管理体制的研究。以上引用是根据笔者的访谈记录整理的。另外，类似的事情还在山东大学对山东潍坊地区农信社使用量化风控模型遇到困难的调研中发现过。参见陈增敬、李红坤《我国农村信用社农户信用风险内部评级体系初探：以潍坊信用社为例》，《金融监管研究》2012年第2期，第1~17页。

这在前面都已经说过了。

中国人有什么不同呢？

首先，中国的企业是老板的附属物，企业本身的还款能力，实际上取决于老板在其社会关系网络中的资金调动能力和意愿，所以，企业主的还款意愿从来都是中国传统信用分析的重心。

其次，信用涉及企业主的还款意愿，而在中国的语境里，还款意愿是个道德问题。如果说，西方人的道德很大程度可以简化为守法守约的话，中国人也有自己的一套道德标准，就是礼让，就是忠恕之道。但是，由于中国体悟主义的思维方式，这个礼让的规则，并不存在一个外在的、明晰的规范，而是主要根据当事人的实践体悟来把握。这就导致在诸如欠债还钱这个事情上，高度依赖于当事双方所处的情景、双方过去交情深浅、双方当下的互动，以及双方对情景和互动的感受，还要加上每个个体的相学意义上的德行（性格是君子的成分多还是小人的成分多）。总之，欠债是否还钱？如果不还，在道德信义上又该如何评判？具有高度的个案化和情景化的特征。①

正如在榆林债务纠纷高发期的调研中所看到的②，某乙作为

---

① 而且，即使当事双方发生债务纠纷，由权威的第三方（宗族、士绅、帮会会首、法官）来仲裁，也是高度依赖于具体的个案情景，而不是简单根据所谓客观的事实和外在的法条（或契约）。而相比较之下，在西方，双方的交易当然也存在大量的具体情境因素，但是近代以来发展起来的"契约的绝对责任"，导致所有的具体情景考虑，都被契约双方在签约之前尽可能地纳入契约条款之中。所以，违约就是违约，不再有什么其他情理可讲。参看本书第五章相关叙述。

② 笔者在2014年夏，到榆林做过为期一周的民间金融田野调查，文中举例是根据笔者对当地银行经理和律师的访谈材料加工整理而成。

债权人，到期催款，本来似乎天经地义；但作为债务人的某甲，认为两人是很好的朋友，而且多年来自己已经给某乙支付了超过本金数倍的利息，现在某乙在自己危难之际来催款，不够朋友（不符合恕道）。因此决定，即使自己本来能还上一些款项，也选择故意不还款。这是依据"忠恕之道"和"爱有差等"之道，给予某乙的"正义的报复"。

再比如某丙和某丁也来向某甲催款，某甲已经把自己的厂房设备卖掉，还了丙、丁的一部分借款，某丙认为可以适可而止了；而某丁却有不同的看法（个体性格的差异），他认为，某甲欠人款项不还，还有一辆车开着，家里还有一套房子，老婆耳朵上还有金耳环，过年的时候还有钱带孩子下饭馆吃肉⋯⋯

在此案例中，某甲是否会还款，并不是简单地取决于合同是否到期，自己有多大能力还债。而是还取决于谁来催债（债主属于自己"爱有差等"层级里面什么级别的朋友）？与某甲过去有什么交情（自己给对方尽过多少忠道，对方欠过自己多少人情）？对方催债到什么程度（对方目前是什么情况？是不是穷得揭不开锅了？够不够朋友，符不符合恕道？）⋯⋯

反之，对于某甲违约，也不可以简单地据此判定他是个不讲诚信的小人，而是还要看他还款的努力达到了什么程度？把设备卖了还款够不够尽心？房子也卖掉？车子也卖掉？老婆身上的首饰也卖掉？孩子过年穿着的新棉袄也扒下来？⋯⋯

所有这些，不仅涉及大量外人无法了解也不方便传达的特定场景，而且还取决于当事人双方的感受和双方的互动，以及更多⋯⋯

这样的行为方式，归根结底，是来自中国人体悟主义的思维方式，中国人不仅在"庖丁解牛"上，在生产经营活动上，是体悟主义的，而且在社会交往上，也同样是体悟主义的，这导致中国人的行为决策具有高度情景化和个性化的特征。相应地，对中国人的信用判断，也必然具有高度个案化的特色，就像中国传统的法官判案一样。

也正因此，普适主义的理性分析工具，不论是 IBM 的数理分析模型也好，还是新型的大数据发掘也好，要么只能费力开发出比较精准的但是高度个案化的模型，由于成本太高、收益太小，而没有使用价值；要么开发出相对低成本、宽适用度的但是预测性比较差的粗略模型，可以代替一部分手工劳动进行"粗选"，但是无法代替人工进行最终的信贷决策。

第十章

传统的两难与银企关系的重建：
思路与建言

一　传统的重现及其在现代的两难

（一）不自觉冒出来的传统

在钱庄消亡已经有半个多世纪的今天，已经很少有人知道当年钱庄采用过什么手法来放款，但是，看看当下银行实际采用的风控手段，就会发现，与传统钱庄竟有那么多的相通之处。

以尽信调查来说，目前各家银行最流行的是看三表、三品。

所谓三表，指的是看企业的电表、水表、税表。通过看三表可以看到企业是否在正常运营，有没有出现经营大滑坡，或者根本就是个空壳公司。

看三表，而不是看财务报表，这就是当前银行调查与传统钱庄调研方法相通之处。实际上，看三表只是个代表性的说法，可以泛化为一切非规范地、感性地观察了解企业的方式。

中国银行烟台分行的一位资深风控人员说，看企业要多看细节。为什么不看大节？因为大节容易造假，财务报表造假、流水账造假、购销合同也造假，能造假的都造假。而细节不容易造假，因为如果细节都造假，那么造假成本就太高了。

看电表、水表，本身就属于看细节，但可能还不够充分，所以还需要全面地看。

　　我就跟我的客户经理讲：你要了解一个企业怎么样，一定要多到企业去。去之前不要打招呼，直接去，去了以后直接进车间。

　　客户经理看企业要看几个地方：车间、仓库、厕所、食堂。食堂，工人都在那吃饭，如果人多的话，那食堂里的碗筷、厨师都很多。厕所，要看两点，人吃完饭都要上厕所，能看出人气儿，还能看出管理水平，如果厕所弄得很脏，厕所都管不好，相信企业也不咋地。小处能管好，大处肯定也没问题。

除了实地勘验以外，银行客户经理也看财务报表，虽然报表有虚假，但是看了总会了解一些情况。但是，当下银行风控人员勘验财务报表的方式，经过了中国化的改造。在西方，财务报表被称为硬信息。但在中国银行业的实践中，财务报表实际上变成了软信息，变成了用来印证企业说法的手段。

　　看财务报表……看看哪些指标是假的，可以问他，看他说的对不对，能判断出哪些是真的哪些是假的。有的客户经理不会干，我都让他去仓库把照片发过来，实在不知道，可以去咨询。你得有经验数据，基本判断是根据经验的。多么大的存货，有多大的量，看看心里就有数。比如海参企业，说存货有七八百万元，那是多大的量？一个客户经理就没有概念，作为审批人员，一看就知道，有多少量。再比如美的小家电，一定时间内的出库单、入库单，多少门店，能支撑多少的量，都要看。

所谓三品，是指产品、押品、人品。

看产品是指看企业的产品是否有市场销路，在行业中的竞争优势如何。

比如光大银行一位资深风控经理表示：

> 我会首先追问企业属于什么行业？在哪个区域？盈利模式是什么？然后根据我对该行业该区域的经验判断，推测该企业的财务状况大致应该是什么样子的；然后才看他的财务报表有多少水分；然后再让他解释。

押品，是指企业的抵押物情况。

不知从何时开始，银行对民营企业的贷款要求抵押物，已经成为比较普遍的风控模式，尤其集中于房地产抵押。在传统时期，中国的企业曾经以抵押贷款为耻辱，现在则没有这种观念上的障碍了。但是，由于中国法制上的所谓缺憾，押品经常遭遇执行难等问题，使得押品在银行风控上的使用也颇有中国特色，用一位银行从业人员的话说就是，抵押并不是真的为了执行拍卖还账，而就是为了"恶心恶心他"，让企业有所顾忌。

人品，是指老板或者企业实际控制人的才能、德行。

由于押品执行难，近年来银行普遍重视所谓的第一还款来源，关注企业本身的运营状况。但是，企业运营状况往往也不易搞清楚，因此，企业老板的人品就成了被关注的核心因素。

在实地调研中，一线人员普遍认为，最重要的是了解老板的人品。

对老板人品的了解，最基本的东西是其家庭状况，有没有涉毒、涉赌等不良嗜好。但这还只是最表面的东西，人品的把握是最难的，只能通过各种方法观察了解。

比如一起吃饭、接触，类似于相面；打入他的圈子，了解他的朋友、上下游供货商对他的评价，他企业里工人对他的评价；或者在银行同业中，打听给他放过贷款的同仁对他的评价，这样通过很多的维度，交叉打听，就会有一个比较全面的了解。

考察人品的内容，主要涉及老板的为人好坏、讲不讲信用、性格是谨慎还是爱冒险、经营能力怎么样，是不是一个长期谨守本业的人，是不是有好赌的性格，等等。这是对老板的一般性的、常规性的考察。

再就是他近期的个人情况……

当然，所有这些信息，越是在小地方，在相对封闭的熟人圈子里，获得的信息就越是全面、精准，信息获得成本也越低廉。熟人社会中往往是没有隐私可言的。

由以上我们可以看到，当前银行尽信调查的方式——旁敲侧击的；信息内容——以非规范的、感性的细节为主；调查重点——偏重考察企业主的人品、企业的还款意愿；以及调查的渠道——通过人脉关系、熟人社会。这些都非常接近半个世纪前的钱庄跑街的做法，而不是接近美国同行的风控手段。

（二）传统风控在当代的两难处境

但问题的复杂性在于，以上类似传统钱庄的风控调研手段，在当前的银行实践中有很大的局限性。

第一，现代社会流动性的困扰。

现代社会的流动性非常发达。越是在大城市，企业和人员的流动性越强，尤其是在北上广深这样的大城市，流动性最强；借助传统熟人社会圈子的传统风控手段就越是难以奏效。

比如，台州的泰隆银行，本是一家立足于台州本地的小银行，客户定位也是当地小微企业，所采用的风控手段极其近似于传统钱庄，在本地很吃得开。[①] 但是，当这家银行在上海开设分行的时候，事情就没有那么顺利了。据其上海分行的行长介绍说，他们在上海的手段还是一样，四处拜码头，找各地驻沪商会，但是关系上毕竟隔着一层，熟人难找，风控成本就急剧上升，调研质量也差强人意。而且，如果是在台州本地，客户不还钱，可以动用熟人圈子的关系施加压力。而在上海，一个外地客

---

① 参见游春《开放民间资本创办民资主体中小银行刍议：以泰隆银行为个案》，《现代经济探讨》2010年第12期，第33~37页。

户发生坏账跑掉了，就很难找。①

第二，银行人员的"素质提高"造成的问题。

当代的银行，特别热衷于提高业务人员的素质，位居顶层的四大行就不用说了，即使是一些由信用社改制的村镇银行，也要求尽可能招大学生。

但是，大学生来自五湖四海，企业却有地方性的商圈，有来自地缘乡缘的习惯、语言、人脉。结果，银行对大学生的使用，尤其是对籍贯非本地的大学生的使用，反而容易割断银行与地方商圈的天然联系，这也会导致传统调研手段的效率打折扣。

银行在人才使用上还有一个严重问题，就是客户经理缺乏长期的培训和经验的积累，导致这些人员的信调能力很差。资深银行风控经理们，对近年来客户经理的业务素质普遍感到担忧。正如一位风控经理所说，现在的银行都是简单培训即投入使用，忽视经验积累。

现在银行的问题，就是它和投资银行的做法不一样，刚来的大学生，直接就把人家扔到一线上去做客户经理，他的经验、资历，好多都跟不上，所以根本就没法对企业有正确

---

① 按：实际上，即使在传统时代，钱庄也不在外地设分号，票号虽然跨地经营，但是一般不直接向当地客户放贷，可参见本书第四章的相关介绍。所以，当代银行的这种困扰，恐怕还在于不顾条件追求"扩张"的烦恼。对这个问题，后面还将进一步讨论。

的判断。

过去的客户经理培养要五年，现在的客户经理只要一年半年，自己就要带徒弟了。他们根据什么放贷？一是按抵押的评估值倒算；二是看其他银行放多少款，跟着放。

客户经理不仅没经验，还由于管户过多，信调很匆忙，蜻蜓点水。

现在启东，都有 20 家银行，新银行都要把老企业走访走访，洒点花露水，人家给（贷）5000 万元，他也跟着给（贷）5000 万元，他不去对企业的实际进行了解。

[实地调查？] 客户经理哪有那个时间啊?! 他们的时间都花在找人，问他们拿报表上，回来以后，在调查报告、模板中弄好，然后盯着后面的人走流程，然后批下来了，就放款。他看企业，说老实话，企业到底怎么样，在报表里怎样分析，如何如何，这些都是假的。

看三品这些，都是我们审批条线在弄。但是我们又没有那么多时间去了解情况，结果就造成银企信息不对称。

第三，银行在风控质量与成本上的两难。

信用贷款风控的实质，就是两个东西，一个是获得客户真实而又完备的信息，另一个是能够对这些信息加工处理形成正确的信贷。传统钱庄的做法，只不过是用熟人社会获得的感性信息，代替了西方的财务数据，用跑街和经理人富有经验的头脑，代替了西方的量化风控模型的计算。

而现代中国银行业的问题是，银监会推行的西方模式行不通，传统的模式又没有被认真执行，要人脉没人脉，要经验没经验，风控的质量就无从保证。

但是，想提高风控的质量也不是不可能，问题是成本又上去了。如一位银行资深经理所说：

> 经信委员会要求支持中小企业。但是银行还是支持政府平台的企业、有财政资金保障的企业。从审批的偏好来讲，银行对民营企业是很"不感冒"的。关键是民企的实际控制人比较难弄。一个是摸不透，摸不深；再一个是要摸透的话，成本太高，划不来。

这就使银行面临一个两难选择：如果追求风控质量，则尽信调查的成本就会高企；如果想要降低成本，风控质量又降下来了。怎么办呢？

二 当前风控的各种变通手段及其问题

由于对传统风控模式的使用并不如意，所以，银行也就很难遵循传统钱庄的模式，为中小企业发放信用贷款。在此形势下，中国的银行业，尤其是主要以民营企业为授信对象的股份制银行，进行了很多创造，有必要将这些创造梳理一下。

（一）关于中小微企业的界定

这些创新，在很大程度上是和银行对企业信贷的各种分级定位联系在一起的，因此，首先有必要看看银行对民营企业贷款的分类。

民营企业分为大型企业、中型企业、小型企业、微型企业。对此，2011年工信部专门发文件做了关于企业分类的界定。

各家银行对中小微企业的划分，是按照工信部的标准划分的，但是，在信贷实践中，银行所考虑的分级标准，主要不是企业的规模，而是企业的贷款需求，并针对信贷额度来考虑相应的授信风控办法。

各家银行的分级标准不一，大致的情况，以平安银行为例：贷款在1000万～300万元的，为中型企业贷款；300万～50万元的，为小企业贷款；50万元以下的，为微型企业贷款，属于个人零售业务。

工商银行：3000万～500万元的，为中型企业贷款；500万元以下的，为小企业贷款。

大致来说，资本规模比较大的银行，如四大行，定的标准会比较高一些，股份制银行的标准会比较低一些。

（二）银行对中小微企业风控手段总览

下面是一家股份制银行的一位支行长的总结。①

---

① 对该总结的两点说明：第一，大型企业数量很少，而且大多是上市公司，或者产业龙头企业，是各种融资机构的宠儿，融资并不存在困难。困难的主要是中小企业，这些企业占民营企业的95%以上，各家银行的各种信贷风控创新，基本上是针对这些企业的。但是下文仍然提到大型企业的信贷风控手段，是为了与中小企业信贷做个对照。第二，据银行从业人员介绍，银行授信的额度越大，审批流程越复杂。为了规避流程的烦琐，实际操作人员常常会把一些大额贷款拉到小额贷款流程里面去。所以，在银行受访人口中，采用的是"中小企业信贷"和"小微企业信贷"一类的含混说法，暗示了上述实践操作中的暧昧做法。

1. 中小企业信贷风控的基本手段

对于 1000 万元到 300 万元的中小企业贷款，主要有四种基本风控手段。

第一，抵押贷款，尤其是房地产抵押贷款。对大企业贷款，主要是看企业的经营性现金流，然后才是抵押物。如果现金流不好，有厂房地产也不给贷款。中小企业财务不规范，不便于监控，所以才主要依赖房地产抵押。

第二，质押贷款，主要是各种富有流动性的票据的质押贷款。票据包括：承兑汇票、股票、存单、应收账款、信用证等。

这些票据，大型企业拿得出来，中小企业却很少有这些票据。比如银行承兑汇票、信用证，银行不给中小企业开具；企业的应收账款也拿不出合同，只有白条，不具有法律效力。所以，质押贷款对中小企业往往不可用。

第三，担保贷款。尤其是强担保，如大型央企担保、政策性担保公司（北京的首创、中关村担保等）的担保。其他的民营担保公司，在 2012 年中担担保事件以后，逐渐灭绝了。联保联贷模式，也在 2012 年以后连续爆出各种问题，逐渐淡出。

第四，信用贷款。一般都是信用评级在 AA 级以上的企业，才有资格做纯信用贷款。这些企业往往是央企的二级和三级子公司，或者上市的民营企业。所以，一般的中小企业基本上是没有资格得到的。

据笔者的访谈，各家银行对中小企业的风控手段大致相同，归结起来，中小企业贷款，目前最流行的风控手段是房地产抵押，其次是担保。

比如中国工商银行北京分行的情况就是一个典型。

> 2014 年 6 月末数据，按担保方式划分，工商银行北京分行小企业客户信用类贷款占比为 6.5%。抵押类贷款占比为 61.8%，质押贷款占全部贷款的 7.6%，抵、质押贷款合计占比为 69.4%。抵押类贷款押品主要为房产，质押类贷款押品主要为应收账款、存货及银行承兑汇票。保证担保方式贷款余额占比为 24.1%，全部为专业担保公司保证。[①]

2. 小微企业信贷风控的四种手段

> 第一，强压客户经理。先让客户经理找客户、放贷款、冲业绩，然后再让他排查风险，如果查不出来，一旦出现不良贷款，客户经理就会被辞退。

---

① 转引自杜萌《商业银行小微企业金融业务经营模式探讨：以工商银行北京分行为例》，中央财经大学，硕士学位论文，2016。注意：文中所提到的工商银行"小企业贷款"，在贷款额度上相当于股份制银行的"中小企业贷款"。

第二，换产品。① 一种产品出问题了，被客户识破了，再换另一种。比如货物抵押被识破了，搞出花样来了，换掉；原来查财务报表不行了，换查三表；联保联贷不行了，再换大联保。

第三，利用商圈。银行利用"商圈"进行风控的手段，大致有两种：一种是地方商帮组织的商会，银行与这种商会会长联系，让其介绍商会内部的客户情况，推荐优质客户。另一种是大型批发市场，或者小企业聚居地、工业园区等，银行让相关管理人员帮助介绍场区内客户情况，推荐优质信贷客户。②

第四，科技手段。比如贷款条件是绑定客户的手机银行卡，通过手机银行卡代扣代缴，甚至是强扣银行回款。同时，客户日常的经营流水，也在手机银行卡上反映出来，从而起到监控其经营流水的作用。③

以上四种风控手段，在小微企业贷款中比较流行，当然各家银行还发明出各种花样翻新的手段。不一而足。

---

① 关于什么是银行业的"产品"，调研得到的说法很混杂。根据笔者的理解，银行业所谓的"产品"，就是针对某种特定授信对象而设计的特定授信模式，其中同时隐含着相应的促销手段和风控手段。

② 这两种方式，都有利于打破银企之间的信息不对称，节约风控调研成本。但问题在于，商帮会长与老乡有人情关系，市场管理员对客户也有这种人情关系（客户给他们交纳租金，平常也有请客吃饭一类社交活动，所以肯定会有人情关系），因此，可能碍于人情，提供的信息不够准确。当然这里也有一个反向的制衡，就是如果会长和管理员总是提供劣质客户，则其在银行的信用会下降。

③ 据采用此种监控手段的银行经理爆料，目前这种手段也已经被客户破解，而被弃之不用了。

3. 微型企业贷款（被划归个人零售贷款）

微型企业贷款的贷款对象大致是个体户，是银行一般按照零售业务来做的信用贷款。信调方式一般用电话调研、微信传照片取证等，并参看人民银行个人征信系统。

对于这种单笔贷款额度很低（50万元以下）的零售信贷，银行往往有一个相对保底的心理底线——大数定律。也就是说，通过大数据甄别以后，从客观还款能力上来说，绝大多数商户的经营是正常的，出现经营意外是小概率事件；从商户的主观还款意愿来说，由于微型信贷的单笔金额太小，商户一般犯不上为这么小的金额铤而走险。

最后还需要说明的是，以上中小、小微贷款的风控手段之采用，只是个大致的划分，并没有绝对的区隔。

（三）当前各种流行风控手法的问题

1. 抵押贷款的问题

与中国传统钱庄不同，现在抵押贷款已经是中小企业信贷最为流行的风控方式了。但是，就抵押品而言，有好多问题。

在西方，抵押作为风控手段，需要有一系列严格规范的专业评估机构、相应的产权法规和成熟的市场。而在中国这些条件往往不具备，于是就遭遇了很多风控陷阱。

（1）最多也最典型的，是房地产抵押执行难的问题

房地产产权清晰，又保值增值，容易变现，看起来是一个很

好的抵押品。但在实际执行中，尤其是到了 2012 年以后，经济不景气，银行真的需要执行房地产抵押拍卖的时候，问题就出来了。法律规定，如果房主只有一套房，则不能执行抵押拍卖手续。而且，房主很可能一房多抵，后来的银行，即使没有抵押到产权证，也会用各种手段阻挠先来的银行执行拍卖。结果，法律的不规范、不健全，终于让仓促上阵的抵押贷款遭遇了困境。

（2）货物抵押的问题

抵押物必须有标准化、可变现性强的特点，才好做抵押物。另外，货物抵押必须有严格规范的监管和环环相扣的交接手续，如我们在本书第五章看到美国早年在农产品抵押贷款上所做的一样。不幸的是，中国的法律契约程序并不健全，由此引发的问题，最典型地反映在 2012 年爆出的上海钢贸事件上，钢贸商与仓库管理方串通一气，篡改仓单，进行重复质押、空单质押等。至于商户用货物抵押所得贷款的资金流向，更是彻底失控。[1]

2. 供应链金融

供应链金融的说法很多，但从中小企业贷款的风控角度考虑，则主要是指，银行基于供应链中核心企业的实力，对小供货商手中的应收账款进行保理。银行业内受访人介绍，银行认定的核心企业一般都是央企，或者央企的二级公司，或者大型民企。

保理实际上是银行针对小供货商持有的对核心企业的应收账

---

① 参见严友良《上海商贸业崩塌调查》，《时代周报》2014 年 2 月 27 日。另参见罗琼《钢贸生意神话终结："点石成金"的不归路》，《南方周末》2013 年 3 月 28 日；罗琼《钢贸商与银行的囚徒困境》，《南方周末》2013 年 7 月 20 日。

款进行贷款融资。核心企业承诺：某小供应商确在其公司有应收账款，也承诺一旦到了账期，会直接把款打给银行还账。这又被称为明保理。

但据介绍，这种保理的问题是，如果核心企业与小企业供货商之间发生了商业纠纷，则银行给小企业的这笔贷款就损失掉了。所以，做这种贷款，违约率低，但是违约损失率高。

而更大的问题还在于，很多核心企业不做任何承诺，只开具拖欠小供货商账款的证明，这被称为暗保理。一般的银行不做这种保理。这也反映了中小企业所面对的商业环境之悲惨。

3. 担保

担保是银行风控的另一个重要手段，曾经流行的方式有联保联贷、商业担保公司担保、政策性担保等。

（1）联保联贷的问题

联保联贷的风控思路很简单，3~7个客户互相担保，向银行贷款，一家客户坏账，其他几家联合还款。这对找不到合适担保人的中小企业是个很方便的手段，银行也可借以分散风险。此种模式，20世纪90年代从国外引进，最早被信用社用作农户信贷风控手段；到了2000年以后，在中小企业中间也逐渐盛行起来。[1] 但是，到了2012年，从浙江开始，联保联贷遭遇雪崩式坏账，并向全国各地蔓延。[2]

---

[1] 李开伟：《博弈视角的联保贷款难：模型表达与脱困之路》，《西安财经学院学报》2015年第2期，第20~25页。

[2] 参见《联保联贷风险仍将蔓延，化解需留出时间和空间》，《金融时报》2014年6月30日。

据对此有丰富经历的银行受访人详细分析，除了 2012 年以后宏观经济形势的反转因素以外，就联保户本身来说，竟有6~7种风控缺口，举例如下。

同一商圈产业链的客户结成联保联贷，当发生行业性或区域性风险时，根本起不到分散风险的作用；

亲友关系户联保联贷，把贷款资金联合投资于同一个项目，反而集中了风险；

联保客户有人离开原来的商圈供应链，彼此关系疏远了，拒不执行联保承诺；

关联户有人将款项用于非本业支出，出现坏账，联保户拒绝联保承诺；

商会或者银行怂恿工商户硬性搭配联保，一家出现坏账，联保户拒绝兑现担保承诺；

……①

详细罗列这些具体情况，是想展示一下，企业主打破联保"枷锁"的"创造力"有多强！

（2）商业性担保的问题

商业性担保公司一度是担保贷款的主要力量，但是，2012 年北京最大的一家民营担保公司——中担担保破产事件的爆发，②

---

① 据民生银行的受访人透露，最后真正承担互保责任的客户还不到 10%。
② 李俊岭：《中担 31 亿风暴独家内幕：秘密截流 13 亿，22 家银行卷入》，《理财周报》2012 年 2 月 26 日。

以及政府随后出台的政策，使这支力量逐渐瓦解。

中担担保事件直接暴露的问题是，以高息（12%～18%）的诱惑，截留客户的银行贷款（比例高达 30%～50%），从事未知的高风险投资，使得本来是帮助银行消除风险的机构本身变成了高风险主体。

但促使担保公司铤而走险的更深层原因，则是在当时环境条件下，担保行业没有合理的生存环境，保费收益不足以覆盖其所承担的风险和运营费用。光大银行的一位风控经理点评说：

> 优质客户直接找银行了，劣质客户担保公司自己也不要，或者只能开出过高的担保费用，让客户无法接受，客户还不如找高利贷。所以，担保公司只能挑中间的客户，但是这个客户层里面，担保公司所收取的保费不足以维持它的运营。这就是担保公司的致命问题。[①]

（3）政策性担保的问题

目前，全国各地的县级以上的政府，都有政府背景的政策性担保公司。如北京市政府背景的首创、中关村担保，以及各个区的担保公司。由于地方政府对地方经济和就业"守土有责"，以及获得税收等方面的好处，各地政府都组建了政策性担保公司，

---

① 另有学者认为，担保公司需要像保险公司一样有成千上万保户的保费收入来承担其千万分之一的坏账风险损失；或者有像风险投资公司一样的高回报率来覆盖其高风险。可惜这两点担保公司都不具备。参见孙美茹《担保公司业务中存在的问题及对策研究》，《中国集体经济》2013 年第 7 期，第 105～106 页。

它们不追求盈利，甚至愿意承受亏损，以解决企业的融资难问题为主要考核指标，辅以风险考核。

但是这种担保模式的局限性在于以下两方面。

第一，受各地政府财政实力的限制，业务开展能力有限。

第二，受官僚主义的影响，对企业的甄别能力有限，可能成为权力寻租的平台。①

受这些先天缺陷的影响，政策性担保模式，仅在经济发达、财政实力雄厚的地区，以及主要以高科技为扶持对象的产业集群区域，有一定作用。

4. 小微企业信贷工厂的问题

信贷工厂模式，即按照特定的区域或集群（某种工业园区、某个大型交易市场、某个特定产业集群等）中小企业的特点，实行统一的审批作业。这些企业贷款需求紧迫、承受不起缓慢冗长的信贷审批流程，传统的审批方式很难满足其需求；但是，这些企业又具有高度不透明，经营运作高度不规范，没有抵押物等共同特征。②

这种信贷工厂模式，据说是从新加坡学来的，近几年才在中国流行开来。但是其问题主要在于，并没有按其所学，真正实现流水化作业，而是主观审查判断的因素很多，因为中国企业的造假太多。

---

① 参见王建军《关于推进地方政策性融资担保公司发展的研究——以大同市为例》，《中国集体经济》2013 年第 30 期，第 41～42 页；张夏青《三类担保公司运行效率实证分析——以河南省担保公司为研究样本》，《科技进步与对策》2015 年第 8 期，第 29～34 页。

② 参见杜萌《商业银行小微企业金融业务经营模式探讨：以工商银行北京分行为例》，中央财经大学，硕士学位论文，2016。

5. 对上述各种问题的总评论

以上风控手段，大多来自土法创造，作为权宜之计，没什么理论指导，但基本上都是"各领风骚三两年"，旋起旋灭，失败的原因各种各样，归结起来，有以下几点值得深思。

第一，凡是需要以深厚严密的法律契约为基础的风控手段，都很难执行得下去，因为中国不是一个法制契约社会。

比如房地产抵押贷款和货物质押贷款，要么遭遇了执行难的问题，要么被不守契约的企业钻得到处都是漏洞。

一位银行高管受访人从中西方比较的角度对中国抵押贷款问题做了如下评论。

> 西方人做抵押，第一要排除抵押物的产权风险，看是否有产权纠纷；第二要看抵押物的可变现性大小；第三要看有没有客观的估值，市场价格的估值也有一些规定要求。比如谁去评估？估值的人有没有专业的资格？评估的方法是什么？这套方法设计得很完善，等到你都满足了这些要求，才能把这个抵押品当成缓解银行风险的东西。
>
> 但是在中国大陆，就是有啥拿啥来抵押，比如说林权证、采矿权、公路收费权，还有股票债券、房产地契、汽车保险，有什么拿什么，什么都抵押。但是这些东西的背后，产权纠纷问题，市场变现性问题，还有它的估值问题，这些东西都不清楚，在没有相应的详细规定的情况下，银行在实际业务中却在大量的开展。

再比如钢贸质押贷款和联保联贷中所出现的问题。货场管理方与商户沆瀣一气，随意删改仓单、出库单，搞空单质押和重复质押，完全没有一点对法律的尊重。

联保联贷中，联保户虽然已经签下了契约，但是，供应链和商圈中的联保户由于业务原因迁走，不再与上下游客户发生供货关系，就不再兑现承诺；有的联保户将贷款挪作他用，形成坏账，同保户也拒不执行担保承诺。这说明，在联保户眼里，看重的不是契约承诺，而是其他人情世故的东西，这些人情世故，要根据情况随机应变地加以理解，但总之不在守法守约这根弦上。①

第二，上述这些风控手段，基本上都有一个共性，就是银行在无法钻透信息不对称幕墙、吃不透企业风险的情况下，试图采用各种简便易行的所谓硬风控的手段解决问题。

这就好比我不管你企业老板什么心思什么打算，我只管用一根根看似很结实的绳子把你死死捆住。但有意思的是，几乎每过一段时间之后，狡猾的企业主们总能解开这些绳子，把一个看似

---

① 一位银行受访人讲他遇到的一个联保户毁约的故事颇值得玩味：一个从事蔬菜贩卖的女联保户，把从银行贷来的钱用于给老家的弟弟办养鸡场，结果形成坏账，而其他联保户拒绝兑现担保承诺，理由是：如果她卖菜赔钱了，我们可以帮着还款，但是她把钱给弟弟创业，是她自己的家事，这个不能担保。这不禁让人想起西方近代兴起的"绝对契约责任原则"（参见本书第六章相关介绍），如果是西方人该怎么办呢？他们会事先把各种可能情况，以及什么情况可以承担联保责任，什么情况不能承担联保责任，都不厌其烦地事先讲清楚，然后签约。一旦签约，事后愿赌服输。而事先不想清楚就签约，签了约以后，再根据各种实际情况，决定是履行还是毁约，这是中国人的风格。

牢不可破的风控之网冲得千疮百孔。

这又让人想起老子的一句话："善结者无绳结而不可解"（《道德经》第二十七章），意思是善于捆绑人的人，不用绳子捆人，却有"天网恢恢，疏而不漏"的神功。在第六章，笔者对此已经做过解释，老子的启示在于，高明的办法从来都是控制人的心，而不是控制人的手脚和行为。对方的意愿是要依附于你，就不用控制他的手脚，自有一根无形的绳子在捆着他；对方的意愿是要摆脱你，那你不论用多么结实的绳扣，都很难捆绑住人。毕竟，绳扣是死的，而人的心，是活的。

第三，银行的各种所谓产品设计，都是把银企关系看成一种类似于美国式的非个人的市场关系，而没有考虑到中国关系主义文化的根基，银行也就没有核心竞争力。

如民生银行，发明了很多信贷产品，或者说是很多信贷产品的先行者，但是，总是被后进者模仿，进而恶性竞争，进而失去竞争优势，民生银行这些年，很像是毛泽东所批判的"流寇主义"，永远都没有自己的根据地。

而整个银行业，一旦一个产品一时有效，就一窝蜂地群起效仿之，恶性竞争之。而这种恶性竞争，也恰恰导致银行为了争取客户而被迫放松产品设计中原有的一些风控手段，助长企业去钻空子，进而演变为一场风控灾难。

比如，民生银行最早流行房地产抵押贷款，后来其他银行纷纷跟进，导致客户一房多抵。最后银行出了不良贷款，多家银行互相掣肘，加剧了房产抵押变现的执行难。

再比如，民生银行最早发明上海钢贸抵押贷款，其他银行也模仿此种模式，导致互相竞争，过度贷款。结果，一方面造成风控质量渐渐不过关，一些明显的关键环节也就顾不得防范；另一方面造成客户拿着过多的钱去挪作他用，炒房甚至放高利贷，遂形成严重的恶性倒账事件。

这很像中国的实体经济，从火腿肠到彩电、冰箱、洗衣机、手机、汽车，所有的企业，都没有自己的独家垄断技术，行业的大门敞开着，谁都可以靠模仿和引进技术进来，最后形成恶性竞争，互相压价，互相比营销技巧，导致产品质量下滑，最后把整个行业做死。

总之，由以上分析，中国银企关系似乎陷入了死结，走美国的路子没有社会文化基础，走传统的路子成本又太高；想干脆用硬风控的手段解决问题，以回避穿不透的银企信息不对称幕墙，又被聪明的企业主戳得千疮百孔。出路何在呢？

三 德国和日本的启示

当今的美国，是世界各个领域的强势引领者和国际标准的制定者，这导致我们也许过分狭隘地将现代化的模式局限于美国模式。而在银行风控模式上，德国和日本实际上走了一条与美国颇为不同的现代化之路，或可给我们一些启示。

（一）德国的银企关系和信贷风控

1. 德国银行对企业大量持股

德国银行是全能型银行，不仅可以经营存贷款业务，而且可以进行实业投资，持有企业股票，参与企业管理决策。[①]

总的来说，德国银行所持有的和通过代理储户投票的企业股票，加起来大约占到企业总股权的50%。[②]

德国银行对企业的注资持股有非常悠久的历史，银行一般都要通过对企业注资持股，作为干预企业的前提。尤其是在企业的创业期，风险比较大，企业又缺乏足够的风险创业资金时，就会请银行来为其注入风险投资。另外，当企业经营面临困境的时候，银行会安排债转股，通过这种方式，银行也积累了企业的不少股份。

当银行持有企业股份达到一定程度以后，就会排斥企业从其他银行贷款，从而降低了银行之间的竞争。这种现象在中小企业尤其明显。[③]

2. 德国企业主要依赖债权融资

德国银行向持股企业大规模贷款，导致在企业的融资结构中，债权融资比例很高。德国企业的银行贷款，平均占到企业总资产的80%。

德国企业对银行借款的依赖度不仅很高，而且贷款中长期贷款的占比也很高，达到60%，尤其是中小企业，达到70%。中小企业主要是通过长期贷款来获得固定资产投资，把长期贷款当股

---

① 张洪武：《德国银行在企业控制与管理中的作用及其借鉴》，《金融论坛》2003年第10期，第55~60页。

② 金晓斌：《主持银行：德国商业银行与企业关系的模式》，《德国研究》1997年第3期，第1~5页；张勇：《以全能银行为基础的德国企业融资模式评述》，《经济评论》2004年第1期，第88~92页。

③ 张洪武：《德国银行在企业控制与管理中的作用及其借鉴》，《金融论坛》2003年第10期，第55~60页。

本使用。

德国银行给企业贷款的另一个特点是，信用贷款占比高（64%），抵押贷款比例很低。信用贷款和抵押贷款的比率高低主要受两个因素的影响：一是银企之间的信息对称性，银企关系的合作时间越长，抵押品的需要就越小；二是银企的套牢关系度，企业对少数或者单一银行的依赖度越高，则抵押品的需要就越小。[①]

总之，银行贷款在德国企业被看作稳定的资金来源，具有长期性的特征，可以替代股票资金的地位。

还可以把与美国银企类似的英国情况拿来与德国作一下对照。

英国企业几乎完全通过发行股票来获取固定资产投资。企业把银行贷款看作一种无奈的选择，贷款主要是为了满足企业的短期流动性需求。英国的企业并不喜欢与银行过分亲密，担心他们对企业进行干预。

从银行方面来说，英国银行对企业的监控质量不高，对企业所在的行业也缺乏了解。银行总部集中控制信贷审批权，导致真正接触企业的基层行没有决定权。所以，基层行对企业也缺乏了解的兴趣。因此，银行依靠抵押作为主要的风控保证；而且，对于小企业，银行只放给短期流动性贷款，一旦有问题出现，就溜之大吉。[②]

---

① 赵誉涵：《德国银企关系融资的借鉴与启示》，《现代金融》2012 年第 12 期，第 26 ~ 27 页。

② 张洪武：《德国银行在企业控制与管理中的作用及其借鉴》，《金融论坛》2003 年第 10 期，第 55 ~ 60 页。

3. 德国银企关系下的风控机理

德国银行对企业放贷比例高、放贷时间长、信用贷款比例高，却没有遭受很大的风险，原因如下。

第一，银行可以通过对企业持股而参与企业管理，从而获得企业更多的内部信息，并进而干预企业的经营决策，使企业在财务恶化之前就得到纠正，企业的投资决策更为稳妥。

第二，长期投资的银行一般不会根据市场行情对企业的贷款利率进行即时调整，导致企业可以免受外部利率市场的冲击。这对企业的长期发展也有好处。

第三，由于企业的银行贷款主要来源于一家或少数几家银行，存在较明显的套牢效应，当财务恶化的时候，得到银行金融救助的可能性就比较大。

第四，德国工业发展以传统的重化工业为主，在全球经济中的竞争力具有持续的优势，比较稳定，不大容易破产。

第五，德国奉行共同主义文化价值观念，企业的目标不仅是为股东赢利，而且要保证工人就业，因此，企业长期健康发展被认为是共同心愿，企业家社会责任心强，遇到问题会多方协商，能够避免各种决策失误，从而降低了投资决策风险。[1]

---

[1] 张勇：《以全能银行为基础的德国企业融资模式评述》，《经济评论》2004 年第 1 期，第 88~92 页；张洪武：《德国银行在企业控制与管理中的作用及其借鉴》，《金融论坛》2003 年第 10 期，第 55~60 页；王昭凤：《论德国企业性银企关系制度》，《南开经济研究》2000 年第 3 期，第 36~41 页。

（二）日本银企关系与风控模式

1. 日本银企关系

日本银企关系可以归结为主银行制。日本的主银行制，有以下几个要点。

首先，日本的每一家企业，都有一个主银行与之发生主要的信贷关系。[①]

其次，就资金信贷关系而言：企业的股本很小，实际上不到20%，而70%～80%的资本来自主银行系统的信贷，包括短贷和长期贷款，用长期贷款，企业进行长期化的投资。反之，企业的存款业务、结算业务、外汇业务、证券发行业务，等等，也会委托这家主银行来做。[②]

最后，企业还会加入以这家主银行为中心组成的相互持股的企业集团。由于相互持股，彼此在董事会上的政治权力互相抵消。结果，这个企业集团实际上的最高权力中心变成了经理会，以主银行总经理为核心，形成一个非正式的协调会议，在集团内部非常有约束力。主银行的总经理和集团内部各家企业的总经理，会形成类似大哥和小弟的关系。[③]

2. 主银行制下的信贷风控模式

那么，作为主银行来说，如何控制对企业信贷的风险呢？

① 高宝安：《美日银企关系比较研究》，吉林大学，博士学位论文，2004，第14页。
② 青木昌彦、休·帕特里克：《日本主银行体制》，张橹等译，中国金融出版社，1998，第39页。
③ 高宝安：《美日银企关系比较研究》，吉林大学，博士学位论文，2004，第16页。

第一，主银行制形成发展的历史背景，是在 20 世纪 50 ~ 80 年代，当时日本属于赶超型经济，产业不断升级，企业的努力方向是破解美国的前沿产业技术，而不必进行前沿技术探索，也不必担心市场对新技术新产品的接受问题。日本企业只要把其中的技术诀窍破解掉，并且做到价廉物美就好。

第二，对此，政府常常牵头组织产、学、研三方，对产业升级发展方向进行调研，制订基本的路线规划，并且把这种信息公开披露出来。然后，主银行再以此公开规划为主线，动用自己的专家进一步进行调研；再通过经理会与集团内部的企业进行充分交流；再把投资项目落实到企业中去。

所以，也就是说，企业的各种投资立项，并非自己独断的，而是通过政府、主银行，再到企业本身，逐级渗透下来的。有点类似于计划经济的味道。

从企业本身来说，日本企业的性质，决定它着眼于从业人员共同体的长期就业安定和事业发展，所以也乐于接受这种计划经济味道的投资安排。

第三，主银行通过结算业务，以及派员驻厂，对企业的投资和日常运营事业，有很自然的了解，如果有了问题、纠纷，可以随时调研解决。

第四，一旦企业面临困难，资金紧张，甚至濒临破产的时候，主银行一般会及时救助。所以，日本主银行制中的成员企业与主银行的关系，就像日本企业的终身雇佣制一样，企业很少开除员工，主银行也很少会对出现困境的成员企业袖手旁观。即使是破产，主银行也会负责善后工作。①

（三）作为美国模式对立面的德日模式

美、德、日三国，都是发达的市场经济体，都服从最基本的市场经济法则，但在诸如劳动雇佣、公司治理、融资模式、产业组织，乃至政商关系上，有很大的差异性，这早已受到学者们的广泛关注。笔者曾经就公司治理和劳资关系等方面，对这种差异做过比较，发现呈现两个极端：一个是以英美为代表的"看不见的手"的极端；另一个是以德日为代表的"看得见的手"的极端。②

在银企关系和风险控制方面，这两个极端的划分同样有效。

英美的银企之间的资金供求，采用的是高度市场化（即"看不见的手"）的协作模式，其风控手段主要依赖两点：第一，高度发达的社会征信系统和信用评级，将融资企业的信用风险高度透明化，并向市场公开披露，使得金融资产便于定价和转让；第二，借助股票、债券的发行，以及把银行债权通过金融衍生工具加以分割重组，再通过市场交易来分散、转嫁信用资产的风险。尤其是近年来金融衍生工具的流行，银行的短期债权、中长期债权，与股票债券之间，差异已经越来越小。

而德日的银企关系，呈现另一个极端，更注重采用非市场化的协商或民主参与制的手段（即"看得见的手"）来实现协作。

---

① 高宝安：《美日银企关系比较研究》，吉林大学，博士学位论文，2004。
② 参见徐华《从家族主义到经理主义：中国企业的困境与中国式突围》，清华大学出版社，2012，第 149～172 页。

其风控手段的要点在于：第一，企业的信用风险信息对市场来说仍然是不透明的，但是银行可以通过长期密切的协作关系来从内部打破信息不对称；第二，银行通过参股关系，通过协商或参与决策的方式，在企业投资立项之前，在资金运用的过程中，以及在运营风险发生之后，全程监控企业的风险并干预风险控制。通过以上两点，德日模式同样大大保证了信贷风控的安全性。

四　立足传统，借鉴国际经验，重构中国的银企关系

由以上我们可以看到，在全球化统一大市场的环境下，以及现代化的进程中，银企关系和信贷风控并非只有美国一个标准、一个模式，而是存在两个极端，在两个极端之间，有丰富的系谱供我们审视。

但是中国银企关系的重构，并非简单的拿来主义，如同消费者比较、选择德系车、日系车、美系车一样，哪个好用买哪个，而是要立足于本民族的文化特征，对各国银企关系模式进行批判地吸收。

笔者斗胆设想，重建中国银企关系的大思路，关键在于对以下两点的把握。

（一）应该向德日模式靠拢，构建一种长期化的银企关系

中国当代的银企关系太过市场化，太偏近美国模式，应该向德日模式适度靠拢，理由如下。

第一，在整个第九章的分析中，我们看到，中国文化的特质，决定了在中国并不便于发展美式的高质量全覆盖的征信系

统，不适于引用以量化风控模型为代表的信用评级技术。相反，中国传统的钱庄一直是立足熟人社会，通过与相对稳定的老客户的长期交往，来低成本地打破银企之间的信息不对称性的。因此，从文化的特质来说，中国的银企关系更应该走与德日相似的长期协作之路。

至于说现代社会造成熟人社会的分化裂解，这显然不是问题。因为至少日本的案例证明，现代化并不意味着持续的高流动性。日本在近代工业化的过程中，曾经一度发生了高流动性，但是到二战结束以后，不论是企业内部还是企业之间，关系都趋于稳定，企业内部形成了终身雇佣制，企业之间形成了以主银行为核心的企业集团。

传统的熟人社会，是建立在农业经济的基础上的；而工业社会和信息社会，必然会形成新的工商业交往关系，只要银企之间立足于长期化的交往协作，就会形成一种长期化的路径依赖，形成新的熟人社会关系。

第二，中国关系社会交往的特质是礼让，依靠的是交情，而交情必须在一种长期化的协作过程中构建。在交情中，双方的协作不是通过一个又一个权责对称的契约轮回加以锁定，而是通过一个又一个权责不对称的恩惠行为加以锁定，今天你救了我的急，明天我回报你，在一个又一个的施恩－报恩轮回中，交情得以延展；同时，也在每一个后继的非对称报恩节点上，彼此揣测着对方的为人，好的伙伴继续交往，不好的淘汰掉，并通过横向的同业信息沟通，形成集体放逐机制。如本书第四章所述，这种基于长期纵向交往的无限重复博弈和横向传达的集体放逐机制，才是传统信用贷款风控的隐含模式。

因此，这种中国式的关系交往模式，也决定着重建银企关系应该是一种长期化的协作关系。

以上两点结合起来说，我们在本章开始讨论看到，当代银行一方面在不自觉地采用传统的方式进行信贷调查，另一方面又觉得调查不透彻，摸不清老板的心思。问题是，当代的银企关系从来就没有从长期化的角度着眼，怎么可能琢磨透老板的心思。所以笔者认为，不是传统的办法失灵了，而是当代的银行并没有将传统的风控模式贯彻到底。

第三，重构长期化的银企关系，还意味着银行应该对企业进行中长期放款。有了基于长期合作的了解，又有了长期合作的互相制衡，就有了银行对企业进行中长期信贷的风控基础。而且，中国未来几十年经济发展的方向，就主体产业而言，显然更多的是要走德日模式的路子，在制造业方面升级，这意味着企业需要大量的设备更新和技术的积累。这种产业升级的创新，属于赶超型，或者积累进步型，而不是美国式的开创型，前者的风险显然要大大低于后者，不一定需要股权融资。德日银行能够承担这种投资风险，中国的银行也应该能承担得起。

（二）应该规避德日模式中银行对企业决策的直接干预

另一方面，对于德日银行对企业投资决策的"看得见的手"的干预，是中国银行业应该规避的。不论是德国参与式的干预，还是日本协调式的干预，都应该规避。

理由在于，中国人的思维是体悟主义的，这就造成每个人都处于一个信息孤岛上，并据以形成与其地位相对应的岗位权威和决策自由权。尽管长期化的合作，使银行能够更加深入了解企业的信息，但是银行仍必须尊重企业主对自己企业经营运作的权威性和自主权。

在传统企业商号中，即使是东家对掌柜，也是采取"用人不疑疑人不用"的态度，以不干预其经营为底线。而银行作为企业资金的外部提供者，更不应该对企业控制人的经营运作横生掣肘。

而且，在中国文化传统中，控制对方的要点不在于干预对方的行动，而在于控制对方的人心。

因此，不管银行对企业进行债务投资也好，还是股权投资也好，都应该保持一种财务投资人的地位。也就是，银行应该以追求银企合作中的本金安全和红利回报为底线，对于明知不对，一意孤行的企业，可以含蓄地利用撤资的威慑，采用"用脚投票"的办法进行旁敲侧击，而不应该直接干预甚至控制企业主的决策。这一点，是中国银行业反而需要向美国模式靠拢的地方。

总之，中国银企关系重建的思路，应该在上述两点中求取。

五　重建银企关系的一些改革建议

（一）银监会需要观念上的变革

金融监管当局，不应该成天盯着美国的银行发展动态，把美国当成历史发展的方向，好像不跟上美国就赶不上现代化的脚步了。

在银行风控的问题上，赶时髦没有意义，有意义的是如何面对和解决中国的实际问题。任何风控手段，不论是引进的还是自创的，都需要与中国的文化传统结合起来，否则就是无源之水，无本之木。

（二）中央银行不应该过度包揽商业银行的风险

银行风控的核心是银行人的风险意识，一切好的风控制度和手段都是从这里生出的，在这里得到有效的执行，风险意识也是重建银行风控的源头活水。

与风险意识相反的东西就是传统钱庄经理所说的万恶之源：贪做。而当代的中国银行业，充斥着贪做的坏风气，最典型的表现就是成日追求规模扩张，冲业绩，抢客户。不仅冲破了自己的风险底线，而且形成"劣币逐良币"的恶性循环。在这种坏风气的带动下，什么好的银企关系都无从构建。

而这个坏风气的根源，是中国当代银行的风险被人民（中国的中央银行）银行过度包揽的结果。正如一位业内受访人所述：

> 人民银行是不能倒闭的，那么人民银行的不良信贷一般来说是通过货币增发由老百姓来承担。这在商业银行怎么体现出来呢？也挺简单的，比如 M 银行冲得猛，冲了五年，但是现在出问题了，今年有近千位 M 银行的客户经理来 P 行，包括做小微的、做零售的。为什么呢，因为 M 银行出了风

险，总得找责任人吧，于是不断处分责任人，责任人要不回来钱就得辞职，走哪去呢，就来 P 行，再拿 P 行冲五年，等P 银行的不良多了，再去下一家。金融资本就是这样，商业银行出现不良，最后都甩给人民银行。

因此，人民银行有必要收敛自己对商业银行风险的这种大包大揽，由商业银行股东自己承担更多的风险损失，股东才能变得谨慎，整个银行业才能有风控意识。

（三）银行应该从横向扩张，转化为纵向发展，传统风控模式的效力才有可能发挥出来

传统风控模式的再发育，需要银企维持一种长期化的互动关系，银行需要转向纵向发展的业态。

而当代银行则总是趋于横向发展，银行与银行之间短兵相接，互相竞争，谁也不去深耕客户。所谓的好客户抢着要，所谓的坏客户弃之不理。或者如企业所抱怨的，"银行嫌贫爱富"；"企业越有钱，银行才会越给钱；企业越没钱，银行越不给钱"。银行如此功利主义的态度，又怎能期待企业客户能够对银行给以诚信的回报呢?!

当代银行的业态，一如当代中国实体经济的业态：追求"浅碟式"的横向扩张，大而不强。而今，粗放的横向扩张已经没有空间。企业需要转型升级，走专业化的道路。银行也需要纵向发展，深耕客户，构建长期化的、相对稳定的银企关系。而且也只有这样，每个银行才能有自己的核心竞争力——有"交情"的客户群体，才能形成自己的势力范围，有自己稳定的生存根据地。虽然可能不够大。但是为什么一定要大呢?!

（四）银行的混业经营限制应该打开

构建长期化的银企关系，就应该像德日一样，让中国的银行除了贷款以外，还可以对企业进行股权投资和债转股，这样才有利于发展长期化的银企关系，鼓励银行从追求与企业的长期合作中获得收益。

（五）逐步放开民营银行，培育大量优秀的民营小微银行，解决小微企业信贷问题

放开民间资本创办银行，有两层意义上的好处。第一，培育大量小微银行，解决小微企业贷款难的问题。现在大银行都在假惺惺地为小微企业服务，办什么信贷工厂，生成所谓能够用简化的手续解决小微企业信贷需求小快急的问题。[①] 但实际上，我们看到传统钱庄时代，老客户来透支，只要通知一下就行，岂不是天生的"信贷工厂"?! 传统钱庄放款为什么能够既快捷又不妨害风控质量？原因就在于依托熟人社会，只做熟客，风控的网是无形的，早就在长期交往中构建好了。所以，类似于传统钱庄，或者当代的台州泰隆银行，大量依托熟人社会的小微银行，是解决小微企业信贷难题的出路。

---

① 目前，公开的文章都对信贷工厂一片叫好。而私下接触的银行业受访人告诉笔者，自 2009 年中国银行首先引入信贷工厂以来，已有多家银行效仿，但没有一家成功。当代小微贷款的问题本来就在于风控质量和风控成本的两难选择，而信贷工厂实际上是用美国量化风控的思路来降低风控的成本，但是它又有什么神奇之处来保证风控的质量呢?!

第二，则是可以促进民营小银行的理性经营和健康发展。目前的民间准金融机构，诸如小贷公司、典当行、担保行、P2P 等，鱼龙混杂，从业人员十分短视、功利、投机。为什么？根本的原因在于这些机构没有合法性，不稳定，没有长远的光明的前途，所以，大量优秀经理人不会投身于此，大量稳健的投资人也不会来此投资。因此，只有在一个合法的、稳定的政策环境下，才能成长出优秀的民营银行和银行家。

（六）银行需要一场人事激励制度的改革：重归身份股制

一线的客户经理和支行长如传统钱庄的跑街，直接接触客户，对客户的信用状况最了解；而构建长期化的银企关系，更需要一线信贷人员深耕企业，积累行业知识和风险判断经验，建立与企业老板的鱼水之情。

但是，当前的薪酬体制是，一线人员报酬的六成以上是业绩提成奖金，结果他们总是出于利益导向去冲业绩，淡化了风险意识。当银行再依靠中后台风控经理对其进行制衡的时候，由于双方利益动机的不一致，制衡就变成了掣肘，不利于一线人员深耕企业。

为此，需要采用类似传统钱庄的做法，实行基于职业晋升阶梯的股权激励制度，将各个岗位上的银行职员在利益上与银行的长期和整体健康发展捆绑在一起。①

---

① 笔者曾经比较细致地阐述了身份股制度的优越性，有兴趣进一步了解的读者，请参见徐华《从家族主义到经理主义：中国企业的困境与中国式突围》，清华大学出版社，2012，第 173~210 页。

六　银企长期合作：来自北京银行的经验

就建构长期化的银企关系的现实意义来说，北京银行的做法，或许可以给人们一些启示。

在北京的银行业受访人中，很多都对北京银行的中小企业业务很欣赏。比如一位民生银行的风控人员说：

> 对北京银行的模式我们还比较了解，因为我们接触所有的客户，他们都有北京银行的业务。
>
> 我觉得北京银行的中小企业信贷模式很好。对大客户不行，但是对中小客户，北京银行真是做透了。在我们只是简单地做放款类业务的时候，北京银行也在跟我们拼价格。2012年，受中担事件和钢贸事件的影响，北京银行比民生银行赔的多得多。因为它价格压得低，而且还真敢放，有些我们不做的客户它也放。
>
> 但是北京银行也把握住了这些客户，尤其是依托北京市政府对中关村概念——文化概念和科技概念——的支持政策，北京银行把握得非常好，结果它对中小企业的业务呈爆发式的增长，等到大浪过后，IPO重启，不好的客户都被淘汰掉了，现在拿到的客户都是优质的。
>
> 当年我们介入的现在比较优质的企业，今天我们再去接触的时候，人家都不理我们了。新三板上市之后，北京银行对这种中小企业做了认真的细分，对其的信贷支持力度非常大。因为在贸易型企业放贷上吃亏了，所以现在只要是有技

术含量的，都优先给予支持。最后扶植起一个上市的，得到的收益可能把前面九户出现的亏损都覆盖了。

这一点是民生银行特别缺乏的，民生银行所有条线都没有从长远发展的角度去看问题。只是追求每一单就要挣每一单的钱，利润导向非常严重。

为什么我比较看好北京银行呢，还有一点就是因为它真把中小企业业务当成事来做。

很多银行现在都是最后给你一笔钱，你花去吧。但是这种模式慢慢地就不能迎合中小企业的需求了，因为中小企业其实有很多非资金上的需求，比如说我有对外贸易，我需要国际业务的支持，我需要规避外汇风险，那你能不能给我做掉期，做远期的锁定、利率锁定、汇率锁定？或者，我工程类的企业，我要做保函、保证类的非贷款类的授信……

这些服务，实际上各家银行都有，只是各家银行都不愿意给中小企业做，因为嫌麻烦，也是因为成本和收益比不合算。但是北京银行会坚持做，而且在操作风险上它可能放的尺度稍微宽一点，只要整体风险能够控制，它就把这些服务真的延伸到了中小企业身上。不知道外地什么情况，但是在北京是这个样子。而且其实那种模式风险更低，因为是基于企业的实际交易做的，等于实际上监控了企业。

总结这位受访人的意思，就是两条：第一条，北京银行对中小企业，尤其是高科技和文化类企业，有培育其成长的意识，在企业幼稚、行业低潮的时候，敢贷敢放，价格优惠，等到一些企业成长起来了，上市了，就可以得到十倍左右甚至更多的回报。

第二条，北京银行能够对中小企业提供各种非信贷类的金融服务，这些服务在当下是不赢利的，但是银行可以因此获得对企业交易信息的了解，从而获得更大的信息优势。这与传统钱庄往往不厌其烦为商户提供各种额外的服务是一个道理。

基于这种长远合作的观点和非营利的服务，成长起来的企业会对北京银行有一种知恩图报的情感，并进而构建一种交情。实际上，这种感恩也是一种更聪明的算计，人不会轻易忘恩，不仅是因为人是感情动物，而且是因为他未来还会面对很多不确定性，所以，在感恩的同时，也就等于选择了一个能够互相信任、长远合作的伙伴。

北京银行这种做法，或许一开始是由于被迫，一是由于北京是银行云集的地方，作为后起的地方性小银行，在大客户业务上没有竞争力，所以只能专心做中小企业业务；二是由于北京银行隶属于北京市政府，对北京的就业、税收、GDP 等都"守土有责"，有责任把本地的中小企业扶持起来。

无奈的选择，却激发出了创造力，收获了客户的黏性，形成区域市场的垄断竞争力。笔者的访谈调研范围有限，也许还有更多的地方性小银行，在做与北京银行类似的事情。

传统钱庄死因调查报告
（暨钱庄与银行的比较研究）

一　钱庄死亡的真相，掩藏在纷乱的民国史中

如前所述，在整个清代，钱庄作为中国土生土长的"银行"，是与中国传统商业惯例相适应的，钱庄为各地农工商业融通资金，成为各地经济百业之首，如心脏之与血脉，与实体经济同呼吸、共患难。

1911 年辛亥革命以后的近二十年当中，尽管社会制度遭遇鼎革，近代西式工业化逐渐展开，国内市场经济更趋活跃，并与国际市场发生了更密切的交往，但传统钱庄不仅没有萎缩，反而进一步发展，达到了鼎盛。然而谁也没想到，这个鼎盛期也是钱庄最后的辉煌，从 20 世纪 30 年代初开始，钱庄忽然由盛转衰，并从此一蹶不振，沦为新式银行的附庸和填充，直至衰亡。①

---

① 参见刘克祥、吴太昌主编《中国近代经济史（1928～1937 年）》，人民出版社，2010，第 1935 页。

关于钱庄到底是怎么衰落的？史家众说纷纭，莫衷一是。[①] 就民国时期的整体印象而论，当钱庄逐渐没落之时，新式银行则蓬勃发展，并逐步取代了钱庄在全国金融中的地位。这似乎让我们可以得出这样一个结论：钱庄是被银行给挤死的。

我们可以简单回顾一下民国时期钱庄与银行的大致发展演化脉络。民国的历史大体可以被分为四个时期，这四个时期钱庄与银行的此消彼长情况如下。

第一时期，是从辛亥革命到北洋政府时期（1911～1927年）。经历了辛亥革命初期的短暂混乱以后，中国经济大发展，钱庄也进入了鼎盛期，钱庄掌控着银钱兑换、汇兑清算、存放款业务，以上海钱业为核心，各地钱庄星罗棋布，成为实体经济的金融中枢。而银行此时也大大兴起，但银行主要依附于北洋和各地军阀政府，与工商业户少有直接的牵连，其放款和往来业务、纸币发行，都要倚重钱庄之手，才能与实体经济发生间接关系。从服务实体经济的角度来说，银行只能算是钱庄的依附和补充。

第二时期是南京政府建立到抗战前期（1928～1937年）。银钱两业在金融界的地位开始发生陡转。从1930年开始，钱庄大量倒闭歇业，而银行却日益发展壮大，特别是南京国民政府在1933年实行"废两改元"和1935年"法币改革"以后，银

---

① 学者们要么根据直观的表面现象，将之归于落后的钱庄被先进的银行所取代，是历史大趋势；要么就是罗列所有事实，甲乙丙丁丁中药铺，没有主次。如台湾学者郑亦芳的说法就是典型（见郑亦芳《上海钱庄的兴衰（1843～1937年）》，台湾师范大学，硕士学位论文，1979）。

行逐渐成为中国金融的中枢，而钱庄的兑换业务被废除，汇兑结算中心被替代，各地钱庄大量倒闭歇业，留存的钱庄规模大大萎缩，数量大大减少。

第三时期是抗战期间（1937～1945年）。中国经济发达地区被日伪控制，华资银行大量内迁，各地钱庄又复兴起，但资本规模小，制度运作缺乏规范，业务主要是从事短期性投机，属于乌合之众，畸形繁荣，与鼎盛期的钱庄完全不可同日而语。

第四时期是抗战结束到新中国成立（1945～1949年）。抗战胜利后的国共战争期间，以"四行两局"为主体的国统银行体系遍天下，成为国家金融的绝对主力。而钱庄业虽有复兴，但声势衰弱，基本上沦为银行的附庸和补充。更重要的是，这个时期的物价已经演化为超级通胀，市场利率变化无常，延期支付和信用交易业务逐渐失去了条件，绝大部分钱庄停业，在"肉体"上消亡了。①

当然，到了1949年以后，不论大陆还是台湾，金融机构基本全都是新式银行，而钱庄已经成为一个历史名词了。

因此，基于这样的历史趋势，人们自然很容易想当然地得出这样的结论：钱庄和很多传统的东西一样，由于不适应现代市场经济的环境，在与新式银行的竞争中，被自然地淘汰掉了。

---

① 自1935年法币改革以后，国民政府一直进行货币超发，但直到抗战胜利以后，才演化为超级通胀。参见杜恂诚《中国金融通史》第三卷，中国金融出版社，2008。另参见刘慧宇《中国中央银行研究（一九二八～一九四九）》，中国经济出版社，1999，第273～275页。

然而翻翻故纸堆，则真实的情况要比上述想当然的印象复杂得多，如台湾学者郑亦芳在对上海钱庄衰退的原因总结中，就罗列了以下原因。

内因：①资金来源之减少（包括新式银行对钱庄之"拆款"和在钱庄内的"汇划存款"之减少）；②营业利润之剥夺；③制度本身之缺陷（包括合伙投资、经理专权、信用放款、学徒制度等，均被认为不符合现代经济形态）。

外因：①丝茶贸易之衰落；②天灾战乱之破坏；③世界经济恐慌之波及；④南京政府金融政策对钱庄业利润构成之影响。①

在本章，笔者最为关心的毋宁是：钱庄的衰亡，到底是不是它本身的制度缺陷，使它相比于银行失去了生存竞争优势，还是别的什么原因？

对于钱庄衰败的原因的研究，学者们一般都把视角聚焦于民国第二时期，尤其是 1930～1937 年这一段。之所以如此，是因为以下理由。

在第三时期和第四时期，金融的外生环境太过恶劣，不论是钱庄还是商办银行，都没有正常的生存环境，无从讨论。只有在第二时期，才是最有价值的观察期，本期正好是钱庄由盛转衰，和银行逐渐走向金融主体地位的转折期。

---

① 转引自朱荫贵《抗战前钱庄业的衰落与南京国民政府》，《中国经济史研究》2003 年第 1 期，第 65 页。

下面我们就针对第二时期造成钱庄衰退的错综复杂的内外生情况展开分析。

二 是实体经济的萧条拖累了钱庄吗？

钱庄与中国农工商业水乳交融，具有极强的草根性。所以，当农工商业，也就是现在所谓实体经济出现问题的时候，钱庄自然也难逃关门歇业的命运。

自晚清有较为翔实的资料记载以来，差不多各种天灾人祸，都会造成对钱庄的巨大影响，但随着实体经济的恢复，钱庄业也总能"春风吹又生"。所以，考察实体经济的兴衰，对观察钱庄的兴衰来说，是一个较为直接的线索。

为此，让我们简单回顾一下民国经济史。

民国经济从 1911 年开始，到 1914 年之间，首先是遭到辛亥革命的内乱，以及后续的二次讨袁战争，兵荒马乱，对以武汉为核心的华中地区以及整个长江流域造成了比较大的影响。钱庄受实体经济拖累而大规模倒闭。

但是到 1914～1931 年，民国实体经济进入黄金时代。1914 年，第一次世界大战爆发，西方列强无暇顾及中国，外来经济侵略减轻，国内经济随之反弹。对外贸易持续顺差，近代工业迅猛增长，带动全国农工商业一片繁荣。相应地，钱庄业也进入了最为鼎盛的时代。

到了 1931～1935 年，情况又发生了逆转，中国进入了一次空前的经济萧条期。[①]

从时间顺序来看，将经济拖入这场大萧条的因素首先是天灾和战争。1931 年 7 月，江淮流域遭遇特大洪水，从当年 7 月开始，持续三个月，受灾省份涉及四川、湖北、湖南、江西、安徽、河南、江苏、浙江八省，受灾面积 15 万平方公里，淹没农田 5000 多万亩，受灾人口 2800 万人，淹死 14.5 万人。考虑到长江流域在中国经济中的地位，这场洪水可算是波及中国一半以上的经济。

紧接着是战争，1931 年 9 月 18 日，东北爆发"九一八事变"，东三省被日本侵占，造成的经济影响是，东北与内地的农产品和手工业品交易被切断。中国内地失去了东北这个巨大的区域贸易市场，长江流域的粮食、黄淮流域的土布，都失去了销路。

转过年到 1932 年初，上海又爆发"一·二八事变"，由于日军挑衅，国民党军队与日军在上海对垒，持续数月，导致上海这一最重要的中国对外贸易口岸被堵死，又造成大量工商户破产。

但是一个更加全面、深刻而又持续的经济萧条，则来自 1932～1935 年持续四年的对外贸易逆差引起的实体经济大萧条和由此引起的金融危机。这实际上是"1929 年世界经济大萧条"在中国的延续，只不过在时间上滞后了三年。

众所周知，1929 年西方世界爆发了大萧条，但是在大萧条初期，不仅没有影响到中国，反而惠及了中国经济。小科布尔发

① 刘克祥、吴太昌主编《中国近代经济史（1927～1937）》，人民出版社，2010，第 44 页，"导论"部分。

现，1927～1931年，上海的所有工商业部门都一度繁荣，原因是1929年大萧条，导致世界银价从1926年至1931年猛跌50%，结果唯一采用银本位制度的中国汇率猛跌，导致中国出口大增而进口大减，信贷充裕，并进而带动地产和建筑业繁荣。

但是，到了1932年，世界大萧条终于敲响了中国的大门。

其一，是西方国家为了转嫁危机，互相实行贸易保护主义，而中国海关形同虚设，没有贸易保护能力，结果成了西方发达国家转嫁危机的洼地，大量西方商品低价倾销，摧毁了中国的近代工业和手工业。

同时，从1931年下半年开始，各西方列强放弃金本位制，导致世界银价持续上涨，而1934年6月，美国通过白银法案，高价收购白银，导致国际银价迅猛上涨，这又使得中国的白银汇率持续升值，以1931年上海外汇指数为100，则1932为128，1933为145.9，1934为173.1，1935为199.2，整个五年间，持续增长将近100%，结果导致中国的进出口形势发生反转，中国的净出口，从1931年的14.17亿元，急剧下降到1934年的5.35亿元。[①]

贸易逆差引起的萧条，负面影响首先在农村发生，农产品价格下跌得比工业品快，农民售出农产品和农民购买工业品的比价，以1926年为100，则1931年为118，1933年为52.7，1934年则跌到49，结果导致农民普遍破产，农村消费力大跌。农村的破产进而蔓延到城市，城市工商业破产倒闭，工商业者失业。

---

① 〔美〕帕克斯·M. 小科布尔：《江浙财阀与国民政府（1928～1937年）》，蔡静仪译，南开大学出版社，1987，第97页。

其二，在经济萧条之际，继起的是金融危机，一场严重的通货紧缩。

先是农村通货紧缩。由于经济萧条引起农村政局不稳定，大量农村富人将白银存到上海的银行里。又加上工农产品剪刀差，导致农村对城市的贸易逆差，结果大量白银从农村和内地流到上海。上海各大银行，在1931年存银为26620万元，到了1934年3月则上升到了58940万元。据估计，全国白银储量的半数都集中到了上海。①

接着是城市通货紧缩。1944年6月，美国通过白银法案，开始抬价收购白银，白银开始从上海急剧外流，6～10月的几个月中，上海输出22290万元，是1933年输出量的3倍。而同期，内地则有8000万元白银流向上海，结果上海银行业的白银储备从1934年3月的58940万元，减少到12月的33500万元。上海也开始经历通货紧缩。②

结果，从1932年开始，首先是货币被从农村抽向城市，主要是抽到上海，引起内地的金融紧缩；继而，在1934～1935年，上海的白银再被抽到美国，又造成上海的金融紧缩，中国出现了前所未有的银根紧缩局面。

在此实体经济和金融双重危机面前，全中国的钱庄都无法支撑，纷纷倒闭。上海钱庄更是首当其冲，到1935年爆发了钱

① 〔美〕帕克斯·M.小科布尔：《江浙财阀与国民政府（1928～1937年）》，蔡静仪译，南开大学出版社，1987，第98～99页。
② 〔美〕帕克斯·M.小科布尔：《江浙财阀与国民政府（1928～1937年）》，蔡静仪译，南开大学出版社，1987，第101页。

业风潮。

实体经济的危机对中国钱庄业的打击虽然很沉重，但是显然不能由此说明钱庄相比于银行失去了制度性优势。道理很简单，其一，就钱庄本身的发展史来说，宏观或者区域性经济萧条和金融危机总是存在的，每一次打击过后，钱庄都能够"野火烧不尽，春风吹又生"，特别是考虑到当时并不存在类似中央银行的对商业银行的金融援助系统，就更加凸显草根性钱庄顽强的生存能力和对本土商业社会的制度适应性。

其二，近代以来，西方也存在周期性的经济危机，每次危机来临，银行一样会被大量拖垮，以1929年大萧条为例，美国银行业的表现同样不佳。

总之，天灾人祸和经济萧条引发的外在冲击，的确是造成钱庄在本期大量倒闭的原因，但这还不能说明，钱庄失去了制度性的生存优势。

但是……

三　萧条拖垮了钱庄，为何银行反而繁荣？

1. 银行在危机时期的傲人业绩

在此期间，在钱庄遭受了实体经济萧条拖累的同时，银行却并没有受到波及，不仅没有，反而获得了巨大的发展。从以下几个数据可以看得很清楚。

银行家数：1918年实存65家，1925年为159家，1937年为

246 家。其中仅在 1934 年当年，全国农工商业萧条进一步恶化之际，上海又新开设了十家银行。[1]

资本余额：1927 年，28 家最大银行的存款余额达到 9.7 亿元；到 1936 年抗战前夕，全部 164 家银行的存款余额为 44.5 亿元。[2]

利润：上海主要银行的利润指数，以 1928 年为 100，则 1929 年为 149，1930 为 150，1931 年为 154，1932 年为 208，1933 年为 211，1934 年为 246。上海各主要银行的利润，从 1931 年的 2080 万元，增长到 1934 年的 3120 万元。

在 1934 年 6 月以后，受美国白银法案的影响，白银开始从上海流向海外，银行白银储备下降，银行的日子虽然不大好过了，但损失不大，1935 年，上海银行业的总利润只减少了 220 万元。[3]

那么，值此危难之际，银行凭什么能逆流而上呢？能不能说明银行比钱庄有什么制度优势呢？

---

[1] 刘克祥、吴太昌主编《中国近代经济史（1927～1937）》，人民出版社，2010，第 1889 页。另，在朱斯煌总结银行在民国时期的发展史时说：自 1917 年以后，银行渐多；1921～1926 年，由于欧战腾出的空间，中国近代工业发展，银行增设 89 家；1928～1931 年，南京政府公债大发行，利润厚，信用稳固，新设银行达 61 家；1932～1935 年，农村破产，大量资金涌入上海，公债、道契投机活跃，又有 68 家银行新设。参见朱斯煌主编《民国经济史》，银行周报社，1948。

[2] 参见洪葭管《中国金融通史》第四卷，中国金融出版社，2008，第 94～95 页。由于民国统计资料的不完善，1927～1931 年无全国银行存款余额数据，只能以 28 家最大银行相关数据代替，但 28 家最大银行占全国银行存款的权重极高，可以近似地看成全国银行的情况。另，以 1927 年全国银行的存放款为基数 100，则 1936 年存款指数为 215，放款指数为 172（刘克祥、吴太昌主编《中国近代经济史（1927～1937）》，人民出版社，2010，第 1935 页）。

[3] 〔美〕帕克斯·M. 小科布尔：《江浙财阀与国民政府（1928～1937 年）》，蔡静仪译，南开大学出版社，1987，第 102 页。

这需要从银行的存贷款业务细则中进行分析。

2. 银行在存款方面的优势

从金融机构的吸收存款来源来说，最主要的有四项：政府机构存款、往来商户存款、大额私人存款、储蓄存款。除此以外，当时的银行还有一个优势，就是可以发行钞票。

应该说，与钱庄相比，在这五项里有四项，银行占有绝对优势。

（1）首先是政府机构存款，这一项数额巨大，而且往往不需要支付利息或者只需要支付低息。当年山西票号之所以成就金融霸业，主要就是依靠清政府机构存款和达官显贵的私人存款。

银行在承揽政府机构存款方面的优势，最主要的原因，是银行在中国，一上来就与政府有密切关系。辛亥革命以后的政府，总是赤字财政，总需要银行为财政融资，因为银行可以发钞票，可以买公债，股东又不用承担无限风险责任，银行受股东的牵制较小，所以乐于承揽政府的赤字财政业务。

在南京政府时期（1927～1935年），最大的几家银行差不多都与政府有千丝万缕的关系。最大的中国银行、第二大的交通银行，本来就是官商合办银行，南京政府时期这两家银行都有南京政府入股。北四行，有三家是北洋政府时期上层军阀控股的银行；南三行属于江浙财团的势力范围，其中上海商业储蓄银行（以下简称上海银行）陈光甫积极支持为南京政府融资，也获得了不少好处。在四行两局体制形成以前，大量政府机构存款都储存在这几家银行里。①

（2）其次，是私人大宗存款。这部分存款，一个是靠金融机构的信用，一个是靠关系人脉。银行与达官显贵、大商人地主的关系人脉就不用说了。其中的关键是，原来好多富人都把钱存在外资银行里，因为安全保险；到南京政府时期，外资银行势力逐渐退出，结果达官显贵又把钱存在华资银行里。

（3）再次是储蓄存款。储蓄存款就是零存整取的存款，主要是普通老百姓的社会游资。过去，钱庄都不屑于争取这些存款。但是上海银行创办以后，积极兴办储蓄事业部，大力吸收社会游资，获得了巨大成功，结果银行竞相效仿，成为一大存款来源。②

（4）最后是银行的发行钞票权。银行发钞票可以直接扩大资本金，比吸收存款还方便，可以省去利息支付。③

相比之下，只有商户往来存款一项，是钱庄的传统优势。

从吸收存款来说，在 20 世纪 30 年代，还有一个非常重要的动态变化，就是 1931 年以后，随着经济大萧条的爆发，全国的农工商业破产，产业资本被迫变成投机资本，当时最明显的动向

---

① 到1936年12月，中国银行、中央银行、交通银行、中国农民银行这四家的存款占全国存款额的58.8%。1936年，南三行与北四行这七家的合计存款所占比重为17.96%。参见洪葭管《中国金融通史》第四卷，中国金融出版社，2008，第92页。
② 中国人民银行上海市分行金融研究所编《上海商业储蓄银行史料》，上海人民出版社，1990，第95～106页。
③ 吴承禧记载了1921～1932主要银行发行钞票情况。参见吴承禧《中国的银行》，商务印书馆，1934，第56页；另，据姚会元的研究，中国的银行业在1922年发钞1.1497亿元，到了1936年，则发钞16.3310亿元，越是大银行则发钞越多。参见姚会元《中国货币银行（1840～1952）》，武汉测绘科技大学出版社，1993，第133页。

是，全国的资本向上海汇聚，而到了 1934～1935 年金融危机期间，这种汇聚更呈加速之势，这些游资，除了外资银行以外，大部分都成了华资银行吸收存款的来源。

与之相反的情况是，由于钱庄受到产业经济萧条的影响，纷纷歇业倒闭，或者苟延残喘，信用大跌，结果存款往往从内地的钱庄转向了上海的银行。[①]

那么，为什么钱庄的吸收存款能力不如银行呢？

从钱庄的角度来说，的确存在制度性的原因，具体如下。

其一，钱庄的股东承担无限责任制度，所以钱庄的经理不愿意将存款扩大到超过股东的偿还能力以上，以免让股东承担不可能承受的风险；这也使得钱庄万一倒闭，劫后余生之后，股东的信誉还在，还能够东山再起。[②]

其二，每当年末，钱庄经理都要结算，向股东交代账务，咨询股东是否还有继续经营的意愿。也就是说，每家钱庄到年末都有不再继续经营的可能。这导致钱庄倾向于不会向银行一样不断扩张。[③]

其三，近代以来，钱庄逐渐形成了一个惯例，就是依靠外部拆借来获得运营资金。早期是靠山西票号，后来是外资银行，再后来是华资银行。那么，既然可以通过拆借获得运营资金，钱庄

---

① 张郁兰认为，此期银行吸收存款的扩张，不是因为银行挤垮了钱庄，而是因为钱庄受实体经济拖累垮掉以后，大量私人资本不得不存入银行。参见张郁兰《中国银行业发展史》，上海人民出版社，1957，第 19 页。
② 中国人民银行上海市分行编《上海钱庄史料》，上海人民出版社，1960，第 169～170 页。
③ 中国人民银行上海市分行编《上海钱庄史料》，上海人民出版社，1960，第 466 页。

就不必非要自己进行存款规模扩张。

但是，钱庄的上述弱点，未必都属于制度性劣势。

第一，钱庄把吸收存款维持在股东承受范围以内，正是为了顾及钱庄对储户的信誉，一旦倒闭，可以尽到无限赔偿责任。以此而论，钱庄的声誉高于银行。民国时期有大量银行倒闭，却以有限责任作为挡箭牌，推卸对储户的责任。

第二，银行发放钞票，钱庄也发放庄票，只是要比银行谨慎得多。银行常有钞票发行量过大、准备金不足而倒闭的情况。

第三，银行相比于钱庄的最大优势实际上是依靠人脉吸收官款，这又使得银行显得资金实力雄厚，进而能够吸收私人大额存款。但这也不能说明钱庄在制度上输给了银行，清代的山西票号，依靠官方人脉，一样能够做到同样的事情。

第四，最重要的，即使由于各方面的原因使银行在吸收存款方面有优势，还必须能够把款子放出去，还要能够保证本息安全收回才行。所以，更根本的，我们还需要考察，此期的银行吸收了如此多的存款，究竟是如何利用的？

3. 银行资金运用之研究

（1）风险准备金

风险准备金是银行资金占用的一个基本项。由于银行股东只有有限风险责任，一旦出问题，只能用银行本身的股本金来补偿，因此，谨慎的银行的风险准备金率会比较高。

在银行的资产负债表里面，风险准备可以分为两个部分：

其一是现金（指白银）和领用钞票，这一项没有收益，所以这一项不包含在运营资金中。

其二是金融业投资，主要是同业拆借，则被包含在资金运用之中。但是这个第二项，本身也属于流动性极强的资产，收益性不高，最多的利率相当于 4%。也就是说，这一项的运用价值不大。

在近代银行业中，由于缺乏中央银行的救助，银行为了自保，金融性投资是比较高的。

例如，从浙江兴业银行来看，1917 ~ 1926 年，金融性放款占总放贷和投资资金的比重，各年平均占比为 30.8%，但整体年度变动趋势中，是从高到低的，早年最高为 42% ~ 55%，后逐渐下降到 30% 以下。1927 ~ 1936 年，均值下降到 23.4%，各年度波动也比较稳定，但整体数额是比较高的。

金融性放款的最大一项是存放同业，而押款是第二大项，但远远不能与存放同业相比。存放同业项一般都占整个金融放款的 60% 以上，最高达到 90%。[①]

存放同业的款项，前期主要是存放钱庄，后来逐渐转向存放银行。其中 1932 年是一个关键的变动节点。这是因为 1932 年银行业开办了自己的结算中心，结果，原来存在钱庄做清算之用的款项转到银行了。

因此，在银行风险准备金中，第一大项的现金钞票等于留在

---

① 中国人民银行上海市分行金融研究室编《一家典型的民族资本银行：浙江兴业银行简史》，1978，第 57 ~ 60 页。

原地不动；第二大项的金融性放款，1932 年以前主要贷给钱庄使用；1932 年以后在银行业内打转转。所以，更有意义的运用，是在准备金以外的其他各项资金运用。

（2）银行资金的最主要去向，是政府的赤字财政

近代银行的兴盛繁荣，与公债有莫大的关系。如果说近代银行业的兴衰与公债的兴衰一体相连，也不为过。在北洋政府时期，全国实际上有两个银行集聚地，一个是上海，另一个是京津，后者的代表是中国银行、交通银行和北四行。这些银行的主要运作导向，就是支持北洋政府的赤字财政。

到了南京政府建立以后的 1928～1937 年，京津不再是政治性金融中心，盘踞在京津的银行势力纷纷南迁到上海，上海成为银行业的大本营。在 1932 年，全国有 67 家银行总部设在上海，其中仅上海银行公会的 26 家会员银行，其资产规模就占全国银行业的 3/4 还多。①

上海之所以有如此多银行集聚，根本原因就是南京政府的公债财政。

在蒋介石北伐过程中，反对农工运动参与北伐，并在上海和湖南镇压了农工运动，所以，蒋介石无力组织基层群众，无力掌控农村。再加上，在 1927～1937 年的绝大部分时间里，由于

---

① 〔美〕帕克斯·M. 小科布尔：《江浙财阀与国民政府（1928～1937 年）》，蔡静仪译，南开大学出版社，1987，第 4 页。

（表面上的和实际上的）军阀割据，蒋介石对很多省份并无控制能力，相应的地方财源也难以汇聚到中央。结果南京政府的主要财源，就更加倚重上海现代经济部门和上海金融界的支持。①

1927 年北伐开始时，蒋介石以答应镇压工人运动为条件，向上海商人和银行借款 1000 万元军费。同年，蒋介石又发行 3000 万元短期公债，向上海资本家摊销，利息为月息 0.7%，20 个月偿还，并以海关附加税作保证。条件是优厚的，但上海资本家担心蒋介石政局不稳，不大敢于购买，于是政府只得硬性摊派。

1928 年，南京政府成立，宋子文担任财政部长，又发行 5600 万元公债，成为南京政府军费的最大来源，办法还是硬性摊派。

到了同年 6 月，北伐军胜利到达北平，使上海资本家对南京政府有了信心，于是宋子文改变了公债发行的策略。主要就是以优惠的发行条件，使上海资本家自愿购买公债。政府在 1927 年 5 月至 1937 年 1 月的约 9 年间，共发行国内公债 24.12 亿元，而相比之下，在 1918～1926 年的 9 年中，北洋政府也只发行了 2.5840 亿元。

南京政府的债券不仅数额巨大，而且利息丰厚。1928～1931 年，公债的年息（平均）如下：

　　1928 年 1 月，22.51%；

---

① 〔美〕帕克斯·M. 小科布尔：《江浙财阀与国民政府（1928～1937 年）》，蔡静仪译，南开大学出版社，1987，第 26 页。

1929 年 1 月，12.44%；

1930 年 1 月，18.66%；

1931 年 1 月，15.88%；

1931 年 9 月，20.90%。

而相比之下，银行借给纱厂的利率一般为 6%～8%，商业贷款年息一般为 10%～20%，所以说，公债利率是很高的。

不仅如此，宋子文为了提高公债的信用，每发一笔公债，都要提出一个新税种做收入担保，有烟草税、印花税、普通关税和海关附加税。又成立国库券基金委员会，广泛招揽上海银行界的头面人物作委员，保证每一笔税收都及时拨付到基金中，务必使人相信其可靠性。

由于公债的利率高，还本付息又有保证，上海银行界乐于持有，并把政府债券当成银行发行钞票的准备金储备起来。证券占到银行准备金的 40%，其中大部分都是公债。①

公债也是上海证券市场上的一大炒作题材。由于公债的发行，政府获得的收入只占票面价值的 53%～64%，而政府却必须按照票面价值支付。唯一的风险在于政府可能不支付或者不能足额支付，于是每当政府方面有任何相关的风吹草动时，就会引起

---

① 据吴承禧的估计，银行界的证券中至少有 2/3 都是公债，占到 1927～1932 年政府实际发行的 85970 万元公债的一半。而章乃器的估计更高，因为他知道有很多银行使用公债作抵押物进行个人放贷，加上这部分，则银行实际持有政府公债的约 2/3。参见〔美〕帕克斯·M. 小科布尔《江浙财阀与国民政府（1928～1937 年）》，蔡静仪译，南开大学出版社，1987，第 46 页。

公债的市场价格波动，成为上海证券市场的一大炒作题材，结果上海银行的主要流动资金，都被调动去炒作公债了。

到 1934 年 12 月，上海主要银行为投资而持有的证券，占到其总资产的 12.36%，而在 1930 年，这个指标则不到 10%。

但这并不是上海银行持有的全部证券，他们还有 2.96 亿元的证券作为发钞的准备金。另外，还持有不确定数量的证券作为给客户贷款的抵押物。算上所有这些，据估计，上海银行业总共持有的证券占总资产的 15% 左右。[①]

但是这个比例还不足以表现银行与政府赤字财政的休戚与共的关系。

再分析一下全国的银行总资产情况。

银行的收益性资产为两项：（a）各项放款，2624 百万元；（b）证券，765.7 百万元。则证券占到收益资产的 22.6%。证券资产中，绝大部分是政府公债。

而在各项放款中，到 1935 年，上海银行界累计到期和未到期未付的政府借款和透支总额为 390 百万元。而且这还不是政府借款的全部，因为银行还对政府部门如铁道部和国家建委提供了专项借款，未被统计在上述借款数字内。

另外，在银行对私人放款中，还有部分是以政府公债为抵押物的，这部分放贷则形同于银行间接购买了政府公债，投机商用

---

① 〔美〕帕克斯·M. 小科布尔：《江浙财阀与国民政府（1928～1937 年）》，蔡静仪译，南开大学出版社，1987，第 118 页。

这些贷款在证券市场上投机。这部分放贷所占比例如何，无从考证，但以上海商业储蓄银行为例，1931 年，这家银行以政府公债为抵押物的放款占到所有抵押放款的 15%。

小科布尔认为，将以上不完全的证据资料合起来，银行的各种收益中，与政府的赤字财政有关的收益在 1/3 以上，最高则可能达到 2/3。[①]

上海银行业的主要资金去向是政府公债，而非各种民间放贷的另一个间接而有力的佐证是：上海各家银行为了高息揽存，对固定存款开出的利息高达 8% ~ 9%，而这么高的存款成本，到了放款环节，一般工商户是用不起的。所以银行只有投资到公债中才能找到资金的出路。

根据陈锦江的估计，以 1933 年公债市场价格计算，则政府公债的收益率高达 20%。而中国当时一些明星级企业的红利利率，中国银行是 7%，南洋兄弟烟草公司是 5%，商务印书馆是 7.5%。

结果，全国经济的萧条，将白银驱赶到上海，而上海银行家又把这些资金汇集起来，投入到政府公债里去了。[②]

与此相对比，钱庄的情况：上海钱业公会在 1927 ~ 1937 年，

---

① 〔美〕帕克斯·M. 小科布尔：《江浙财阀与国民政府（1928 ~ 1937 年）》，蔡静仪译，南开大学出版社，1987，第 118 页。

② 〔美〕帕克斯·M. 小科布尔：《江浙财阀与国民政府（1928 ~ 1937 年）》，蔡静仪译，南开大学出版社，1987，第 120 页。另参见吴承禧《中国的银行》，商务印书馆，1934，第 69 ~ 81 页；千家驹《中国发行公债史的研究》，《历史研究》1955 年第 2 期；李紫翔《中国的银行之特质》，《东方杂志》1933 年 11 月 1 日。

购买公债，以及借款、垫款给南京政府的总价值共 2965 万元。而银行给政府的借款和公债，在 1927 ~ 1935 年共计 16 亿元以上。钱庄只相当于银行的 1.8%。

其中，上海银行业在 1927 ~ 1935 年购买的南京政府公债为 59342 万元，而钱庄购买公债不过 265 万元，钱庄还不到银行的 0.4%。[①]

至于上海以外的地方钱庄，一般都用于放贷，几乎不参与证券投资等投机业务。比如，根据 1933 年的调查，山东省的钱业（包括钱庄和银号）资本总额为 547 万元，存款总额为 1749 万元，合计 2296 万元，而放贷总额为 2185 万元，占钱庄总资本的 95.17%。[②]

那么，钱庄为什么不从事证券投机生意呢？

在潘子豪 1931 年出版的《中国钱庄概要》一书中说道，钱庄现在也效仿银行做公债买卖投机生意，但是钱庄相比于银行，有几个基本弱点不适合做公债投机生意：其一，钱庄资本短小，做基本的存放贷生意就够了，再兼做公债买卖投机生意，资金链条顾及不过来，势必影响本业；其二，钱庄的运营资本少，主要做存贷款业务，特别是存款不足；而银行有储蓄存款，又可发行钞票，又可将公债在价格低时作为存款准备金，在价高时换作现

[①] 孙善根、邹晓昇编《秦润卿史料集》，天津古籍出版社，2009，第 126 页。另参见朱荫贵《抗战前钱庄的衰落与国民政府》，《中国经济史研究》2003 年第 1 期，第 56 页。

[②] 参见朱玉湘《山东近代经济史述丛》，山东大学出版社，1990，第 187 ~ 188 页。

金；而钱庄的长期贷款也不过是一年一结账，公债占压款项时间长，钱庄拖不起时间；其三，钱庄的信息来源都是土著工商业者，而投机公债则需要认识政府的头面人物，由其暗中透露消息，所以钱庄没有这个人脉优势，不利于投机公债；其四，公债投机往往有北京和上海两个地方行市，需要两面投机，而钱庄没有分支机构，不便于两地信息往来沟通；其五，钱庄是无限责任，一旦投机失败，会累及股东家产，责任太大，所以不便于做公债投机。

潘子豪介绍说，钱庄目前还没有听说因为做公债破产的，但亏损的肯定大有人在。潘子豪的书，一方面说明了上海的钱庄也在模仿银行做公债，但另一方面则从反面说明，由于以上弱点，钱庄整体上甚少参与公债投机生意。[①]

（3）银行的资金去向之二：房地产（道契）投机

银行业的另一个重要资产运营去向，是金融投机，其中，最重要的投机是房地产投机。银行拥有房地产，是当时银行的特点。民国时代的房地产投机，以上海为最。这有两个原因，一个原因是上海的金融中心地位，特别是在 20 世纪 30 年代，大量资金集中到了上海；另一个原因则是上海的租界。由于民国时期兵荒马乱，唯有租界，由于英法美等老牌帝国主义的把持，政局稳

---

① 潘子豪：《中国钱庄概要》，华通书局，1931，第 247～248 页。另，从《上海钱庄史料》记载的几家钱庄公债和房地产投资占存款总额的比重来看，钱庄在公债方面的投资基本上微不足道，但对房地产的投资有一定的比重，参见该书第 207～210 页。

定，可谓"风雨不动安如山"，所以，租界的房地产，成为地产投机的主要对象。①

银行持有房地产，分为两种，一种是自造自用型，当时上海几乎所有重要银行，都有自己的营业大楼作为总部，银行大楼往往是上海的地标建筑。盖大楼主要是为了显示实力，相当于做广告。北四行联营事务所投资兴建的国际饭店大厦（底层为北四行储蓄会总部），高 22 层，为当时远东最高的摩天大楼。

另一种则是经营性房地产，自己建造好了以后，再予以出售，或留在手上出租。一些银行，因为吸收资金太多，却放不出贷款，于是大兴土木，自造自营房地产出租项目。这当中最典型的是南三行里的浙江兴业银行和小四行里的四明银行，前者在上海租界最多时拥有 1000 栋楼房；后者最多时拥有 1200 栋楼房。②

还有一种与房地产有关的银行业务，则是以房地产为抵押物的贷款，即"道契"贷款和"道契"投机。由于上海几十年来房地产价格一直上升，所以，道契成为最好的抵押物，而且流动性极好，银行资金不足时，可以随时拿着"道契"去外资银行变现。所以银行从事了大量道契抵押贷款。而到 1934～1935 年金融危机爆发时，积压在手上的道契就导致银行持有的房地产更多。

章乃器指出，上海银行业的主要投资目标，是公债和投机。其中，对房地产的投机，银行多以道契贷款的方式和地产发生关

---

① 张郁兰：《中国银行业发展史》，上海人民出版社，1957，第 84 页。

② 中国人民银行上海市分行金融研究室编《金城银行史料》，上海人民出版社，1983，第 314 页；另参见上海市政协文史资料委员会编《旧上海的金融界》，上海人民出版社，198 年，第 112、第 205 页。

系，间接投资于地产。但地产买卖为政府和《银行法》所不容许，所以，银行业的地产项目往往被搞成隐蔽项目，大多不在账目上公开。另外还需要注意的是，银行往往在账面上对其所有房地产给以较低的估值，这就压低了房地产在其运营资金占用中的比例。[1]

那我们只能从一些间接数字来看看。1926～1930年，上海地产共增值20亿两，而其中1930年一年中所增值就占一半，而且地产投机以上海租界区为主，因为租界不受中国政治和军阀势力的影响，被视为最可靠的地产。

我们看看浙江兴业银行（以下简称浙兴）投资房地产的蛛丝马迹。浙兴的运营资金运用情况，包括金融性放款、工商业放款、有价证券、财政贷款、个人贷款、房地产投资几项。1917～1926年，房地产投资占7.2%；而到了1927～1937年，情况有所变化：房地产占资金运用总额的3.2%，明显下降了。但是这期间，个人放贷占到17.8%，其中大约有一半是房地产抵押房贷，那么，如果把个人放贷的一半算作房地产放贷的话，和前面的房地产直接投资加起来，差不多占到这家银行资金运用的12.1%。而如果把资金运用中收益不高的金融性放贷扣除的话，这家银行直接、间接投入房地产的资金，权重就会增加到15.80%。

另根据资料披露，浙兴虽然不热衷于政治性投机，但是热衷于房地产投机，在整个银行业，浙兴的房地产做得最出名、最出色，到后来，浙兴成为银行业的房地产大王，在20世纪40年代

---

[1] 参见章乃器《中国的货币金融问题》，生活书店，1936，第349～350页。

末，浙兴的房地产有将近 1000 栋房屋，占浙兴总资本的 70% 多。这在中外银行史上可谓绝无仅有。①

除了房地产投机以外，银行还参与外汇投机、标金投机、大条银投机、棉纱投机等，这里就不做详述了。②

（4）银行的资金去向之三：工商业和铁路贷款

全国中资银行历年存放贷业务缺乏全面的统计资料，而以 1936 年上海 13 家民营银行工商业放款占所有借贷和投资的比重而论，平均只有 21.60%。③

那么，在 1936 年以前，历年的数字一定大大低于这个数字。因为银行的工商业贷款主要是抵押贷款，当本期中国近代工业在萧条中遭受重创的时候，这种贷款就会逐渐增加，但这种增加不是因为积极的投资性贷款，而是因为遭受牵连被迫借新债还旧债。④ 据估计，银行业真正用于工商矿业和铁路的贷款，整体不超过 6%。⑤

在中国银行业中，工商业放贷比重最高的是南三行（均超过 30%），我们看看其中浙江兴业银行和上海银行的情况。

① 中国人民银行上海市分行金融研究室编《一家典型的民族资本银行：浙江兴业银行简史》，1978，第 29、第 57~60 页。
② 张一凡：《世界与中国之经济现势》，世界书局，1935，第 174 页。
③ 刘克祥、吴太昌主编《中国近代经济史（1927~1937）》，人民出版社，2010，第 1909 页。
④ 吴经砚等：《陈光甫与上海银行》，中国文史出版社，1991，第 22 页。
⑤ 张郁兰：《中国银行业发展史》，上海人民出版社，1957，第 78 页。

浙江兴业银行在开办之初，就比较保守，尽量远离政府，以后也一直保持这种风格。所以它的政府借贷和公债投资，相对是比较小的。反之，工商业投资要多一些。①

1917～1926年，浙兴在资本金运用（也就是为了追求盈利的运用，包括各种放贷和投资）中，工商业占比平均为23.8%；1927～1936年，平均为35.1%，增长了约11个百分点。

但是具体分析，有以下几点需要注意。

第一，在工商业贷款中，商业贷款占比实际上很低，而且一直在下降。只有开始的1917年和1919年两年商业贷款占比为15%和20%，此后则锐减，1917～1926年，商业贷款平均占比只有5.3%；而1927～1936年，商业贷款占比一直在1%～8%波动，平均占比只有4.3%。

这反映了一个问题，就是银行并不把商业作为信贷的重要地位，因为没有抵押物，按照银行的风控方式，不便于控制风险。商贸企业在近代中国实体经济中处于主体地位，而银行却不参与这一大块，所以商业的萧条，也与银行无关了。

第二，工业信贷逐渐增加，特别是在萧条期的工业信贷，跳升非常明显。1917～1926年平均为18.5%，1927～1936年的平均数则提升到30.8%，提升了约12个百分点。从整体年份的变动趋势来看，这种变动更加明显，1917～1925年低于20%，1925～1932年则基本上都在25%上下波动，而到了1933～1936年则更

---

① 中国人民银行上海市分行金融研究室编《一家典型的民族资本银行：浙江兴业银行简史》，1978，第5～6页。

跳升到 35% 以上。

相比于钱庄，近代银行确实很喜欢给工业贷款。但根本原因，则是因为它有固定资产，容易变现。在近代银行，喜欢抵押贷款，厌恶信用贷款，这是基本的行规。所以，当近代工业化越发展的时候，银行的工业贷款就越多。

但是，银行工业贷款的增长，也是和银行风控能力的缺乏结合在一起的。具体体现在：银行特别偏好纺织业贷款。浙兴银行的工业贷款中，1917 年和 1919 年两年，纺织业贷款只占工业贷款的 25.6%，而从 1923 年开始，这个比重急剧增加，占比竟然高达 90% 左右。浙兴银行在 1927～1936 年的数字缺乏，但是在 1937～1941 年的数字中，平均占比为 85.4%。[①]

纺织业成为银行信贷的重点甚至是唯一偏好的原因是：有土地、厂房、设备可以抵押，而且机器设备和原料成品都是相对标准化的财物，有一个流动性相对较大的市场，容易变现。

再看上海商业储蓄银行（以下简称上海银行）的情况。

上海银行的工业放贷，在 20 世纪 30 年代，一直占总放款的 1/3，但仔细分析工业放贷结构中，有两个特点：第一，集中于纱厂和面粉厂，纱厂贷款占工业放贷的 61%，面粉厂占 20%，其他机械、建筑、化工、日用品业合起来不到 10%；第二，纱厂和面粉厂放贷，又集中于申新和大生两系。

---

① 中国人民银行上海市分行金融研究室编《一家典型的民族资本银行：浙江兴业银行简史》，1978，第 33 页。

造成这样的结果，背后的原因是，大生系的张謇和申新系的荣宗敬是上海银行的大股东，他们入股的原初目的就是获得关系贷款。后来又由于 1932 年以后的经济萧条，两系亏损严重，还不上款，只好被上海银行监管，而上海银行为了维持，只好增加贷款。①

浙江兴业银行和上海银行的情况表明，即使是这两家给工商业放贷最多的银行，其放贷业绩也乏善可陈。

第一，由于银行特定的风控手段，严重地依赖抵押贷款，结果放贷范围局限于近代工业，局限于少数几个标准化程度比较高的行业，相比于钱庄，它的风控相当缺乏柔性，完全不能满足中国工商实体经济全面多样化的信贷需求。

第二，在 20 世纪 30 年代以后，银行工业放贷的进一步增加是一种畸形情况，是由抵押贷款造成的，就是由于当时普遍的萧条，企业还不上贷款，于是只好债转股，银行又不得不对自己所控制的纱厂进一步增加投资。

实际上，银行在工商业放贷及其风险控制方面，一直乏善可陈，这也许是造成他们热衷于金融投机和公债买卖的原因。②

---

① 吴经砚：《上海商业储蓄银行发展梗概》，载吴经砚等《陈光甫与上海银行》，中国文史出版社，1991，第 22 页。

② 按：钟思远认为，私营银行投资公债为主只是一种印象，其实其公债投资只占总投资的很少部分，大部分（50% 以上）仍然是投资于工商业和铁路。而投资以公债为主的主要是国有银行和那些旋生旋灭的投机性私营银行。参见其著作《民国私营银行史（1911～1949）》，四川大学出版社，1999，第 155～161 页。但是，刘克祥认为，这一期间，私营银行对工商业的放贷并不多，以上海 13 家私营银行为例，对工矿业放贷平均只有 21.60%。参见刘克祥、吴太昌主编《中国近代经济史（1927～1937）》，人民出版社，2010，第 1909 页。

本节总的结论如下。

从资金运用上来说，近代银行之所以在经济萧条时期没有被拖垮，反而繁荣，根本的秘诀在于以下几点。

第一，银行业的资金流向，主要是三大块，政府的赤字财政（公债和财政借款）、上海地产和其他金融投机、近代工业（尤其是纱厂和面粉厂）的抵押贷款。这就导致银行业的资金运用与中国的实体经济关系很浅，实体经济的萧条对银行业的影响不大，而钱庄的情况则正好相反。

第二，1932～1935 年的实体经济危机，在大部分时间里，给银行带来了巨额的存款和繁荣的房地产投机和证券投机收益，呈现全国经济越萧条、上海银行越繁荣的格局。实体经济的萧条虽然也波及银行业的工业放贷部分，1934～1935 年的金融紧缩也危及银行业的房地产投机部分。但是两相抵消，银行业还是收益大于损失。

第三，上海银行业的繁荣，总体上来说是一种基于军事财政赤字和金融投机的畸形繁荣，而不是银行业相比于钱庄的制度竞争优势。特别是它的风险控制手段，一味地执着于抵押贷款，导致它与中国实体经济无法建立深厚的交融关系，不能与当时中国作为主体的传统农工商部门建立深厚的关系，也不能真正为广大的近代工业提供金融服务。

4. 银行在政界的关系网

银行在危机中能够屹立不倒，还与银行高管与政界的关系网有关系，甚至可以说是发挥了极大的作用。

中国的华资银行，从成立的第一天起，就与政府有最为紧密的关系，如第一家银行中国通商银行。再后来的中国银行和交通银行，被称为清政府和后来的北洋政府的官方银行。在后期，两家银行一度与北洋政府疏远，但是到了南京政府时期，两大银行又逐渐与南京政府结成紧密关系，直到1935年成为南京政府的官办银行。

不仅这些官办银行如此，商办银行的佼佼者也是一样。商办银行中之最优秀者，莫过于北四行、南三行。

北四行中，势力最大的金城银行，实际上是北洋政府中皖系官僚军阀做大股东，初创时皖系官僚军阀的股本占到87%，而总经理周作民也是北洋官僚出身，历任北洋政府财政部次长科长、库藏司司长。

盐业银行是袁世凯委托他的表弟河南督军张振芳和袁乃宽办的。后来袁世凯死后，张勋成了大股东。再后来则是北洋军阀财政部次长吴鼎昌当总经理，掌握实权。

大陆银行，则是冯国璋创办的，主要投资人是直系军阀，当时在上海人心目中，大陆银行就是督军银行。

由于这样的关系，北四行往往受到北洋军阀政府的直接支持和关照。金城银行直接受到段祺瑞政府的各种关照，同时，金城银行又是官办银行交通银行的螟蛉之子，周作民等人原是在交通银行任职，鉴于当时交通银行不稳定，预谋退路，办了金城银行，但是不退出原来的交通银行职位，利用交行的资本，为金城银行牟利。

盐业银行则受到了中国银行的辅助，经理人吴鼎昌，原本是北洋政府的中国银行监督，中行多方辅助盐业银行成长，凡是商业放贷和政府放贷，利息优厚的，就尽先让盐业银行承做，而呆滞的放账，则可以转给中国银行承担。[①]

南三行，则受到官僚的暗中照顾。

上海银行的创办，原是起于贫寒，但是在做出声势以后，官僚则多来投资攀附，而行长陈光甫也倾心结纳。特别是对中国银行张公权，陈光甫于 1919 年和 1930 年先后两次送上海银行干股给张公权。后张公权又委托陈光甫利用上海银行帮其做证券投机生意。在 1931 年，由于长江大水，传言上海银行汉口分行的盐被淹，损失惨重，消息传来，上海方面引发对上海银行的挤兑潮，储户提走白银两千万两，上海银行穷于应付，眼看信用丧失，将要倒闭，于是陈光甫利用中国银行监督张公权的关系，调动中国银行的资本支持，借给上海银行 500 万两，又发动中国银行各地支行，把大量现款借给上海银行使用，才得以渡过难关。[②] 1932年，一·二八事变，又是张公权把银子搬到上海银行，帮其渡过挤兑风波。

官僚机构帮助上海银行不仅仅是因为私人交情，更重要的是因为政府的赤字财政。南京政府建立以后，面对军费之匮乏，蒋介石希望从上海资本家方面获得辅助。上海方面的最热心的组织

---

① 康金莉：《北四行研究（1915～1937）》，冶金工业出版社，2010，第46页。
② 吴经砚等：《陈光甫与上海银行》，中国文史出版社，1991，第17页。

者，正是陈光甫。1927年南京政府成立时，江浙资本家成立"江苏兼上海财政委员会"，实际上就是给南京政府筹措军费的机构。由于陈光甫与孔祥熙、宋子文早有情谊，被认为是值得信任的人推荐给蒋介石。于是陈光甫成了该机构的主任委员，积极为南京政府筹措军费，立了大功。此后，上海银行实质上受到政府的照顾，利用这层关系，上海银行在南京政府期间，有很大的发展扩张。①

1930～1934年，上海银行不断在全国增设分支机构，达到111家，除了国有银行以外，民营银行也只有上海银行一家可以如此大肆扩张。有此机构扩张，上海银行不仅可以大肆吸收存款，而且可以方便展开汇兑业务，结果，在南京政府十年中，仅汇水和兑换收入，就高达1510万元，占营业收入的38%。②

上海银行在1932年以后，吸收了大量存款，却放不出去，为了给存款找出路，乃在农村信贷市场上找出路，但实际上也是以官方的保护作为后盾。③

金城银行也是如此，也是利用政府关系保驾护航开展农村信贷互动。

另外，浙江兴业银行，在其发展期间，遇到信用危机，也是依靠了政府的力量。④

---

① 吴经砚等：《陈光甫与上海银行》，中国文史出版社，1991，第10～11页。
② 吴经砚等：《陈光甫与上海银行》，中国文史出版社，1991，第15页。
③ 杨培新：《论中国金融资产阶级的封建性》，《近代史研究》1985年第2期，第32～58页。
④ 参见中国人民银行上海市分行金融研究室编《一家典型的民族资本银行：浙江兴业银行简史》，1978，第12页。

由于银行一直与承购政府公债相伴生，私营银行的股东高管与政界形成了紧密的人脉关系。在1935年国民政府还没有来得及形成自己的国有金融体制以前，对私营银行极为倚重。反之，当私营银行面临信用危机的时候，也就总是能够通过政界的支持而获得化解。[①] 在1935年，著名的"小四行"面临挤兑造成的信用危机，政府直接兼并接管了这四家银行。

可见，银行之所以能够抵御风浪，主要不是依靠本身有什么制度优势，而是靠结交官府。综上可见，凡是在民国期间存续时间长、排名靠前的银行，基本上都有政府的关系，或者直接插手救助。

相比之下，钱庄不经营公债业务，经理人与政界人脉关系不足，都使得其难以得到政府的扶助，面对大的危机，就很难维持，更谈不上发展。

四 钱庄死于币制改革？似是而非的原因里隐藏着真相

1928～1937年，关于钱庄由盛转衰的一个特别值得注意的原因，就是1933年和1935年的两步币制改革，被认为对传统钱庄造成了根本性的打击。

---

① 参见〔美〕帕克斯·M. 小科布尔《江浙财阀与国民政府（1928－1937年）》，蔡静仪译，南开大学出版社，1987，第48页。

南京国民政府的币制改革，分成两步，第一步是 1933 年的"废两改元"，第二步是 1935 年 12 月推出的法币改革。

1. 币制改革对钱庄的影响

"废两改元"的历史背景是这样的，自明清以来，中国一直实行银本位制，使用的一直是银锭；但是在清代后期，逐渐从国外洋行流入大量银元，最主要是墨西哥鹰元，此外还有其他国家铸造的银币，结果造成银锭和各种外国银元错杂流通的局面。

流入银元的含银量不同，自然就有一个银元和银锭的兑换比例问题。西方洋行在贸易交换中，往往坚持按照特定的银元作为价值标准，并用特定的银元进行交割。而国内又一直没有一个官定铸币，结果，市场就逐渐把这种兑换比例的确定权交给了上海的钱业公会。

到了民国时期，情况更加混乱，袁世凯政府曾试图采用统一的官方铸造银币，但维持不久就因为袁世凯政府倒台而作罢。随后又有各地方局政府铸造各种各样的含银量（成色）的铸币，让人莫衷一是。混乱的币制当然增加了社会的交易成本，但给各地钱庄提供了货币兑换的生意。钱庄往往在铸币兑换白银和白银兑换铸币的过程中，搞些低买高卖的勾当，相当于当代金融机构中介交易时吃"点差"的情况。

作为政府，统一币制，节约交易成本，自然是应尽的义务。如果说清代政府对此是不作为的，那么北洋政府试图有所作为，却又限于政权不稳，难以实施。而到了继任的南京政府，从 1927 年北伐成功，再到 1930 年中原大战，南京政府至少在形式上摆平了各地军阀，形成了统一的中央政权，统一币制，自然是应有之义。所以到了 1933 年，南京政府出台了"废两改元"政策，其基本内容，就是由政府制定的官方机构铸造统一成色的铸币，其余各色银元和银锭一律退出交易。①

这样一来，各地钱庄自然断掉了洋厘兑换"吃点差"的收益，对其收益肯定有比较大的影响。但是从制度的角度来说，不应该对钱庄造成致命打击。我们可以反过来看，如果说"废两改元"是造成钱庄衰落的根本原因的话，那就意味着钱庄根本上不是靠存贷款融通资金，而是靠货币兑换作为根本的生存业务。而这显然与事实不符。

废两改元对钱庄的另一个比较间接的影响涉及钱庄运营资金的一个来源。废两改元以后，外资银行退出了洋汇划，外国央行退出了与钱庄的合作。② 这是有一定影响的，但同样不是致命性的。道理很简单：

第一，如前所述，钱庄的运营资金来源，除了股东本金和股东存款以外，主要是往来存款和大户存款。如果贷款大于存款，则需要同业拆借，称为"缺单"。自晚清以来，上海钱业都是依靠山西票号，或者外资银行，或者国内银行做补充资金来源。但是，不管借入多少，从整体上来说，钱庄经理一般是根据股东的

---

① 洪葭管：《中国金融通史》第四卷，中国金融出版社，2008，第 251～257 页。
② 孙善根、邹晓昇编《秦润卿史料集》，天津古籍出版社，2009，第 127～129 页；另参见中国人民银行上海市分行编《上海钱庄史料》，上海人民出版社，1960，第 523 页。

实力和无限赔偿责任来考量借入的运营资本规模的。

第二，山西票号也好，外资银行也好，华资银行也好，之所以放着巨额资本金，自己不从事经营性放贷，而偏要给钱庄拆借，就是因为钱庄与实体经济融合得好，有风控的优势，能放出去款子。因此，只要钱庄这个放款优势存在，即使"洋汇划"退出，还会有别的资金补充进来。

认为"废两改元"对钱庄造成打击的另一个说法是，它使得钱庄失去了全国清算中心的地位。

但实际上这是一个因果关系含混不清而又以讹传讹的说法。为了澄清事实，我们不得不从钱庄汇票和上海钱业清算中心地位的形成说起。

民国以来，上海钱庄一直是全国的票据清算中心，而之所以有此地位，是因为申汇通行全国。申汇，就是上海钱业公会成员钱庄发出的国内承兑汇票，最终付款人是上海钱庄和一些有名的上海大商号。由于其信用坚挺，以此为中心，形成了一个联通各地水陆码头、钱庄和商号的全国内汇市场，包括汉口、天津、青岛、重庆、宁波、南昌、杭州，都有地方申汇市场。

申汇在市场上可以随时变现，等同于现金，所以成了各种跨区域贸易的交易媒介，由此就引起了汇聚到上海钱业公会的汇票清算。上海钱业公会的成员钱庄，每日预定时间汇集到上海钱业会所，各家将手里持有的别家发行的汇票拿出来，互相轧账，最后再根据头寸差异弥补现金。

申汇和以此为基础的上海钱业清算中心，实际上是钱庄深入参与工商实体经济和跨区贸易的结果。以上海钱庄为首的钱庄跨境贸易网络和全国清算中心地位，给钱庄带来的一个更根本的隐含好处是，它代理了工商户的贸易往来引起的现金往来，从而也就把全国工商业户的资金紧紧绑定在钱庄系统里。由于钱庄一般不吸收储蓄存款（中下层居民的社会零星闲散资金），所以它的最大存款来源就是往来工商客户。①

自银行兴起以来，一直依附于上海钱业公会的清算中心，为此而经常需要将吸收来的大量存款存到钱庄系统里，这就平白为钱庄增加了一笔运作资金。据估算，在1933年上海银行业票据交换所建立以前，全国银行业存在上海钱庄的白银约有7000万~8000万两。

上海银行界从20世纪20年代就一直有人想要搞一个银行业自己的清算中心，但协商数次一直没有结果，主要是没有感到很大的必要。直到1932年钱庄受经济萧条的拖累而开始大量倒闭，银根吃紧后，银行业开始惧怕自己存在钱业的现金取不出来，受其拖累，才开始认真研究，并在1933年1月10日正式开办上海银行业票据交换所。上海票据交换所的参与者包括上海银行公会的32个成员，这些成员包含了当时全国除中央银行以外所有的重要银行。

上海银行业票据交换所的成立，使得银行存在钱庄的现金大

---

① 按：钱庄营业面积通常很小，员工一般也不过十几、二十个人，完全不是今天我们所看到的银行中顾客熙熙攘攘、进进出出的样子，最主要的原因就在于它们不吸收社会存款，不大与社会闲散人员打交道。

幅度减少到了白银 3000 万 ~ 4000 万两。但是，这个交换所只负责银行之间的票据交换，而银行与钱庄之间的票据交换，仍然由钱业汇划总会办理。

就票据交换业务而言，银行的票据交换所与钱业汇划总会远远不能相比。

1925 ~ 1937 年，钱业汇划总会历年收解金额如下（亿元以下的尾数不计）：

1925 年，112 亿元；1926 年，152 亿元；1927 年，128 亿元；1928 年，150 亿元；1929 年，169 亿元；1930 年，216 亿元；1931 年，273 亿元；1932 年，175 亿元。

1933 年，139 亿元；1934 年，145 亿元；1935 年，135 亿元；1936 年，164 亿元；1937 年，168 亿元。

1933 年上海银行业票据交换所建成开业以后，历年票据交换金额为：

1933 年，19 亿元；1934 年，32 亿元；1935 年，37 亿元；1936 年 59 亿元；1937 年，58 亿元。[①]

在以上两组数字的比较中，需要注意以下两点：

第一，钱业总会的清算交易额，在 1932 年，也就是银行清算中心组建的前一年，就有一个断崖式的下降，环比下跌 36%；1933 年环比下跌 21%。因此，很难说这种下跌是银行清算中心的

---

① 数据资料和有关说明，参见万立明《上海银行业票据交换所研究（1933 ~ 1951）》，上海人民出版社，2009，第 43 页。

组建造成的。其中涉及经济萧条的因素可能更大一些。但从1934年以后，数据平稳回升，逐渐恢复。

第二，1933～1937年，银行票据交换所业务额对钱业总会业务额的比值，依次为：1933年13.67%，1934年22.07%，1935年27.41%，1936年35.98%，1937年34.52%。可见，上海票据交换所的势力在逐渐增长，但是仍然属于小兄弟。这也在很大程度上反映了银行业对实体经济的参与程度，仍远远不能与钱业相比。特别是考虑到上海钱业公会的清算主要涵盖长江流域，而银行清算中心却基本上代表着全国银行业的业务；并且在1935年以后，钱庄与银行之间的交易额也被算进银行交易里面去了。考虑到这两个折扣，则银行对实体经济的参与度与钱庄相比就更差。

基于以上两点，可以得出这样的结论，在20世纪30年代期间，上海银行业票据交换所的成立，对钱庄在国内实体经济中心的地位是有削弱作用的，但效果是逐渐的，而不是爆发性的，特别是，在1937年以前，还远远谈不上替代了上海钱庄作为内贸结算的枢纽地位。①

---

① 钟思远说：到了1936年，上海票据交换所的全年交易总额为58亿元，而上海钱业票据交换所的交易额只有1600万元。参见钟思远《民国私营银行史（1911～1949）》，四川大学出版社，1999，第134页。
钟思远引用的上海钱业票据交换所的数字（1600万元），实际上是168亿元之误。在该作者的著作中，一再夸大银行对近代工商业之贡献，贬低钱庄在近代中国经济之地位和作用，不知上述数据引用之错误，是否是无意为之。

2. 法币改革对钱庄的影响

1935 年 12 月，南京政府实行法币改革，这可以作南京政府币制改革的第二阶段。在第一阶段，也就是 1933 年的"废两改元"，是统一币制，将各种生银和各种私人机构、外国银行铸造的白银铸币一律废除，只准流通政府统一铸造的银币。而第二阶段的法币改革，则是进一步废除铸币流通，只能流通政府指定的四大国有银行（中央银行、中国银行、交通银行、农民银行）发行的钞票，钞票的信用完全依赖于政府的政治权力所衍生出来的信用，而没有白银准备，具有无限法偿能力。

法币改革也被指为对钱庄衰落起到了加速作用。从原始资料所呈现的客观事实来看，似乎确实如此，但奇怪的是，似乎没有人能够说清楚，法币改革具体怎样加速了钱庄的衰退。

实际上，法币改革对钱庄衰退的作用，确实要比币制改革第一阶段的"废两改元"大得多，但我们无法直接地看出来。为什么呢？

因为从理论上讲，法币改革实际上不仅没有加速钱庄的衰退，反而是把钱庄从钱业风潮中挽救了出来。怎么回事呢？

1932 年，世界银价上涨，唯一以白银为货币本位的中国汇率大幅攀升，再加上发达国家在 1929 年大萧条以后加强了对中国的低价促销活动，导致中国对外贸易逆差越来越大，白银开始外流；到了 1944 年初，美国通过白银法案，政府提价收购白银，更造成了白银的加速外流。这就导致中国出现了严重的通货紧缩局面。钱庄首当其冲，爆发了"钱业风潮"。并在 1935 年底，通过上海钱业公会寻求政府的金融救助。

国内银根紧缩导致了钱业风潮的爆发，促成南京政府在 1935 年 12 月实行法币改革，废除白银流通，改用四大国有银行发行的钞票。

法币改革后，四大银行的钞票发行再也不需要有白银铸币做准备金（这也是我们现在所熟知的模式）了，于是货币的供给就变成完全可以人为调控的了。

当时正好南京政府需要为抗战做准备，军费开支居高不下，赤字财政膨胀。所以，法币改革正好可以满足赤字财政的需要，大肆发行货币。结果，尽管据说政府的首要目标并非解决通货紧缩，但是在实际效果上解决了中国国内金融市场的通货紧缩之苦。物价得以缓缓上升，国内市场需求恢复，国内经济也逐渐有摆脱经济萧条之势，百业复兴。

所以，从这个意义上讲，政府不仅通过四大国有银行对上海钱业公会实行直接的金融救助，而且法币改革更是从根本的金融环境上给钱庄的恢复发展提供了元气。

那么，既然如此，为什么又说法币改革加速了钱庄的衰亡呢？

五 法币改革与国家金融垄断：钱庄衰落的根本原因

法币改革本身，并不会造成钱庄的衰退，但是一个和法币改革相关的事情，要了钱庄的命。这个东西，就是国有银行的金融垄断体制布局。

政府在 1935 年急于推出国有垄断金融体制的原因，主要是为了解决自身的财政赤字。

从南京政府建立以来，直到 1934 年，政府的赤字财政融资，一直都是借重于私营银行。但是，到了 1934 年，情况发生了变化。当年六月，美国出台白银法案，导致中国白银大量外流到美国，中国出现了严重的通货紧缩，这下连银行家也变得拮据起来。而南京政府的军费需求却要求更大规模的公债融资。于是孔祥熙再次强行摊派销售公债，结果招致银行界抵制，最后，孔祥熙只得用了新的办法：构建官方银行体制。

与此相配套的，是国民政府实施了法币改革，银本位制被废除了，四大行发行的纸币拥有了无限法偿能力，于是孔祥熙可以通过国有金融体系，大肆地发行公债和为财政赤字融资了。1934 年和 1935 年两年共发行公债和向政府贷款 6.04 亿元，1936 财年则仅一年就发行 5.53 亿元公债和政府借款。[①]

国有金融体系的扩张，是在 1935 年忽然加速的，其手段包括：将当时最大的两家私人资本控股的中国银行和交通银行，以政府债券为股本参股，形成国家绝对控股的官办银行；又把原来为剿共融资而设的四省农民银行扩展为全国性的农民银行，加上原有的中央银行，组成具有货币发行权的四家国有银行——中央、中国、交通、农民银行，这也是当时最大的四家银行。同年，又组建邮政储金汇业总局和中央信托局，形成了所谓的"四

---

① 〔美〕帕克斯·M. 小科布尔：《江浙财阀与国民政府（1928～1937 年）》，蔡静仪译，南开大学出版社，1987，第 48 页。

行两局"的官办银行主干。

同年，又对四明银行等四家陷入金融窘境的民营银行进行救助性注资，将其变成国有银行，也就是后来所谓的"小四行"。又加上南京政府在各地政权的逐渐统一，把各地军阀设立的地方官办省级银行纳入官办银行系统，如广东省银行等。

四行两局与由各地政府主办的省市银行联营，控制各地金融，四行两局的营业网点遍天下，1937 年，四行共有分支机构 955 家，占全部银行业务分支机构的 53%；邮政储金汇业总局，有 9500 处营业网点，成为社会储蓄和汇兑的资金网点，分散到差不多所有的重要城市、水陆码头，以及相对发达地区的大部分县城，形成便利的基金融通汇兑体制。①

四行两局作为官办金融机构，除了代理省市财政，经营存放款、汇兑、贴现、储蓄业务以外，政府又授权国有银行办理私营银行不得经营的特许业务，如有奖储蓄、美金节约储蓄、黄金存款等，以行政保驾护航，形成竞争优势。设若竞争不过，则动用手段强行兼并，如河南省的一家具有省级影响力的钱庄，就是被行政手段给挤垮的。②

结果，到了 1935 年，仅就银行系统来说，官办银行系统占整个全国银行的资本金权重，彻底颠覆：1934 年民营银行总资产占银行业的 81.8%，官办银行占 18.2%。而到 1936 年底，官办银行总资产为 72.8%，民营银行则只剩下 27.2%，成了无足轻重的小角色。

---

① 参见张郁兰《中国银行业发展史》，上海人民出版社，1957，第 108～113 页。
② 王仲成：《新乡同和裕银号始末》，载《河南文史资料选辑》第一辑，1979，第 202 页。

在此情况下，不仅是钱庄，实际上连同商办银行，在业务上都一起受到了严重的排挤和沉重的打击，这实际上是钱庄走向衰退的根本原因。

因此，必须把国有金融垄断体系的构建和法币改革这两件事情联系起来，才能说明这种形势的逆转对钱庄命运的灾难性后果。为什么这么说呢？

第一，没有法币改革，则国有金融体制难以撼动钱庄业的地位。

自银行这种外来移植的金融在中国诞生的那一天起，就一直和中央政府以及地方政府相关。从北洋政府到各地方军阀政府，一直没有少搞过官办银行。政府热衷于搞官办银行，最直接和最主要的动机，就是为财政，尤其是军事财政赤字融资，资本不足就滥发钞票。[①]

但是直到1935年以前，中央和各级军阀政府的官办银行，从来没有能够在与钱庄的竞争中获得过优势。为什么南京政府却能够达到目的呢？

原因很简单，因为法币改革以前，国家银行的最终信用不是政权，而是白银。所以一个官办银行可以设立，可以为政府融资，可以滥发钞票，但是钞票最终必须以白银准备为信用基础，

[①] 民国时期，已经习惯于用银行来为政府的赤字财政融资，先是外国银行给袁世凯政府贷款；后是中央军阀和各地军阀，都很缺钱，习惯于认为银行能印钞票，能一下子解决财政危机，所以政府总是垂青银行。典型的比如蒋介石，就觉得银行里面有大量白银，又能印钞票，为啥借给我钱这么困难。就是这个逻辑。参见吴经砚等《陈光甫与上海银行》，中国文史出版社，1991，第11页。

钞票发行过滥，是会造成挤兑的，信用是会破产的。所以民国期间，绝大多数官办银行都遭受此等破产命运，反倒是钱庄屹立不倒。

但是1935年，南京政府建立了强大的国有银行体系，须知，这个体系实际上是在当时白银大量外流、全国一片通货紧缩的形势下组建的，不论是钱庄还是商办银行，一律万马齐喑。但是官办银行则逆势而上，形成了强大的资产和信用实力，它怎么做到的？它哪里来的那么多钱？

显然不是靠白银，不仅不是靠白银，而且是取消一切白银流通，而只让市面上流通官方银行发行的钞票，结果，官办银行理论上就有了无穷大的资本来源。当然，在1935年，它主要是靠公债抵充资本金来扩张，但是公债规模巨大，它怎么能还得起？那根本上就是四大国有银行的无限法偿能力了。所以这是问题的关键。

当然，南京政府能够实行法币改革，也是它当时已经获得了自辛亥革命以来最稳固的全国统一政权，而且获得了外国势力（主要是英美势力）的支持，否则没人信他的无限法偿能力。但反过来，无限法偿能力，又使得国家财政获得了极大的金融支持，从而能有军事实力支持政府的强大。这就形成了一个良性循环。

第二，如果没有国有金融垄断体制的建立，仅仅是搞法币改革，则对钱庄不仅不是坏事，反而是好事。

道理很简单，中央银行之所以被称为中央银行，其最重要的职能，就是银行的银行，职能就是维持商业银行体系的稳定，防范金融危机的爆发。在 20 世纪初，随着经济大萧条的惨痛教训，以及凯恩斯主义的指导，世界各国政府才逐渐认识到，需要有一个中央银行，并且逐渐确立了中央银行救助商业银行的职能。所以，一般政府都设立中央银行，都是对商业银行体系进行救助，而少有中央银行另行组建分支机构，开展商业银行业务，与既有的商业金融机构展开竞争的。但是，当时国民政府衍生了这个功能。

庞大的国有金融体系，借重法币改革带来的无限法偿能力，遂使私营银行和钱庄一起被边缘化。

六 结论：至死不灭的钱庄制度优势！

近代钱庄的覆灭，最直接的原因是 1931～1935 年一连串的天灾人祸和经济萧条，实体经济的大量倒账和随之发生的金融危机，它们拖垮了钱庄。

在此期间，银行不仅没有遭受同样的命运，反而逆市上扬，最主要是因为银行业依附于南京政府的赤字财政，而后内地实体经济的萧条导致大量白银流动至上海，造成上海房地产和各项投机事业空前繁荣，结果，实体经济的萧条，反而成了银行畸形繁荣的促成因素。

1935 年的法币改革和同时进行的国有垄断金融垄断体系的建立，"相辅相成"，从制度环境上将钱庄彻底边缘化。单单法币改革和中央银行的建立，对钱庄的发展本来是利好；单单国有银行的猖獗，本身也不足为虑；但这二者的结合，则给钱庄造成了致命的打击。

但是，不论是前期的私营银行也好，还是后来发展起来的国有银行体系也好，从真正服务于实体经济的角度来说，都基本上打不开局面。直到1945年抗战胜利以后，国有银行仍不得不借重钱庄，向实体经济放贷。[①] 从这个角度来说，钱庄的制度优势，从来就没有覆灭。而银行在中国的制度优势，从来就没有给出令人信服的证明。

---

① 如，1946年，武汉的银行业仍在大量向当地残存的钱庄放款，希望借助钱庄的信贷风控能力。当时，合法钱庄的吸收存款只有10亿元，放款却达到50亿元，其中40亿元的差额，就是银行借给钱庄的。参见《武汉金融志》办公室、中国人民银行武汉市分行金融研究所编《武汉钱庄史料》，1985，第150页。

跋

在本书写作的后期，笔者将有关思路拿出来，向一些感兴趣的银行业者和师生做了数次讲解。在所得到的回应中，最多的质疑是，银行的信贷风控，这么专业技术性的问题，怎么会扯到文化的角度进行反思？况且，文化无处不在，但又虚无缥缈，怎么可以抓得住它的几根筋脉，落实到银行风控这样又专业又现实的财经问题上？

对此，笔者在此讲三点，作为跋。

第一，对于任何一个民族来说，生存环境、物质技术、制度、文化，是互相联动的几个层面。

但是近代以来，人们过分注重生存环境和物质技术对制度和文化的决定作用，而过分忽略了文化的反作用。正如近代以来的中国历史，西方的物质文明获得了全球竞争优势，坚船利炮成了中国一系列变革的起点，盛行的是鲁迅的"拿来主义"。但即使是从近代开始，制度的变革和移植就遭遇麻烦，不是西方的坚船利炮不够威猛，而是我们的文化太过顽固，结果，夹在中间的制度无所适从，当代中国银行业的信贷风控制度就是其中一例。

什么是文化？文化就是埋藏在一个民族潜意识里的、被视为理所当然的思维方式和行为方式。它是历史地生成的，并且通过布迪厄意义上的文化再生产，每日每时地复制在民族成员的潜意识里。因此，对于一个外来的制度，本土居民总会不自觉地按照既有的思维和行为模式加以运作，最终变形走样，甚至废弃不用。

自五四运动以来，中国经历过数次撕心裂肺的文化变革，都没能割除这种顽固的文化对西方制度文明的排异反应，为什么？其中一个简单的道理在于，文化革命等同于对自我思维模式的反思，而反思的支点仍然是，而且也只能是我们本有的下意识的思维模式，而这种思维模式每日每时地在既有的文化环境中被浸润着、被复制着、被养成着、被行动着。以为可以超越这种文化潜意识，仅以从几本外文书上得来的"真理"做反思的支点，无异于张飞想揪着自己的头发把自己从地上拔起。

因此，每一次革命，只是革掉了表层的形式的东西，而深层的东西则潜伏着，并以改头换面的形式重新浮现。也正因此，一个制度的创造，不仅仅要从时间轴上照顾到环境和物质技术层面的时代变化，还不得不从区域上立足于本民族的思维和行为方式。

第二，中西方作为延续数千年历史的两大文明，其文化各自经历了多个发展阶段，产生了无数的理论流派，相关典籍汗牛充栋，非皓其首不足以穷其经，但从人类文化学比较的角度来看，其最基本的思维和行为模式差异反而很容易在比较中找到。在过去百年中也有很多国内外的智者做了这项工作，但其工作大都有一个基本的误区，即他们的比较是站在西方文化优越的视角上，比如以西方理性主义为尺度，将中国文化肢解为非理性，进而陷入中国文化的虚无主义。

而本书比较视角的不同点在于，将中西两种文化看成人类所需要面对的共同问题的两种不同解决思路，比如放贷这种事情，都涉及如何保证本息安全的问题，那么，美国银行有银行的招式，中国钱庄有钱庄的把戏。角度放平了，才容易发现各自文化的逻辑自洽性，这才是真正的比较。

第三，在西方知识体系里，文化等同于哲学，与经济学有明确的学科分野；但在西方，这些学科不论是在理论上还是在实践中，都是或明或暗地互相支持的，经济分析是隐含地以西方的哲学为前提的。而当我们按照西方的学科划分把经济学和哲学一块一块地引入中国，分别分析中国的各个领域的问题时，却造成了各学科之间的画地为牢，经济问题的分析因找不到文化思想上的支撑而窘困，文化思想研究因得不到现实经济的滋润而枯萎。

因此，真正的"建设具有中国特色的"经济学理论也好、哲学思想也好，还需要打破这些本不属于我们的学科分野，来一场学术思想上的回炉重铸。

图书在版编目（CIP）数据

从传统到现代：中国信贷风控的制度与文化／徐华
著 . -- 北京：社会科学文献出版社，2016.6（2019.6 重印）
（中外经济比较研究）
ISBN 978 - 7 - 5097 - 9416 - 6

Ⅰ . ①从⋯ Ⅱ . ①徐⋯ Ⅲ . ①贷款风险管理 - 研究 -
中国 Ⅳ . ①F832.4

中国版本图书馆 CIP 数据核字（2016）第 158090 号

·中外经济比较研究·

从传统到现代：中国信贷风控的制度与文化

著　　者／徐　华

出 版 人／谢寿光
项目统筹／陈凤玲
责任编辑／陈凤玲

出　　版／社会科学文献出版社·经济与管理分社（010）59367226
　　　　　地址：北京市北三环中路甲 29 号院华龙大厦　邮编：100029
　　　　　网址：www.ssap.com.cn
发　　行／市场营销中心（010）59367081　59367083
印　　装／北京虎彩文化传播有限公司

规　　格／开　本：880mm × 1230mm　1/32
　　　　　印　张：13.125　字　数：289 千字
版　　次／2016 年 6 月第 1 版　2019 年 6 月第 3 次印刷
书　　号／ISBN 978 - 7 - 5097 - 9416 - 6
定　　价／68.00 元